小学校学習指導要領(平成 29 年告示)解説

音楽編

平成 29 年 7 月

文部科学省

まえがき

　文部科学省では，平成29年3月31日に学校教育法施行規則の一部改正と小学校学習指導要領の改訂を行った。新小学校学習指導要領等は平成32年度から全面的に実施することとし，平成30年度から一部を移行措置として先行して実施することとしている。

　今回の改訂は，平成28年12月の中央教育審議会答申を踏まえ，

① 教育基本法，学校教育法などを踏まえ，これまでの我が国の学校教育の実績や蓄積を生かし，子供たちが未来社会を切り拓くための資質・能力を一層確実に育成することを目指すこと。その際，子供たちに求められる資質・能力とは何かを社会と共有し，連携する「社会に開かれた教育課程」を重視すること。

② 知識及び技能の習得と思考力，判断力，表現力等の育成のバランスを重視する平成20年改訂の学習指導要領の枠組みや教育内容を維持した上で，知識の理解の質を更に高め，確かな学力を育成すること。

③ 先行する特別教科化など道徳教育の充実や体験活動の重視，体育・健康に関する指導の充実により，豊かな心や健やかな体を育成すること。

を基本的なねらいとして行った。

　本書は，大綱的な基準である学習指導要領の記述の意味や解釈などの詳細について説明するために，文部科学省が作成するものであり，小学校学習指導要領第2章第6節「音楽」について，その改善の趣旨や内容を解説している。

　各学校においては，本書を御活用いただき，学習指導要領等についての理解を深め，創意工夫を生かした特色ある教育課程を編成・実施されるようお願いしたい。

　むすびに，本書「小学校学習指導要領解説音楽編」の作成に御協力くださった各位に対し，心から感謝の意を表する次第である。

平成29年7月

　　　　　　　　　　　　　　　　　　　　　　文部科学省初等中等教育局長

　　　　　　　　　　　　　　　　　　　　　　　　　　　髙橋　道和

目次

第1章 総説
1 改訂の経緯及び基本方針 …………………… 1
2 音楽科の改訂の趣旨及び要点 ……………… 6

第2章 音楽科の目標及び内容 ………………………… 9
第1節 音楽科の目標 ………………………………… 9
1 教科の目標 ………………………………………… 9
2 学年の目標 ………………………………………… 16
第2節 音楽科の内容 ………………………………… 20
1 内容の構成 ………………………………………… 21
2 各領域及び〔共通事項〕の内容 ……………… 22

第3章 各学年の目標及び内容 ………………………… 29
第1節 第1学年及び第2学年の目標と内容 ……… 29
1 目標 ………………………………………………… 29
2 内容 ………………………………………………… 30
3 内容の取扱い ……………………………………… 54
第2節 第3学年及び第4学年の目標と内容 ……… 57
1 目標 ………………………………………………… 57
2 内容 ………………………………………………… 58
3 内容の取扱い ……………………………………… 83
第3節 第5学年及び第6学年の目標と内容 ……… 86
1 目標 ………………………………………………… 86
2 内容 ………………………………………………… 87
3 内容の取扱い ……………………………………… 112

第4章 指導計画の作成と内容の取扱い ……………… 115
1 指導計画作成上の配慮事項 ……………………… 115
2 内容の取扱いと指導上の配慮事項 …………… 124

- 付　録 ……………………………………………………… 141
  - 付録１：学校教育法施行規則（抄）……………… 142
  - 付録２：小学校学習指導要領
           第１章　総則 ……………………………… 146
  - 付録３：小学校学習指導要領
           第２章　第６節　音楽 …………………… 153
  - 付録４：教科の目標，各学年の目標及び内容の
           系統表（小学校音楽科）………………… 162
  - 付録５：歌唱及び鑑賞共通教材一覧 ……………… 168
  - 付録６：中学校学習指導要領
           第２章　第５節　音楽 …………………… 172
  - 付録７：教科の目標，各学年の目標及び内容の
           系統表（中学校音楽科）………………… 178
  - 付録８：小学校学習指導要領
           第３章　特別の教科　道徳 ……………… 182
  - 付録９：「道徳の内容」の学年段階・学校段階の一覧表 … 188
  - 付録10：幼稚園教育要領 …………………………… 190

第1章　総説

1　改訂の経緯及び基本方針

(1) 改訂の経緯

　今の子供たちやこれから誕生する子供たちが，成人して社会で活躍する頃には，我が国は厳しい挑戦の時代を迎えていると予想される。生産年齢人口の減少，グローバル化の進展や絶え間ない技術革新等により，社会構造や雇用環境は大きく，また急速に変化しており，予測が困難な時代となっている。また，急激な少子高齢化が進む中で成熟社会を迎えた我が国にあっては，一人一人が持続可能な社会の担い手として，その多様性を原動力とし，質的な豊かさを伴った個人と社会の成長につながる新たな価値を生み出していくことが期待される。

　こうした変化の一つとして，人工知能（AI）の飛躍的な進化を挙げることができる。人工知能が自ら知識を概念的に理解し，思考し始めているとも言われ，雇用の在り方や学校において獲得する知識の意味にも大きな変化をもたらすのではないかとの予測も示されている。このことは同時に，人工知能がどれだけ進化し思考できるようになったとしても，その思考の目的を与えたり，目的のよさ・正しさ・美しさを判断したりできるのは人間の最も大きな強みであるということの再認識につながっている。

　このような時代にあって，学校教育には，子供たちが様々な変化に積極的に向き合い，他者と協働して課題を解決していくことや，様々な情報を見極め知識の概念的な理解を実現し情報を再構成するなどして新たな価値につなげていくこと，複雑な状況変化の中で目的を再構築することができるようにすることが求められている。

　このことは，本来，我が国の学校教育が大切にしてきたことであるものの，教師の世代交代が進むと同時に，学校内における教師の世代間のバランスが変化し，教育に関わる様々な経験や知見をどのように継承していくかが課題となり，また，子供たちを取り巻く環境の変化により学校が抱える課題も複雑化・困難化する中で，これまでどおり学校の工夫だけにその実現を委ねることは困難になってきている。

　こうした状況を踏まえ，平成26年11月には，文部科学大臣から新しい時代にふさわしい学習指導要領等の在り方について中央教育審議会に諮問を行った。中央教育審議会においては，2年1か月にわたる審議の末，平成28年12月21日に「幼稚園，小学校，中学校，高等学校及び特別支援学校の学習指導要領等の改善及び必要な方策等について（答申）」（以下「中央教育審議会答申」という。）を示し

た。

中央教育審議会答申においては，"よりよい学校教育を通じてよりよい社会を創る"という目標を学校と社会が共有し，連携・協働しながら，新しい時代に求められる資質・能力を子供たちに育む「社会に開かれた教育課程」の実現を目指し，学習指導要領等が，学校，家庭，地域の関係者が幅広く共有し活用できる「学びの地図」としての役割を果たすことができるよう，次の6点にわたってその枠組みを改善するとともに，各学校において教育課程を軸に学校教育の改善・充実の好循環を生み出す「カリキュラム・マネジメント」の実現を目指すことなどが求められた。

① 「何ができるようになるか」（育成を目指す資質・能力）
② 「何を学ぶか」（教科等を学ぶ意義と，教科等間・学校段階間のつながりを踏まえた教育課程の編成）
③ 「どのように学ぶか」（各教科等の指導計画の作成と実施，学習・指導の改善・充実）
④ 「子供一人一人の発達をどのように支援するか」（子供の発達を踏まえた指導）
⑤ 「何が身に付いたか」（学習評価の充実）
⑥ 「実施するために何が必要か」（学習指導要領等の理念を実現するために必要な方策）

これを踏まえ，平成29年3月31日に学校教育法施行規則を改正するとともに，幼稚園教育要領，小学校学習指導要領及び中学校学習指導要領を公示した。小学校学習指導要領は，平成30年4月1日から第3学年及び第4学年において外国語活動を実施する等の円滑に移行するための措置（移行措置）を実施し，平成32年4月1日から全面実施することとしている。また，中学校学習指導要領は，平成30年4月1日から移行措置を実施し，平成33年4月1日から全面実施することとしている。

(2) 改訂の基本方針

今回の改訂は中央教育審議会答申を踏まえ，次の基本方針に基づき行った。

① 今回の改訂の基本的な考え方

ア 教育基本法，学校教育法などを踏まえ，これまでの我が国の学校教育の実践や蓄積を生かし，子供たちが未来社会を切り拓くための資質・能力を一層確実に育成することを目指す。その際，子供たちに求められる資質・能力とは何かを社会と共有し，連携する「社会に開かれた教育課程」を重視すること。

イ　知識及び技能の習得と思考力，判断力，表現力等の育成のバランスを重視する平成20年改訂の学習指導要領の枠組みや教育内容を維持した上で，知識の理解の質を更に高め，確かな学力を育成すること。
　　ウ　先行する特別教科化など道徳教育の充実や体験活動の重視，体育・健康に関する指導の充実により，豊かな心や健やかな体を育成すること。

②　育成を目指す資質・能力の明確化

　中央教育審議会答申においては，予測困難な社会の変化に主体的に関わり，感性を豊かに働かせながら，どのような未来を創っていくのか，どのように社会や人生をよりよいものにしていくのかという目的を自ら考え，自らの可能性を発揮し，よりよい社会と幸福な人生の創り手となる力を身に付けられるようにすることが重要であること，こうした力は全く新しい力ということではなく学校教育が長年その育成を目指してきた「生きる力」であることを改めて捉え直し，学校教育がしっかりとその強みを発揮できるようにしていくことが必要とされた。また，汎用的な能力の育成を重視する世界的な潮流を踏まえつつ，知識及び技能と思考力，判断力，表現力等をバランスよく育成してきた我が国の学校教育の蓄積を生かしていくことが重要とされた。

　このため「生きる力」をより具体化し，教育課程全体を通して育成を目指す資質・能力を，ア「何を理解しているか，何ができるか（生きて働く「知識・技能」の習得）」，イ「理解していること・できることをどう使うか（未知の状況にも対応できる「思考力・判断力・表現力等」の育成）」，ウ「どのように社会・世界と関わり，よりよい人生を送るか（学びを人生や社会に生かそうとする「学びに向かう力・人間性等」の涵養）」の三つの柱に整理するとともに，各教科等の目標や内容についても，この三つの柱に基づく再整理を図るよう提言がなされた。

　今回の改訂では，知・徳・体にわたる「生きる力」を子供たちに育むために「何のために学ぶのか」という各教科等を学ぶ意義を共有しながら，授業の創意工夫や教科書等の教材の改善を引き出していくことができるようにするため，全ての教科等の目標及び内容を「知識及び技能」，「思考力，判断力，表現力等」，「学びに向かう力，人間性等」の三つの柱で再整理した。

③　「主体的・対話的で深い学び」の実現に向けた授業改善の推進

　子供たちが，学習内容を人生や社会の在り方と結び付けて深く理解し，これからの時代に求められる資質・能力を身に付け，生涯にわたって能動的に学び続けることができるようにするためには，これまでの学校教育の蓄積を生かし，学習の質を一層高める授業改善の取組を活性化していくことが必要であり，我が国の

優れた教育実践に見られる普遍的な視点である「主体的・対話的で深い学び」の実現に向けた授業改善（アクティブ・ラーニングの視点に立った授業改善）を推進することが求められる。

今回の改訂では「主体的・対話的で深い学び」の実現に向けた授業改善を進める際の指導上の配慮事項を総則に記載するとともに，各教科等の「第3 指導計画の作成と内容の取扱い」において，単元や題材など内容や時間のまとまりを見通して，その中で育む資質・能力の育成に向けて，「主体的・対話的で深い学び」の実現に向けた授業改善を進めることを示した。

その際，以下の6点に留意して取り組むことが重要である。

ア 児童生徒に求められる資質・能力を育成することを目指した授業改善の取組は，既に小・中学校を中心に多くの実践が積み重ねられており，特に義務教育段階はこれまで地道に取り組まれ蓄積されてきた実践を否定し，全く異なる指導方法を導入しなければならないと捉える必要はないこと。

イ 授業の方法や技術の改善のみを意図するものではなく，児童生徒に目指す資質・能力を育むために「主体的な学び」，「対話的な学び」，「深い学び」の視点で，授業改善を進めるものであること。

ウ 各教科等において通常行われている学習活動（言語活動，観察・実験，問題解決的な学習など）の質を向上させることを主眼とするものであること。

エ 1回1回の授業で全ての学びが実現されるものではなく，単元や題材など内容や時間のまとまりの中で，学習を見通し振り返る場面をどこに設定するか，グループなどで対話する場面をどこに設定するか，児童生徒が考える場面と教師が教える場面をどのように組み立てるかを考え，実現を図っていくものであること。

オ 深い学びの鍵として「見方・考え方」を働かせることが重要になること。各教科等の「見方・考え方」は，「どのような視点で物事を捉え，どのような考え方で思考していくのか」というその教科等ならではの物事を捉える視点や考え方である。各教科等を学ぶ本質的な意義の中核をなすものであり，教科等の学習と社会をつなぐものであることから，児童生徒が学習や人生において「見方・考え方」を自在に働かせることができるようにすることにこそ，教師の専門性が発揮されることが求められること。

カ 基礎的・基本的な知識及び技能の習得に課題がある場合には，その確実な習得を図ることを重視すること。

④　各学校におけるカリキュラム・マネジメントの推進

　各学校においては，教科等の目標や内容を見通し，特に学習の基盤となる資質・能力（言語能力，情報活用能力，問題発見・解決能力等）や現代的な諸課題に対応して求められる資質・能力の育成のためには，教科等横断的な学習を充実することや，「主体的・対話的で深い学び」の実現に向けた授業改善を，単元や題材など内容や時間のまとまりを見通して行うことが求められる。これらの取組の実現のためには，学校全体として，児童生徒や学校，地域の実態を適切に把握し，教育内容や時間の配分，必要な人的・物的体制の確保，教育課程の実施状況に基づく改善などを通して，教育活動の質を向上させ，学習の効果の最大化を図るカリキュラム・マネジメントに努めることが求められる。

　このため総則において，「児童や学校，地域の実態を適切に把握し，教育の目的や目標の実現に必要な教育の内容等を教科等横断的な視点で組み立てていくこと，教育課程の実施状況を評価してその改善を図っていくこと，教育課程の実施に必要な人的又は物的な体制を確保するとともにその改善を図っていくことなどを通して，教育課程に基づき組織的かつ計画的に各学校の教育活動の質の向上を図っていくこと（以下「カリキュラム・マネジメント」という。）に努める」ことについて新たに示した。

⑤　教育内容の主な改善事項

　このほか，言語能力の確実な育成，理数教育の充実，伝統や文化に関する教育の充実，体験活動の充実，外国語教育の充実などについて総則や各教科等において，その特質に応じて内容やその取扱いの充実を図った。

2　音楽科の改訂の趣旨及び要点

　中央教育審議会答申においては，小学校，中学校及び高等学校を通じた音楽科の成果と課題について，次のように示されている。

○　音楽科，芸術科（音楽）においては，音楽のよさや楽しさを感じるとともに，思いや意図を持って表現したり味わって聴いたりする力を育成すること，音楽と生活との関わりに関心を持って，生涯にわたり音楽文化に親しむ態度を育むこと等に重点を置いて，その充実を図ってきたところである。

○　一方で，感性を働かせ，他者と協働しながら音楽表現を生み出したり，音楽を聴いてそのよさや価値等を考えたりしていくこと，我が国や郷土の伝統音楽に親しみ，よさを一層味わえるようにしていくこと，生活や社会における音や音楽の働き，音楽文化についての関心や理解を深めていくことについては，更なる充実が求められるところである。

○　今回の学習指導要領の改訂においては，これまでの成果を踏まえ，これらの課題に適切に対応できるよう改善を図っていくことが必要である。

　これらの成果と課題を踏まえた小学校音楽科の改訂の基本的な考え方は，次のとおりである。

・　音楽に対する感性を働かせ，他者と協働しながら，音楽表現を生み出したり音楽を聴いてそのよさなどを見いだしたりすることができるよう，内容の改善を図る。

・　音や音楽と自分との関わりを築いていけるよう，生活や社会の中の音や音楽の働きについての意識を深める学習の充実を図る。

・　我が国や郷土の音楽に親しみ，よさを一層味わうことができるよう，和楽器を含む我が国や郷土の音楽の学習の充実を図る。

(1) 目標の改善

①　教科の目標の改善

　音楽科で育成を目指す資質・能力を「生活や社会の中の音や音楽と豊かに関わる資質・能力」と規定し，「知識及び技能」，「思考力，判断力，表現力等」，「学びに向かう力，人間性等」について示した。また，資質・能力の育成に当たっては，児童が「音楽的な見方・考え方」を働かせて，学習活動に取り組めるようにする必要があることを示した。このことによって，児童が教科としての音楽を学ぶ意味を明確にした。

② 学年の目標の改善

従前,「(1) 音楽活動に対する興味・関心,意欲を高め,音楽を生活に生かそうとする態度,習慣を育てること」,「(2) 基礎的な表現の能力を育てること」,「(3) 基礎的な鑑賞の能力を育てること」の三つで示していた学年の目標を,教科の目標の構造と合わせ,「(1) 知識及び技能」,「(2) 思考力,判断力,表現力等」,「(3) 学びに向かう力,人間性等」の三つの柱で整理した。

(2) 内容構成の改善

従前と同様に,「A表現」(「歌唱」,「器楽」,「音楽づくり」の三分野),「B鑑賞」の二つの領域及び〔共通事項〕で構成した。また,「A表現」,「B鑑賞」に示していた各事項を,「A表現」では「知識」,「技能」,「思考力,判断力,表現力等」に,「B鑑賞」では「知識」,「思考力,判断力,表現力等」に再整理して示した。これによって,指導すべき内容が一層明確になるようにした。

(3) 学習内容,学習指導の改善・充実

① 「知識」及び「技能」に関する指導内容の明確化

中央教育審議会答申において,「学習内容を,三つの柱に沿って見直す」とされたことを踏まえ,三つの柱の一つである「知識及び技能」について,次のように改訂した。

「知識」に関する指導内容については,「曲想と音楽の構造との関わり」などを理解することに関する具体的な内容を,歌唱,器楽,音楽づくり,鑑賞の領域や分野ごとに事項として示した。

「A表現」の「技能」に関する指導内容については,思いや意図に合った表現などをするために必要となる具体的な内容を,歌唱,器楽,音楽づくりの分野ごとに事項として示した。そのことによって,音楽科における技能は,「思考力,判断力,表現力等」の育成と関わらせて習得できるようにすべき内容であることを明確にした。

② 〔共通事項〕の指導内容の改善

中央教育審議会答申において,「学習内容を,三つの柱に沿って見直す」とされたこと,「『見方・考え方』は,現行の学習指導要領において,小学校音楽科,中学校音楽科で示されている表現及び鑑賞に共通して働く資質・能力である〔共通事項〕とも深い関わりがある」とされたことなどを踏まえ,次のように改訂した。

従前の〔共通事項〕の趣旨を踏まえつつ,アの事項を「思考力,判断力,表現力等」に関する資質・能力,イの事項を「知識」に関する資質・能力として示した。

③ 言語活動の充実

中央教育審議会答申において,言語活動が「表現及び鑑賞を深めていく際に重要な活動である」とされたことを踏まえ,次のように改訂した。

他者と協働しながら,音楽表現を生み出したり音楽を聴いてそのよさなどを考えたりしていく学習の充実を図る観点から,「音や音楽及び言葉によるコミュニケーションを図り,音楽科の特質に応じた言語活動を適切に位置付けられるようにすること」を,「A表現」及び「B鑑賞」の指導に当たっての配慮事項として示した。

④ 「我が国や郷土の音楽」に関する学習の充実

中央教育審議会答申において,「我が国や郷土の伝統音楽に親しみ,よさを一層味わえるようにしていくこと」の「更なる充実が求められる」とされたことを踏まえ,次のように改訂した。

これまで第5学年及び第6学年において取り上げる旋律楽器として例示していた和楽器を,第3学年及び第4学年の例示にも新たに加えることとした。

我が国や郷土の音楽の指導に当たっての配慮事項として,「音源や楽譜等の示し方,伴奏の仕方,曲に合った歌い方や楽器の演奏の仕方などの指導方法を工夫すること」を新たに示した。

第2章　音楽科の目標及び内容

第1節　音楽科の目標

●1　教科の目標

教科の目標は次のとおりである。

> 　表現及び鑑賞の活動を通して，音楽的な見方・考え方を働かせ，生活や社会の中の音や音楽と豊かに関わる資質・能力を次のとおり育成することを目指す。
> (1) 曲想と音楽の構造などとの関わりについて理解するとともに，表したい音楽表現をするために必要な技能を身に付けるようにする。
> (2) 音楽表現を工夫することや，音楽を味わって聴くことができるようにする。
> (3) 音楽活動の楽しさを体験することを通して，音楽を愛好する心情と音楽に対する感性を育むとともに，音楽に親しむ態度を養い，豊かな情操を培う。

　この目標は，小学校教育における音楽科が担うべき役割とその目指すところを示したものである。従前は，教科の目標を総括目標として一文で示していたが，今回の改訂では，**生活や社会の中の音や音楽と豊かに関わる資質・能力を育成する**ことを目指し，その上で，育成を目指す資質・能力として，(1)に「知識及び技能」の習得，(2)に「思考力，判断力，表現力等」の育成，(3)に「学びに向かう力，人間性等」の涵養に関する目標を示す構成としている。また，このような資質・能力を育成するためには，**音楽的な見方・考え方を働かせ**ることが必要であることを示している。

　冒頭に示した**表現及び鑑賞の活動を通して**とは，児童が音楽的な見方・考え方を働かせ，生活や社会の中の音や音楽と豊かに関わる資質・能力を育成するためには，多様な音楽活動を幅広く体験することが大切であることを示したものである。
　児童の多様な音楽活動とは，歌を歌ったり，楽器を演奏したり，音楽をつくったり，音楽を聴いたりすることなどである。学習指導要領では，このうち歌唱，器楽，音楽づくりを「表現」領域としてまとめ，「表現」と「鑑賞」の2領域で

構成している。しかしながら，これらの活動はそれぞれが個々に行われるだけではなく，相互に関わり合っていることもある。

活動を通してとしているのは，従前同様，多様な音楽活動を通して学習が行われることを前提としているからである。我が国や諸外国の様々な音楽を教材として扱い，児童一人一人の個性や興味・関心を生かした楽しい音楽活動を展開していくことの重要性を述べたものである。特に音楽科の学習が，児童の音楽活動と離れた個別の知識の習得や，技能の機械的な訓練にならないようにすることが大切である。

音楽的な見方・考え方とは，「音楽に対する感性を働かせ，音や音楽を，音楽を形づくっている要素とその働きの視点で捉え，自己のイメージや感情，生活や文化などと関連付けること」であると考えられる。

「音楽に対する感性」とは，音楽的な刺激に対する反応，すなわち，音楽的感受性と捉えることができる。また，音や音楽の美しさなどを感じ取るときの心の働きを意味している。児童が，音楽を形づくっている要素を聴き取り，それらの働きが生み出すよさや面白さ，美しさを感じ取ることを支えとして，自ら音や音楽を捉えていくとき，児童の音楽に対する感性が働く。音楽に対する感性を働かせることによって，音楽科の学習が成立し，その学習を積み重ねていくことによって音楽に対する感性が一層育まれていく。

「音や音楽を，音楽を形づくっている要素とその働きの視点で捉え」とは，音や音楽を捉える視点を示している。音や音楽は，鳴り響く音や音楽を対象として，音楽がどのように形づくられているか，また音楽をどのように感じ取るかを明らかにしていく過程において捉えることができる。音楽科の学習では，このように音や音楽を捉えることが必要である。その支えとなるのが，音色，リズム，速度，反復，呼びかけとこたえなどの音楽を形づくっている要素を聴き取ることと，それらの働きが生み出すよさや面白さ，美しさを感じ取ることである。

一方，音や音楽は，「自己のイメージや感情」，「生活や文化」などとの関わりにおいて，意味あるものとして存在している。したがって，音や音楽とそれらによって喚起される自己のイメージや感情との関わり，音や音楽と人々の生活や文化などの音楽の背景との関わりについて考えることによって，表現領域では，思いや意図をもって歌ったり楽器を演奏したり音楽をつくったりする学習が，鑑賞領域では，曲や演奏のよさなどを見いだし曲全体を味わって聴く学習が，一層充実するのである。

このように，**音楽的な見方・考え方**は，音楽科の特質に応じた，物事を捉える視点や考え方であり，音楽科を学ぶ本質的な意義の中核をなすものである。

児童が自ら，音楽に対する感性を働かせ，音や音楽を，音楽を形づくっている要素とその働きの視点で捉え，捉えたことと自己のイメージや感情，捉えたことと生活や文化などとを関連付けて考えているとき，音楽的な見方・考え方が働いている。音楽的な見方・考え方を働かせて学習をすることによって，児童の発達の段階に応じた，「知識及び技能」の習得，「思考力，判断力，表現力等」の育成，「学びに向かう力，人間性等」の涵養が実現していく。このことによって，**生活や社会の中の音や音楽と豊かに関わる資質・能力**は育成されるのである。

　なお，音楽的な見方・考え方は，音楽的な見方・考え方を働かせた音楽科の学習を積み重ねることによって広がったり深まったりするなどし，その後の人生においても生きて働くものとなる。

　生活や社会の中の音や音楽と豊かに関わる資質・能力は，(1)，(2)及び(3)に示している。ここでは，音楽科の学習を通して育成を目指す資質・能力を，生活や社会の中の音や音楽と豊かに関わる資質・能力と示すことによって，児童が教科としての音楽を学ぶ意味を明確にしている。

　児童の生活や，児童が生活を営む社会の中には，様々な音や音楽が存在し，人々の生活に影響を与えている。したがって，生活や社会の中の音や音楽と豊かに関わる資質・能力を育成することによって，児童がそれらの音や音楽との関わりを自ら築き，生活を豊かにしていくことは，音楽科の大切な役割の一つである。生活や社会における音や音楽との関わり方には，歌うこと，楽器を演奏すること，音楽をつくること，音楽を聴くことなど様々な形がある。そのいずれもが，児童が音や音楽に目を向け，その働きについて気付くことを促すとともに，音楽文化を継承，発展，創造していこうとする態度の育成の素地となるものである。

　音楽科では，この目標を実現することによって，生活や社会の中の音や音楽と豊かに関わることのできる人を育てること，そのことによって心豊かな生活を営むことのできる人を育てること，ひいては，心豊かな生活を営むことのできる社会の実現に寄与することを目指している。

　生活や社会の中の音や音楽と豊かに関わる資質・能力を育成するためには，生活や社会の中の音や音楽の働きの視点から，児童が学んでいること，学んだことを自覚できるようにしていくことが大切である。そのためには，児童が，思いや意図をもって表現したり，音楽を味わって聴いたりする過程において，理解したり考えたりしたこと，音楽を豊かに表現したこと，友達と音や音楽及び言葉によるコミュニケーションを図って交流し共有したり共感したりしたことなどが，自分の生活や自分たちを取り巻く社会とどのように関わり，また，どのような意味があるのかについて意識できるようにすることが大切である。

> (1) 曲想と音楽の構造などとの関わりについて理解するとともに，表したい音楽表現をするために必要な技能を身に付けるようにする。

(1)は，「知識及び技能」の習得に関する目標を示したものである。

曲想と音楽の構造などとの関わりについて理解することが知識の習得に関する目標，**表したい音楽表現をするために必要な技能を身に付ける**ことが技能の習得に関する目標である。知識の習得に関する目標は，表現領域及び鑑賞領域に共通するものであり，技能の習得に関する目標は，表現領域のみに該当するものである。

音楽科における「知識」とは，児童が音楽を形づくっている要素などの働きについて理解し，表現や鑑賞などに生かすことができるような知識である。このような知識は，表現や鑑賞の活動を通して，実感を伴いながら理解されるようにしなければならない。

したがって，ここで言う「知識」とは，曲名や，音符，休符，記号や用語の名称などの知識のみを指すものではない。児童一人一人が，体を動かす活動などを含むような学習過程において，音楽に対する感性などを働かせて感じ取り，理解したものであり，個々の感じ方や考え方等に応じて習得されたり，新たな学習過程を通して更新されたりしていくものである。

そのようなことを踏まえ，今回の改訂では，理解させるべき知識として，**曲想と音楽の構造などとの関わり**と示している。**曲想**とは，その音楽に固有の雰囲気や表情，味わいのことであり，**音楽の構造**とは，音楽を形づくっている要素の表れ方や，音楽を特徴付けている要素と音楽の仕組みとの関わり合いである。

曲想と音楽の構造などとの関わりについて理解するとは，表現や鑑賞の活動を通して，対象となる音楽に固有の雰囲気や表情などを感じ取りながら，「音楽から喚起される自己のイメージや感情」と「音楽を形づくっている要素の表れ方や，音楽を特徴付けている要素と音楽の仕組みとの関わり合い」などとの関係を捉え，理解することである。

なお，**音楽の構造など**の「など」には，歌唱分野における「歌詞の内容」も含まれている。

音楽科における「技能」とは，歌を歌う技能，楽器を演奏する技能，音楽をつくる技能である。

表現領域の歌唱，器楽，音楽づくりの活動においては，複数の技能を位置付け

ている。例えば，歌唱では，聴唱や視唱などの技能，自然で無理のない歌い方で歌う技能，声を合わせて歌う技能を示しているが，これらの技能は表したい音楽表現，すなわち思いや意図に合った表現などをするために必要となるものとして位置付けている。そのことによって，音楽科における技能は，「思考力，判断力，表現力等」の育成と関わらせて，習得できるようにすべき内容であることを明確にしている。

> (2) 音楽表現を工夫することや，音楽を味わって聴くことができるようにする。

(2)は，「思考力，判断力，表現力等」の育成に関する目標を示したものである。**音楽表現を工夫する**ことは表現領域，**音楽を味わって聴く**ことは鑑賞領域に関する目標である。

音楽表現を工夫するとは，歌唱や器楽の学習においては，曲の特徴にふさわしい音楽表現を試しながら考えたり，音楽づくりの学習においては，実際に音を出しながら音楽の全体のまとまりなどを考えたりして，どのように表現するかについて思いや意図をもつことである。

音楽を味わって聴くとは，音楽によって喚起された自己のイメージや感情を，曲想と音楽の構造との関わりなどと関連させて捉え直し，自分にとっての音楽のよさや面白さなどを見いだし，曲全体を聴き深めていることである。

音楽表現を工夫したり，音楽を聴いて自分にとっての音楽のよさなどを見いだしたりするためには，音楽を形づくっている要素を聴き取り，それらの働きが生み出すよさや面白さ，美しさを感じ取りながら，聴き取ったことと感じ取ったこととの関わりについて考えることが必要である。その過程においては，音や音楽及び言葉によるコミュニケーションを図り，音楽科の特質に応じた言語活動を適切に位置付けられるよう指導を工夫することが大切である。

> (3) 音楽活動の楽しさを体験することを通して，音楽を愛好する心情と音楽に対する感性を育むとともに，音楽に親しむ態度を養い，豊かな情操を培う。

(3)は，「学びに向かう力，人間性等」の涵養に関する目標を示したものである。

音楽活動の楽しさを体験するとは，主体的，創造的に表現や鑑賞の活動に取り組む楽しさを実感することである。児童が体験する音楽活動の楽しさは，表現及び鑑賞の活動において，友達と気持ちを合わせて音楽表現をしたり，いろいろな感じ方や考え方等に接したり，表したい思いや意図をもって歌うこと，楽器を演奏すること，音楽をつくることができたり，音楽を味わって聴くことができたりしたときに，一層豊かになる。

　音楽を愛好する心情を育むとは，文字どおり児童が心から音楽を愛好することができるようにするとともに，生活の中に音楽を生かそうとする態度を，音楽科の学習活動を通して育むということである。
　このような音楽活動を進めるに当たって何よりも大切なことは，児童が楽しく音楽に関わり，音楽を学習する喜びを得るようにすることであり，音楽に感動するような体験を積み重ねることである。
　音楽に対する感性とは，音楽的な刺激に対する反応，すなわち，音楽的感受性と捉えることができる。この音楽的感受性とは，音楽の様々な特性に対する感受性を意味している。具体的には，リズム感，旋律感，和音感，強弱感，速度感，音色感などであり，表現及び鑑賞の活動の根底に関わるものである。
　児童が音や音楽の美しさを感じ取るとき，そこには音楽的感受性が働いている。つまり，音楽に対する感性は，音や音楽の美しさなどを感じ取るときの心の働きでもある。したがって，音楽に対する感性を育むとは，児童が音楽的感受性を身に付けるとともに，音や音楽の美しさなどを感じ取ることができるようにすることであると言える。
　音楽に対する感性は，美しいものや崇高なものに感動する心を育てるのに欠かせないものである。そして，多様な美しさをもった様々な音や音楽を尊重する心にもつながるものである。このように，音楽に対する感性は，豊かな心を育む基盤となる。

　音楽に親しむ態度とは，我が国や諸外国の様々な音楽，及び様々な音楽活動に関心をもち，積極的に関わっていこうとする態度である。さらに，学校内外の様々な音楽や音楽活動に主体的に関わっていく態度も含むものである。
　このように，音楽に親しむ態度は，音楽科における学びに向かう力の要となるものである。したがって，音楽に親しむ態度を養うことは，生涯にわたって音楽に親しみ，音楽文化を継承，発展，創造していこうとするための基本的な力を養うことでもある。

豊かな情操を培うとは，一人一人の豊かな心を育てるという重要な意味をもっている。情操とは，美しいものや優れたものに接して感動する，情感豊かな心をいい，情緒などに比べて更に複雑な感情を指すものとされている。音楽によって培われる情操は，直接的には美的情操が最も深く関わっている。

美的情操とは，例えば，音楽を聴いてこれを美しいと感じ，更に美しさを求めようとする柔らかな感性によって育てられる豊かな心のことである。このような美しさを受容し求める心は，美だけに限らず，より善なるものや崇高なるものに対する心，すなわち，他の価値に対しても通じるものである。

したがって，音楽科では美的情操を培うことを中心にはするものの，「学びに向かう力，人間性等」の涵養を目指すことを踏まえ，ここでは，豊かな情操を培うことを示している。

2　学年の目標

学年の目標は，教科の目標を実現していくための具体的な指導の目標を，児童の発達の段階に即して学年ごとに示したものである。

学習指導要領では，学年の目標及び内容を〔第1学年及び第2学年〕（低学年），〔第3学年及び第4学年〕（中学年），〔第5学年及び第6学年〕（高学年）のように2学年まとめて示している。

これは，表現及び鑑賞の活動を繰り返しながら，継続的に学習を進めることにより，音楽科で育成を目指す資質・能力が徐々に身に付いていくという，音楽科の学習の特質を考慮したものである。さらに，児童や学校の実態等に応じた弾力的な指導を効果的に進めることができるようにしたものである。

学年の目標は，各学年3項目としている。従前は，「(1) 音楽活動に対する興味・関心，意欲を高め，音楽を生活に生かそうとする態度，習慣を育てること」，「(2) 基礎的な表現の能力を育てること」，「(3) 基礎的な鑑賞の能力を育てること」という三つの観点から項目を構成していたが，今回の改訂では，教科の目標との関係を明確にし，次の三つの観点から項目を構成している。

　(1)「知識及び技能」の習得
　(2)「思考力，判断力，表現力等」の育成
　(3)「学びに向かう力，人間性等」の涵養

(1), (2), (3) の項目ごとの低・中・高学年の目標は，次のとおりである。

(1)「知識及び技能」の習得に関する目標

〔第1学年及び第2学年〕
(1)　曲想と音楽の構造などとの関わりについて気付くとともに，音楽表現を楽しむために必要な歌唱，器楽，音楽づくりの技能を身に付けるようにする。

〔第3学年及び第4学年〕
(1)　曲想と音楽の構造などとの関わりについて気付くとともに，表したい音楽表現をするために必要な歌唱，器楽，音楽づくりの技能を身に付けるようにする。

〔第5学年及び第6学年〕
(1)　曲想と音楽の構造などとの関わりについて理解するとともに，表したい音楽表現をするために必要な歌唱，器楽，音楽づくりの技能を身に付けるようにする。

「知識及び技能」の習得に関する目標のうち，「知識」の習得については，表現領域及び鑑賞領域に関する目標を示している。また，全学年とも，**曲想と音楽の構造などとの関わり**を示している。このことは，どの学年においても，どの領域や分野においても，知識に関する学習の目指す方向が同一であることを示している。その上で，児童の発達の段階や学習の系統性等を踏まえて，低学年及び中学年では**気付く**，高学年では**理解する**とし，関わりについての学習が質的に高まっていくように示している。

　「技能」の習得については，表現領域に関する目標を示している。児童の発達の段階や学習の系統性等を踏まえて，低学年では**音楽表現を楽しむ**ために必要な歌唱，器楽，音楽づくりの技能，中学年及び高学年では**表したい音楽表現をする**ために必要な歌唱，器楽，音楽づくりの技能とし，それぞれの学年における「技能」の習得に関する学習が質的に高まっていくように示している。

(2) 「思考力，判断力，表現力等」の育成に関する目標

〔第1学年及び第2学年〕
(2) 音楽表現を考えて表現に対する思いをもつことや，曲や演奏の楽しさを見いだしながら音楽を味わって聴くことができるようにする。

〔第3学年及び第4学年〕
(2) 音楽表現を考えて表現に対する思いや意図をもつことや，曲や演奏のよさなどを見いだしながら音楽を味わって聴くことができるようにする。

〔第5学年及び第6学年〕
(2) 音楽表現を考えて表現に対する思いや意図をもつことや，曲や演奏のよさなどを見いだしながら音楽を味わって聴くことができるようにする。

　「思考力，判断力，表現力等」の育成に関する目標では，表現領域と鑑賞領域に関する目標を示している。

　表現領域については，全学年とも**音楽表現を考えて**としている。このことは，どの学年においても，また，歌唱，器楽，音楽づくりのどの分野においても，表現領域の「思考力，判断力，表現力等」に関する学習の目指す方向が同一であることを示している。その上で，児童の発達の段階や学習の系統性等を踏まえて，低学年においては**表現に対する思いをもつこと**，中学年及び高学年においては**表現に対する思いや意図をもつこと**とし，音楽表現に対する考えが質的に高まっていくように示している。

　鑑賞領域については，全学年とも**音楽を味わって聴くことができるようにする**

としている。このことは，音楽の鑑賞が，本来，音楽の全体にわたる美しさを享受することであり，その本質は，全ての学年において変わらないことを示している。その上で，児童の発達の段階や学習の系統性等を踏まえて，低学年では曲や演奏の**楽しさ**，中学年及び高学年では曲や演奏の**よさ**などとし，**曲や演奏のよさなど**を見いだしていくことが質的に高まっていくように示している。

なお，ここで鑑賞の対象を曲だけではなく**曲や演奏**としているのは，同じ曲であっても，演奏形態や演奏者などが異なることで，表現に違いやよさが生まれるからである。

(3) 「学びに向かう力，人間性等」の涵養に関する目標

〔第1学年及び第2学年〕
(3) 楽しく音楽に関わり，協働して音楽活動をする楽しさを感じながら，身の回りの様々な音楽に親しむとともに，音楽経験を生かして生活を明るく潤いのあるものにしようとする態度を養う。

〔第3学年及び第4学年〕
(3) 進んで音楽に関わり，協働して音楽活動をする楽しさを感じながら，様々な音楽に親しむとともに，音楽経験を生かして生活を明るく潤いのあるものにしようとする態度を養う。

〔第5学年及び第6学年〕
(3) 主体的に音楽に関わり，協働して音楽活動をする楽しさを味わいながら，様々な音楽に親しむとともに，音楽経験を生かして生活を明るく潤いのあるものにしようとする態度を養う。

「学びに向かう力，人間性等」の涵養に関する目標では，全学年とも，冒頭に**音楽に関わり**とし，自ら音楽に関わっていくことが重要であることを示している。その上で，その関わり方については，児童の発達や学習の系統性等を踏まえて，低学年では**楽しく**，中学年では**進んで**，高学年では**主体的に**とし，音楽への関わり方が質的に高まっていくように示している。

協働して音楽活動をする楽しさについても，全学年で示している。協働して音楽活動をする楽しさとは，音や音楽及び言葉によるコミュニケーションを図りながら，友達と音楽表現をしたり音楽を味わって聴いたりする楽しさなどである。このことは，集団での音楽活動が中心となる音楽科の学びの特質を反映したものである。その上で，児童の発達の段階や学習の系統性等を踏まえて，低学年及び中学年では**感じながら**，高学年では**味わいながら**とし，協働して音楽活動をする

楽しさの感じ方が，質的に高まっていくように示している。

様々な音楽に親しむことについても，全学年で示している。様々な音楽に親しむとは，表現や鑑賞の活動を通して，児童が我が国や諸外国の様々な音楽に出会い，それらの音楽に親しむようにすることである。児童の発達の段階や学習の系統性等を踏まえて，低学年では**身の回りの様々な音楽**，中学年，高学年では**様々な音楽**とし，児童が出会う音楽の範囲が広がっていくように示している。

音楽経験を生かして生活を明るく潤いのあるものにしようとする態度を養うことについても，全学年で示している。児童が音楽科の学習で得た音楽経験を，学校生活や家庭，地域社会での生活に生かすことによって，生活は明るく潤いのあるものになっていく。ここでは，児童が自ら音楽に関わり，協働して音楽活動をする楽しさを感じたり味わったりしながら，様々な音楽に親しむような音楽経験を生かして，生活の中にある様々な音や音楽に関心をもつようにし，生活の中で音楽に親しんでいく態度を育てることを求めている。

以上のように，自ら音楽に関わり，協働して音楽活動をする楽しさを感じたり味わったりしながら，様々な音楽に親しむこと，音楽経験を生かして生活を明るく潤いのあるものにしようとすることについては，全学年において共通に示している。このことは，どの学年においても，また，歌唱，器楽，音楽づくり，鑑賞のどの領域や分野においても，「学びに向かう力，人間性等」の涵養に関する学習の目指す方向が同一であることを示している。

第2節　音楽科の内容

教科の目標と学年の目標及び内容の構成

教科の目標	学年の目標	内容の構成			
				項目	事項
表現及び鑑賞の活動を通して，音楽的な見方・考え方を働かせ，生活や社会の中の音や音楽と豊かに関わる資質・能力を次のとおり育成することを目指す。	(1)「知識及び技能」の習得に関する目標	(1) 各学年の「知識及び技能」の習得に関する目標	領域	A 表現	(1) 歌唱の活動を通して，次の事項を身に付けることができるよう指導する。	ア 歌唱分野における「思考力，判断力，表現力等」 イ 歌唱分野における「知識」 ウ 歌唱分野における「技能」
					(2) 器楽の活動を通して，次の事項を身に付けることができるよう指導する。	ア 器楽分野における「思考力，判断力，表現力等」 イ 器楽分野における「知識」 ウ 器楽分野における「技能」
	(2)「思考力，判断力，表現力等」の育成に関する目標	(2) 各学年の「思考力，判断力，表現力等」の育成に関する目標			(3) 音楽づくりの活動を通して，次の事項を身に付けることができるよう指導する。	ア 音楽づくり分野における「思考力，判断力，表現力等」 イ 音楽づくり分野における「知識」 ウ 音楽づくり分野における「技能」
				B 鑑賞	(1) 鑑賞の活動を通して，次の事項を身に付けることができるよう指導する。	ア 鑑賞領域における「思考力，判断力，表現力等」 イ 鑑賞領域における「知識」
	(3)「学びに向かう力，人間性等」の涵養に関する目標	(3) 各学年の「学びに向かう力，人間性等」の涵養に関する目標	(共通事項)		(1)「A表現」及び「B鑑賞」の指導を通して，次の事項を身に付けることができるよう指導する。	ア 表現及び鑑賞の学習において共通に必要となる「思考力，判断力，表現力等」 イ 表現及び鑑賞の学習において共通に必要となる「知識」

1 内容の構成

音楽科の内容は,「A表現」,「B鑑賞」及び〔共通事項〕で構成している。

「A表現」と「B鑑賞」は,音楽を経験する二つの領域である。「A表現」は,歌唱,器楽,音楽づくりの三つの分野からなる。「B鑑賞」は,それ自体が一つの領域である。また,〔共通事項〕は,表現及び鑑賞の学習において共通に必要となる内容である。

このような構成は従前と変わらないが,今回の改訂では,音楽科の内容を,「思考力,判断力,表現力等」,「知識」,「技能」の資質・能力に対応するように構成している。

「A表現」の内容については,(1) 歌唱,(2) 器楽,(3) 音楽づくりの各分野で,次のように示している。

  ア 「思考力,判断力,表現力等」に関する資質・能力
  イ 「知識」に関する資質・能力
  ウ 「技能」に関する資質・能力

「B鑑賞」の内容については,次のように示している。

  ア 「思考力,判断力,表現力等」に関する資質・能力
  イ 「知識」に関する資質・能力

〔共通事項〕の内容については,次のように示している。

  ア 「思考力,判断力,表現力等」に関する資質・能力
  イ 「知識」に関する資質・能力

音楽科の学習では,表現及び鑑賞の活動を通して,「思考力,判断力,表現力等」,「知識」,「技能」に関する内容を相互に関わらせながら,一体的に育てていくことが重要となる。したがって,「思考力,判断力,表現力等」,「知識」,「技能」を別々に育成したり,「知識及び技能」を習得させてから,「思考力,判断力,表現力等」を育成するといった,一定の順序性をもって指導したりするものではないことに留意する必要がある。

なお,今回の改訂では,育成を目指す資質・能力を内容として示していることから,従前「2 内容」に示していた表現教材及び鑑賞教材の取扱いについては,「3 内容の取扱い」に一括して示すこととした。

2 各領域及び〔共通事項〕の内容

「1 内容の構成」に示した考え方を基に、音楽科の内容は、各学年を通じて次のように構成している。ここに挙げたのは、小学校6年間を通じて育てる内容として、高学年の内容を基にしたものである。なお、括弧内は対応する資質・能力を示している。

A 表現

(1) 歌唱の活動を通して、次の事項を身に付けることができるよう指導する。

歌唱の活動は、自らの声で、曲の表現を工夫し、思いや意図をもって歌うものである。歌唱分野の内容は、次のように構成している。

　ア　曲の特徴にふさわしい歌唱表現を工夫し、思いや意図をもつこと。
　　　　　　　　　　　　　　　　　　　　　　　（思考力、判断力、表現力等）
　イ　曲想と音楽の構造や歌詞の内容との関わりについて理解すること。（知識）
　ウ　思いや意図に合った表現をするために必要な次の(ア)から(ウ)までの技能を身に付けること。（技能）
　　(ア)　聴唱・視唱の技能
　　(イ)　自然で無理のない、響きのある歌い方で歌う技能
　　(ウ)　声を合わせて歌う技能

　従前は、ア「聴唱・視唱すること」、イ「音楽を感じ取って歌唱の表現を工夫すること」、ウ「楽曲に合った表現をすること」、エ「声を合わせて歌うこと」の内容からなる四つの事項で示していた。

　今回の改訂では、ア「思考力、判断力、表現力等」に関する資質・能力、イ「知識」に関する資質・能力、ウ「技能」に関する資質・能力の3点から現行の内容を整理するとともに、ウについては(ア)、(イ)及び(ウ)の三つの事項で示すこととし、全体を五つの内容からなる事項で構成している。

(2) 器楽の活動を通して、次の事項を身に付けることができるよう指導する。

器楽の活動は、楽器で、曲の表現を工夫し、思いや意図をもって演奏するものである。器楽分野の内容は、次のように構成している。

ア　曲の特徴にふさわしい器楽表現を工夫し，思いや意図をもつこと。
　　　　　　　　　　　　　　　　　　　　　（思考力，判断力，表現力等）
　イ　次の(ｱ)及び(ｲ)について理解すること。（知識）
　　(ｱ)　曲想と音楽の構造との関わり
　　(ｲ)　多様な楽器の音色や響きと演奏の仕方との関わり
　ウ　思いや意図に合った表現をするために必要な次の(ｱ)から(ｳ)までの技能を身に付けること。（技能）
　　(ｱ)　聴奏・視奏の技能
　　(ｲ)　音色や響きに気を付けて，楽器を演奏する技能
　　(ｳ)　音を合わせて演奏する技能

　従前は，ア「聴奏・視奏すること」，イ「音楽を感じ取って器楽の表現を工夫すること」，ウ「楽曲に合った表現をすること」，エ「音を合わせて演奏すること」の内容からなる四つの事項で示していた。
　今回の改訂では，ア「思考力，判断力，表現力等」に関する資質・能力，イ「知識」に関する資質・能力，ウ「技能」に関する資質・能力の3点から現行の内容を整理するとともに，イについては(ｱ)及び(ｲ)の二つの事項，ウについては(ｱ)，(ｲ)及び(ｳ)の三つの事項で示すこととし，全体を六つの内容からなる事項で構成している。

(3) 音楽づくりの活動を通して，次の事項を身に付けることができるよう指導する。

　音楽づくりの活動は，創造性を発揮しながら自分にとって価値のある音や音楽をつくるものである。音楽づくり分野の内容は，次のように構成している。
　ア　次の(ｱ)及び(ｲ)をできるようにすること。（思考力，判断力，表現力等）
　　(ｱ)　即興的に表現することを通して，音楽づくりの様々な発想を得ること。
　　(ｲ)　音を音楽へと構成することを通して，全体のまとまりを意識した音楽をつくることについて工夫し，思いや意図をもつこと。
　イ　次の(ｱ)及び(ｲ)について，それらが生み出すよさや面白さなどと関わらせて理解すること。（知識）
　　(ｱ)　いろいろな音の響きやそれらの組合せの特徴
　　(ｲ)　音やフレーズのつなげ方や重ね方の特徴
　ウ　発想を生かした表現や，思いや意図に合った表現をするために必要な次の(ｱ)及び(ｲ)の技能を身に付けること。（技能）
　　(ｱ)　設定した条件に基づいて，即興的に表現する技能
　　(ｲ)　音楽の仕組みを用いて，音楽をつくる技能

従前は，ア「音の様々な特徴に気付くこと（低学年），音楽づくりのための発想をもち即興的に表現すること（中学年及び高学年）」，イ「音を音楽へと構成すること」の内容からなる二つの事項で示していた。

今回の改訂では，ア「思考力，判断力，表現力等」に関する資質・能力，イ「知識」に関する資質・能力，ウ「技能」に関する資質・能力の３点から現行の内容を整理するとともに，ア，イ及びウとも，それぞれ(ｱ)及び(ｲ)の二つの事項で示すこととし，全体を六つの内容からなる事項で構成している。

音楽づくりの活動は，「音遊びや即興的に表現する」活動と，「音を音楽へと構成する」活動からなる。これらの二つの活動は，従前のア及びイの内容に対応するものである。すなわち，音楽づくりの活動のうち，ア，イ及びウの各事項の(ｱ)は主に「音遊びや即興的に表現する」活動を通して育成する資質・能力を示し，(ｲ)は主に「音を音楽へと構成する」活動を通して育成する資質・能力を示している。

指導に当たっては，「音遊びや即興的に表現する」活動から「音を音楽へと構成する」活動へのつながりについても配慮する必要がある。

B　鑑　賞

(1) 鑑賞の活動を通して，次の事項を身に付けることができるよう指導する。

鑑賞の活動は，曲想と音楽の構造との関わりなどについて理解しながら，曲や演奏のよさなどを見いだし，曲を全体にわたって味わって聴くものである。鑑賞領域の内容は，次のように構成している。

　ア　曲や演奏のよさなどを見いだし，曲全体を味わって聴くこと。
（思考力，判断力，表現力等）
　イ　曲想及びその変化と，音楽の構造との関わりについて理解すること。
（知識）

従前は，ア「楽曲を全体にわたり感じ取ること」，イ「楽曲の構造を理解して聴くこと」，ウ「楽曲の特徴や演奏のよさを理解すること」の内容からなる三つの事項で示していた。

今回の改訂では，ア「思考力，判断力，表現力等」に関する資質・能力，イ「知識」に関する資質・能力の２点から現行の内容を整理し，アとイの内容からなる二つの事項で構成している。

アは，従前，ア「楽曲を全体にわたり感じ取ること」，ウ「楽曲の特徴や演奏

のよさを理解すること」と示していた二つの内容を,「思考力,判断力,表現力等」に関する資質・能力に対応する内容として,一体的に示したものである。

鑑賞の活動は,本来,音楽を全体にわたって味わって聴くことを目指すものである。そのためには,曲の特徴を手掛かりとしながら全体がどのようになっているのかを見通して聴くとともに,児童が思考し判断しながら自分にとっての曲や演奏のよさなどを見いだすことが大切なこととなる。

したがって,アは,「曲や演奏のよさなどを見いだし,曲全体を味わって聴くこと」とすることによって,従前のア及びウの内容に対応する学習の一層の充実を図るようにしたものである。

イは,曲想を感じ取って聴くことを独立した事項として示していた従前のアの内容なども含みつつ,従前,イ「楽曲の構造を理解して聴くこと」と示していた内容を,「知識」に関する資質・能力に対応する内容として示したものである。

「曲想」とは,その音楽に固有の雰囲気や表情,味わいのことである。この曲想は,音楽の構造によって生み出されるものであり,「音楽の構造」とは,音楽を形づくっている要素の表れ方や,音楽を特徴付けている要素と音楽の仕組みとの関わり合いである。

曲想と音楽の構造の二つを相互に関連させることによって,鑑賞の学習が深まっていく。イは,その趣旨を明確にしたものである。

〔共通事項〕

(1) 「A表現」及び「B鑑賞」の指導を通して,次の事項を身に付けることができるよう指導する。

〔共通事項〕は,表現及び鑑賞の学習において共通に必要となる資質・能力を示している。「A表現」及び「B鑑賞」の指導と併せて,指導するものである。

　ア　音楽を形づくっている要素を聴き取り,それらの働きが生み出すよさや面白さ,美しさを感じ取りながら,聴き取ったことと感じ取ったこととの関わりについて考えること。(思考力,判断力,表現力等)

　イ　音楽を形づくっている要素及びそれらに関わる音符,休符,記号や用語について,音楽における働きと関わらせて理解すること。(知識)

従前は,ア「音楽を形づくっている要素を聴き取ることとその働きを感じ取ること」,イ「音符,休符,記号や音楽にかかわる用語を理解すること」の内容からなる二つの事項で示していた。

今回の改訂では,従前の趣旨を踏まえつつ,アを「思考力,判断力,表現力等」に関する資質・能力,イを「知識」に関する資質・能力に関する内容として

示している。

アについては,「音楽を形づくっている要素を聴き取り,それらの働きが生み出すよさや面白さ,美しさを感じ取」ることに加えて,「聴き取ったことと感じ取ったこととの関わりについて考えること」を位置付けている。

イについては,音符,休符,記号や用語に,「音楽を形づくっている要素」を加え,「音楽における働きと関わらせて理解すること」を位置付けている。

〔共通事項〕において,具体的に取り扱う対象となるのは,音楽を形づくっている要素及び音符,休符,記号や用語である。

① 音楽を形づくっている要素

音楽を形づくっている要素については,小学生の発達の段階において指導することがふさわしいものを,音色,リズム,速度などの「ア 音楽を特徴付けている要素」と,反復,呼びかけとこたえなどの「イ 音楽の仕組み」の二つに分け,「第3 指導計画の作成と内容の取扱い」2(8)において,以下のように示している。

ア 音楽を特徴付けている要素
　音色,リズム,速度,旋律,強弱,音の重なり,和音の響き,音階,調,拍,フレーズなど
イ 音楽の仕組み
　反復,呼びかけとこたえ,変化,音楽の縦と横との関係など

従前は,学年別に示していたが,今回は一括して示している。このことは,児童の発達の段階や指導のねらいに応じて,取り扱う教材や内容との関連から必要と考えられる時点で,その都度繰り返し指導し,6年間を見通した学習を進めることを意図したものである。

② 音楽を特徴付けている要素

アの音楽を特徴付けている要素については,音そのものの特徴を表す「音色」,音楽の時間に関わる「リズム」,「速度」,「拍」,音の連なりが形づくる「旋律」,その土台となる「音階」,「調」,リズムや旋律のまとまりを形づくる「フレーズ」,音の強さの変化を表す「強弱」,複数の音色や複数の高さの音が鳴り響くことを表す「音の重なり」,「和音の響き」を示している。

③ 音楽の仕組み

イの音楽の仕組みについては,「反復」,「呼びかけとこたえ」,「変化」,「音楽の縦と横との関係」を示している。短いリズムや旋律が反復したり変化したり,呼びかけとこたえの形を取ったりするなど,音楽を特徴付けている要素と音楽の仕組みとの関わり合いによって,音楽は形づくられているのである。

児童が音楽活動に主体的に取り組めるようにするには,音楽がどのように形づくられているのか,また音楽をどのように形づくっていけばよいのかを学ぶことが重要となる。その鍵となるのが「音楽の仕組み」である。

音楽を特徴付けている要素及び音楽の仕組みの多くは,特定の音楽に関わるものではなく,世界の様々な国や地域の音楽に含まれているものである。

なお,音楽を特徴付けている要素及び音楽の仕組みで示している各要素の取扱いについては,第4章「第3 指導計画の作成と内容の取扱い」2(8)ア及びイに示している。

④ 曲想,音楽の構造

今回の改訂では,歌唱,器楽及び鑑賞に関わる知識として,「曲想」と「音楽の構造」などとの関わりについての理解を位置付けている。

「曲想」とは,その音楽に固有の雰囲気や表情,味わいのことである。この曲想は,音楽の構造によって生み出されるものであり,「音楽の構造」とは,音楽を形づくっている要素の表れ方や,音楽を特徴付けている要素と音楽の仕組みとの関わり合いである。

歌唱や器楽,鑑賞の活動においては,取り扱う曲の曲想と音楽の構造などとの関わりについて理解しながら,表現したり鑑賞したりすることが大切となる。

このような学習は,〔共通事項〕の学習と併せて行うことが重要である。聴き取ったことと感じ取ったこととの関わりについて考えることや,音楽を形づくっている要素及びそれらに関わる音符,休符,記号や用語について,音楽における働きと関わらせて理解することが,曲想と音楽の構造との関わりについて理解したり,曲の特徴にふさわしい表現を工夫したり,曲や演奏のよさなどを見いだしたりする学習を意味あるものにする。

⑤ 音符,休符,記号や用語

各学年の〔共通事項〕(1)イに示す「音符,休符,記号や用語」の具体については,「第3 指導計画の作成と内容の取扱い」2(9)に示している。

「音楽における働きと関わらせて」とは,音符,休符,記号や用語について,読み方や意味を理解するだけでなく,音楽科の学習活動の中で実際に活用できる

知識として理解することの重要性を述べたものである。
　そのためには，児童が，音符，休符，記号や用語を含んだ楽譜を読んだり，それらを使ってつくった音楽を記録したりすることの有用性を感じることができるよう指導を工夫することが大切である。

第3章　各学年の目標及び内容

第1節　第1学年及び第2学年の目標と内容

1　目　標

> (1) 曲想と音楽の構造などとの関わりについて気付くとともに，音楽表現を楽しむために必要な歌唱，器楽，音楽づくりの技能を身に付けるようにする。
>
> (2) 音楽表現を考えて表現に対する思いをもつことや，曲や演奏の楽しさを見いだしながら音楽を味わって聴くことができるようにする。
>
> (3) 楽しく音楽に関わり，協働して音楽活動をする楽しさを感じながら，身の回りの様々な音楽に親しむとともに，音楽経験を生かして生活を明るく潤いのあるものにしようとする態度を養う。

　従前は，「(1) 音楽活動に対する興味・関心，意欲を高め，音楽を生活に生かそうとする態度，習慣を育てること」，「(2) 基礎的な表現の能力を育てること」，「(3) 基礎的な鑑賞の能力を育てること」という視点から目標を構成していた。

　今回の改訂では，(1)「知識及び技能」の習得に関する目標，(2)「思考力，判断力，表現力等」の育成に関する目標，(3)「学びに向かう力，人間性等」の涵養に関する目標を，低学年の発達の段階を考慮して示している。

　このような示し方は，情意面と表現及び鑑賞の2領域で整理した従前の示し方とは異なり，資質・能力の三つの柱で整理し，再構成したものである。

　このことは，音楽科で育成を目指す資質・能力の構造が，従前の「興味・関心，態度，習慣」，「基礎的な表現の能力」，「基礎的な鑑賞の能力」から，「知識及び技能」，「思考力，判断力，表現力等」，「学びに向かう力，人間性等」という整理に変わったことを意味している。

　なお，今回の改訂では，教科の目標及び学年の目標を，育成を目指す資質・能力の三つの柱で整理し，同じ構造で示している。このため，目標に関する趣旨，学年の相違などについては，第2章第1節「1　教科の目標」及び「2　学年の目標」において解説している。

　これらの目標を実現するためには，次の「2　内容」に示している資質・能力を，適切に関連付けながら育成することが重要である。

2 内容

A 表現

(1) 歌唱の活動を通して，次の事項を身に付けることができるよう指導する。

> ア　歌唱表現についての知識や技能を得たり生かしたりしながら，曲想を感じ取って表現を工夫し，どのように歌うかについて思いをもつこと。
> イ　曲想と音楽の構造との関わり，曲想と歌詞の表す情景や気持ちとの関わりについて気付くこと。
> ウ　思いに合った表現をするために必要な次の(ｱ)から(ｳ)までの技能を身に付けること。
> 　(ｱ)　範唱を聴いて歌ったり，階名で模唱したり暗唱したりする技能
> 　(ｲ)　自分の歌声及び発音に気を付けて歌う技能
> 　(ｳ)　互いの歌声や伴奏を聴いて，声を合わせて歌う技能

ここでは，第1学年及び第2学年の歌唱に関する事項を示しており，以下の，題材を構成する上で必要な配慮事項を踏まえて指導することが求められる。

（指導計画の作成と内容の取扱い）

> 1　指導計画の作成に当たっては，次の事項に配慮するものとする。
> 　(2)　第2の各学年の内容の「A表現」の(1)，(2)及び(3)の指導については，ア，イ及びウの各事項を，「B鑑賞」の(1)の指導については，ア及びイの各事項を適切に関連させて指導すること。
> 　(3)　第2の各学年の内容の〔共通事項〕は，表現及び鑑賞の学習において共通に必要となる資質・能力であり，「A表現」及び「B鑑賞」の指導と併せて，十分な指導が行われるよう工夫すること。

低学年の歌唱の活動では，〔共通事項〕に示す資質・能力と併せて，アに示す「思考力，判断力，表現力等」に関する資質・能力，イに示す「知識」に関する資質・能力，ウに示す「技能」に関する資質・能力を育てていくことが指導のねらいとなる。

これらのねらいを実現するためには，ア，イ及びウを適切に関連させて扱うと

ともに,〔共通事項〕との関連を十分に図った題材を構成することが必要となる。
　低学年では,児童が「歌うことが好き」と思えるようにすることを大事にしながら,興味・関心をもって取り組むことができる歌唱の活動を進めることが重要となる。そのような歌唱の活動の中で,歌う喜びを味わい,歌うことを通して音楽の楽しさに触れるとともに,遊びながら歌う活動や自然な体の動きを伴った活動などを効果的に取り入れるなどして,歌うことが更に好きになるように指導することが大切である。

> ア　歌唱表現についての知識や技能を得たり生かしたりしながら,曲想を感じ取って表現を工夫し,どのように歌うかについて思いをもつこと。

　この事項は,歌唱分野における「思考力,判断力,表現力等」に関する資質・能力である,**曲想を感じ取って表現を工夫し,どのように歌うかについて思いをもつこと**ができるようにすることをねらいとしている。
　歌唱表現についての知識や技能とは,イ及びウに示すものである。
　知識や技能を得たり生かしたりとしているのは,曲想を感じ取って表現を工夫し,どのように歌うかについて思いをもつためには,その過程で新たな知識や技能を習得することと,これまでに習得した知識や技能を活用することの両方が必要となるからである。したがって,知識や技能を習得してから表現を工夫するといった,一方向のみの指導にならないように留意する必要がある。
　曲想を感じ取って表現を工夫しとは,その音楽に固有の雰囲気や表情,味わいを感じ取り,それを基に表現をつくりだすことである。また,**どのように歌うかについて思いをもつ**とは,このように歌いたいという考えをもつことである。
　低学年の児童は,歌うことが好きで,模倣して歌ったり歌詞の表す情景や場面を想像して歌ったりする傾向が見られる。また,低学年の児童にとって,曲想を感じ取ることと思いをもつこととは一体的であることが多い。例えば,「お話をしている感じ」と感じ取った児童は,歌う際に「楽しくお話をしている感じが伝わるように歌いたい」という思いをもつことが考えられる。
　このような児童の実態を踏まえ,思いを基に,実際に歌って確かめていく過程を多く取り入れるようにすることが重要である。なぜならば,児童が思いをもって実際に歌うことで表現が少しずつ豊かになり,また実際に歌ってみることで思いが一層明確になるからである。
　指導に当たっては,曲想の感じ取りを深めたり,必要な技能を身に付けたりしながら,感じ取ったことを基にいろいろな表現の仕方を体験するようにして,歌唱表現を工夫する楽しさを味わい,思いを膨らませるようにすることが大切であ

る。
　その際，児童の表現の変容を捉えて，例えば，楽しくお話をしている感じが伝わるようになったのは，呼びかけとこたえを意識して話しかけるように優しい声で歌うようにしたからであることを教師が具体的に伝えるなど，児童が思いをもって歌唱の活動に取り組むことによって，歌唱表現が高まったことを価値付け，全体で共有していくことも，教師の大切な役割である。このような学習を行うことが，中学年以降の「思いや意図」をもつことにつながっていくのである。
　また，児童が工夫した表現を互いに聴き合いながら，それぞれの表現のよさを感じ取る体験を積み重ねることも大切なことである。

> イ　曲想と音楽の構造との関わり，曲想と歌詞の表す情景や気持ちとの関わりについて気付くこと。

　この事項は，歌唱分野における「知識」に関する資質・能力である，**曲想と音楽の構造との関わり，曲想と歌詞の表す情景や気持ちとの関わりについて気付く**ことができるようにすることをねらいとしている。
　曲想とは，その音楽に固有の雰囲気や表情，味わいのことである。この曲想は，音楽の構造によって生み出されるものであり，**音楽の構造**とは，音楽を形づくっている要素の表れ方や，音楽を特徴付けている要素と音楽の仕組みとの関わり合いである。歌唱曲では，歌詞の表す情景や気持ちも曲想を生み出す重要な要素となる。
　曲想と音楽の構造との関わりについて気付くとは，例えば，「動物がお話をしているような感じがするのは，旋律に呼びかけとこたえのようなところがあるから」といったことに気付くことであり，**曲想と歌詞の表す情景や気持ちとの関わり**について気付くとは，例えば，「楽しい感じがするのは，歌詞の中にいろいろな動物の鳴き声が出てくるから」といったことに気付くことである。
　低学年の児童は，体の動きを伴いながら曲の雰囲気などを楽しんで歌ったり，歌詞に登場する人物や動物になりきって歌ったりする傾向が見られる。
　このような児童の実態を踏まえ，〔共通事項〕との関連を図り，聴き取ったことと感じ取ったこととの関わりについて考えながら，曲想と音楽の構造との関わり，曲想と歌詞の表す情景や気持ちとの関わりについて，児童が自ら気付くように指導を工夫することが重要である。
　指導に当たっては，曲の雰囲気を楽しんだり，模倣して歌ったり，歌詞の表す情景や気持ちを想像して歌ったりするなどの学習の中で，児童が感じ取った曲想を基にしながら，リズムや旋律などの特徴や，歌詞の表す情景や気持ちに目を向

けるようにすることが大切である。

> ウ　思いに合った表現をするために必要な次の(ア)から(ウ)までの技能を身に付けること。

　この事項は，歌唱分野における「技能」に関する資質・能力である，**思いに合った表現をするために必要な次の(ア)から(ウ)までの技能を身に付けること**ができるようにすることをねらいとしている。

　思いに合った表現をするために必要な技能としているのは，以下に示す(ア)から(ウ)までの技能を，いずれも思いに合った音楽表現をするために必要となるものとして位置付けているからである。

　したがって，技能の指導に当たっては，児童が表したい思いをもち，それを実現するために，これらの技能を習得することの必要性を実感できるようにすることが大切である。また，学習の過程において，アの事項との関連を図りながら，どの場面でどのような技能を習得できるようにするのかについて，意図的，計画的に指導を進めることが大切である。

> (ア)　範唱を聴いて歌ったり，階名で模唱したり暗唱したりする技能

　この事項は，歌唱分野における「技能」に関する資質・能力である，思いに合った表現をするために必要な**範唱を聴いて歌ったり，階名で模唱したり暗唱したりして歌う技能**を身に付けることができるようにすることをねらいとしている。

　低学年の児童は，楽しんで模唱しようとする傾向が見られる。一方，リズムや音程が不確かだったり，一定の速度を保てなかったりする傾向も見られる。

　このような児童の実態を踏まえて，聴唱の技能，及び階名での模唱や暗唱の技能を育てることが重要である。このような資質・能力は，視唱の技能をはじめ，様々な音楽活動の基盤となるものである。

　階名とは，絶対的な音の高さを示す「音名」とは異なり，長音階の場合はド，短音階ではラをそれぞれの主音として，その調における相対的な位置を，ドレミファソラシを用いて示すものである。階名を用いて歌うことを階名唱と言う。階名唱の場合，調によって五線譜上のドやラの位置が移動することに留意する必要がある。

　模唱とは，教師や友達が歌うのを聴いてまねて歌うこと，**暗唱**とは，覚えて歌うことを指している。

教師の階名唱に続いて，児童が階名で模唱したり暗唱したりすることによって，正しい音程感覚が身に付くことが期待できる。

　指導に当たっては，範唱をよく聴き，音程，リズム，速度，強弱などに気を付けながら繰り返し模唱させることが大切である。また，階名による模唱や暗唱，リズム唱やリズム打ちに親しみながら，音程感，フレーズ感，リズム感などを十分に育てるようにすることが求められる。

　なお，範唱は，教師や児童による演奏をはじめ，音源や映像等の視聴覚教材の利用，専門家による演奏などが考えられる。

> (イ) 自分の歌声及び発音に気を付けて歌う技能

　この事項は，歌唱分野における「技能」に関する資質・能力である，思いに合った表現をするために必要な**自分の歌声及び発音に気を付けて歌う技能**を身に付けることができるようにすることをねらいとしている。

　低学年の児童は，自己表現の意欲が強く，自分の声を精一杯出して歌おうとする傾向が見られる。また，自分の歌声や友達の歌声に関心をもち，魅力のある歌声に接すると，自分でもそのような歌声で歌ってみたいという意欲が芽生えてくる時期でもある。

　このような児童の実態を踏まえ，自分の歌声を大切にしながら，歌詞が相手に伝わるように，ていねいに発音する歌い方を身に付けるようにすることが重要である。

　指導に当たっては，まず，自分の歌声に注意しながら歌う習慣を身に付けるようにする。そして，魅力のある歌声に接したり，曲想を感じ取って歌い方を工夫したりする過程で，ていねいな歌い方，きれいな発声や発音の仕方などに気付くようにすることが大切である。また，歌詞を生かす発音，きれいな発音に気を付けて歌うようにするために，声に出して，相手に伝わるようにていねいに歌詞を読むこと，母音，子音，濁音，鼻濁音などに注意して歌うことができるよう指導することが大切である。

> (ウ) 互いの歌声や伴奏を聴いて，声を合わせて歌う技能

　この事項は，歌唱分野における「技能」に関する資質・能力である，思いに合った表現をするために必要な**互いの歌声や伴奏を聴いて，声を合わせて歌う技能**を身に付けることができるようにすることをねらいとしている。

　互いの歌声や伴奏を聴いてとは，自分の歌声だけではなく，友達の歌声や伴奏

を聴きながら歌うことを意味している。

　低学年の児童は，友達と一緒に歌う活動に意欲的な傾向が見られる。一方，必要以上に大きな声で自己主張の強い歌い方をしてしまい，声を合わせて歌うことに意識が向かない傾向も見られる。

　このような児童の実態を踏まえ，歌唱の活動を通して正しい音程やリズムなどに対する感覚を身に付けるようにするとともに，伴奏の響きをよく聴いて歌う活動を通して，調和のとれた歌唱表現をするための素地を養っていくことが重要である。

　指導に当たっては，体の動きを伴った活動や互いに聴き合う活動など，様々な活動を工夫する必要がある。その中で，児童が友達の歌声や伴奏の響きを聴きながら，自分の歌声に気を付けて歌うことができるようにするとともに，声を合わせて歌おうとする意欲を育て，共に歌う楽しさを味わうようにすることが大切である。

(2) 器楽の活動を通して，次の事項を身に付けることができるよう指導する。

> ア　器楽表現についての知識や技能を得たり生かしたりしながら，曲想を感じ取って表現を工夫し，どのように演奏するかについて思いをもつこと。
> イ　次の(ｱ)及び(ｲ)について気付くこと。
> 　(ｱ)　曲想と音楽の構造との関わり
> 　(ｲ)　楽器の音色と演奏の仕方との関わり
> ウ　思いに合った表現をするために必要な次の(ｱ)から(ｳ)までの技能を身に付けること。
> 　(ｱ)　範奏を聴いたり，リズム譜などを見たりして演奏する技能
> 　(ｲ)　音色に気を付けて，旋律楽器及び打楽器を演奏する技能
> 　(ｳ)　互いの楽器の音や伴奏を聴いて，音を合わせて演奏する技能

　ここでは，第1学年及び第2学年の器楽に関する事項を示しており，以下の，題材を構成する上で必要な配慮事項を踏まえて指導することが求められる。

（指導計画の作成と内容の取扱い）

> 1　指導計画の作成に当たっては，次の事項に配慮するものとする。
> (2)　第2の各学年の内容の「A表現」の(1)，(2)及び(3)の指導については，ア，イ及びウの各事項を，「B鑑賞」の(1)の指導については，ア及びイの各事項を適切に関連させて指導すること。
> (3)　第2の各学年の内容の〔共通事項〕は，表現及び鑑賞の学習において共通に必要となる資質・能力であり，「A表現」及び「B鑑賞」の指導と併せて，十分な指導が行われるよう工夫すること。

　低学年の器楽の活動では，〔共通事項〕に示す資質・能力と併せて，アに示す「思考力，判断力，表現力等」に関する資質・能力，イに示す「知識」に関する資質・能力，ウに示す「技能」に関する資質・能力を育てていくことが指導のねらいとなる。

　これらのねらいを実現するためには，ア，イ及びウを適切に関連させて扱うとともに，〔共通事項〕との関連を十分に図った題材を構成することが必要となる。

　低学年では，児童が「楽器を演奏することが好き」と思えるようにすることを大事にしながら，興味・関心をもって取り組むことができる器楽の活動を進める

ことが重要となる。そのような器楽の活動の中で，打楽器，オルガン，鍵盤ハーモニカなどの楽器に慣れ親しむとともに，一人や集団での器楽表現の楽しさを十分に味わうことができるようにし，演奏することが更に好きになるように指導することが大切である。

> ア　器楽表現についての知識や技能を得たり生かしたりしながら，曲想を感じ取って表現を工夫し，どのように演奏するかについて思いをもつこと。

　この事項は，器楽分野における「思考力，判断力，表現力等」に関する資質・能力である，**曲想を感じ取って表現を工夫し，どのように演奏するかについて思いをもつこと**ができるようにすることをねらいとしている。
　器楽表現についての知識や技能とは，イ及びウに示すものである。
　知識や技能を得たり生かしたりとしているのは，曲想を感じ取って表現を工夫し，どのように演奏するかについて思いをもつためには，その過程で新たな知識や技能を習得することと，これまでに習得した知識や技能を活用することの両方が必要となるからである。したがって，知識や技能を習得してから表現を工夫するといった，一方向のみの指導にならないように留意する必要がある。
　曲想を感じ取って表現を工夫しとは，その音楽に固有の雰囲気や表情，味わいを感じ取り，それを基に表現をつくりだすことである。また，**どのように演奏するかについて思いをもつ**とは，このように演奏したいという考えをもつことである。
　低学年の児童は，楽器を演奏することが好きで，曲を楽しんで聴き，模倣して演奏しようとする傾向が見られる。また，低学年の児童にとって，曲想を感じ取ることと思いをもつこととは一体的であることが多い。例えば，「元気な感じがして楽しい」と感じ取った児童は，演奏する際に「跳びはねるような元気な感じが伝わるように演奏したい」という思いをもつことが考えられる。
　このような児童の実態を踏まえ，思いを基に，実際に演奏して確かめていく過程を多く取り入れるようにすることが重要である。なぜならば，児童が思いをもって実際に演奏することで表現が少しずつ豊かになり，また実際に演奏してみることで思いが一層明確になるからである。
　指導に当たっては，曲想の感じ取りを深めたり，必要な技能を身に付けたりしながら，感じ取ったことを基にいろいろな表現の仕方を体験するようにして，器楽表現を工夫する楽しさを味わい，思いを膨らませるようにすることが大切である。
　その際，児童の表現の変容を捉えて，例えば，跳びはねるような元気な感じに

なったのは，一つ一つの音を弾ませて演奏するようにしたからであることを教師が具体的に伝えるなど，児童が思いをもって器楽の活動に取り組むことによって，器楽表現が高まったことを価値付け，全体で共有していくことも，教師の大切な役割である。このような学習を行うことが，中学年以降の「思いや意図」をもつことにつながっていくのである。

また，児童が工夫した表現を互いに聴き合いながら，それぞれの表現のよさを感じ取る体験を積み重ねることも大切なことである。

イ　次の(ｱ)及び(ｲ)について気付くこと。
　(ｱ)　曲想と音楽の構造との関わり

この事項は，器楽分野における「知識」に関する資質・能力である，**曲想と音楽の構造との関わり**について気付くことができるようにすることをねらいとしている。

曲想とは，その音楽に固有の雰囲気や表情，味わいのことである。この曲想は，音楽の構造によって生み出されるものであり，**音楽の構造**とは，音楽を形づくっている要素の表れ方や，音楽を特徴付けている要素と音楽の仕組みとの関わり合いである。

曲想と音楽の構造との関わりについて気付くとは，例えば，「はずんで楽しい感じがするのは，スキップのようなリズムが何度も出てくるから」といったことに気付くことである。

低学年の児童は，曲の雰囲気を楽しんで演奏しようとする傾向が見られる。

このような児童の実態を踏まえ，〔共通事項〕との関連を図り，聴き取ったことと感じ取ったこととの関わりについて考えながら，曲想と音楽の構造との関わりについて，児童が自ら気付くように指導を工夫することが重要である。

指導に当たっては，曲の雰囲気を楽しんだり，模倣して演奏したりするなどの学習の中で，児童が感じ取った曲想を基にしながら，リズムや旋律などの特徴に目を向けるようにすることが大切となる。

(ｲ)　楽器の音色と演奏の仕方との関わり

この事項は，器楽分野における「知識」に関する資質・能力である，**楽器の音色と演奏の仕方との関わり**について気付くことができるようにすることをねらいとしている。

低学年で取り上げる旋律楽器や打楽器については，「第3　指導計画の作成と

内容の取扱い」2(5)において，「イ　第1学年及び第2学年で取り上げる旋律楽器は，オルガン，鍵盤ハーモニカなどの中から児童や学校の実態を考慮して選択すること。」，「ア　各学年で取り上げる打楽器は，木琴，鉄琴，和楽器，諸外国に伝わる様々な楽器を含めて，演奏の効果，児童や学校の実態を考慮して選択すること。」と示している。

　それぞれの楽器には固有の音色があるが，演奏の仕方を工夫することにより，その音色は変化する。本事項は，このことに気付くことを求めている。

　低学年の児童は，楽器自体やそれを演奏することに興味・関心をもち，様々な楽器に触れて，いろいろな音を出すことを好む傾向が見られる。

　このような児童の実態を踏まえ，それぞれの楽器がもつ固有の音色のよさや面白さに気付くとともに，演奏の仕方を工夫することによって，楽器の音色が変わることに，演奏を通して気付くようにすることが重要である。例えば，息の使い方を変えて音色の違いを比べるなどの過程において，「鍵盤ハーモニカは，息を速く吹き込んだときとゆっくり吹き込んだときでは，音の感じが違う。ゆっくり吹き込むと優しい感じの音になる」などの気付きを促すことが考えられる。

> ウ　思いに合った表現をするために必要な次の(ｱ)から(ｳ)までの技能を身に付けること。

　この事項は，器楽分野における「技能」に関する資質・能力である，**思いに合った表現をするために必要な次の(ｱ)から(ｳ)までの技能を身に付けること**ができるようにすることをねらいとしている。

　思いに合った表現をするために必要な技能としているのは，以下に示す(ｱ)から(ｳ)までの技能を，いずれも思いに合った音楽表現をするために必要となるものとして位置付けているからである。

　したがって，技能の指導に当たっては，児童が表したい思いをもち，それを実現するために，これらの技能を習得することの必要性を実感できるようにすることが大切である。また，学習の過程において，アの事項との関連を図りながら，どの場面でどのような技能を習得できるようにするのかについて，意図的，計画的に指導を進めることが大切である。

> (ｱ)　範奏を聴いたり，リズム譜などを見たりして演奏する技能

　この事項は，器楽分野における「技能」に関する資質・能力である，思いに合った表現をするために必要な**範奏を聴いたり，リズム譜などを見たりして演奏**

する技能を身に付けることができるようにすることをねらいとしている。

　低学年の児童は，模奏を楽しむ傾向が見られる。一方，リズムが不確かだったり，一定の速度が保てなかったりする傾向も見られる。

　このような児童の実態を踏まえ，様々な音楽活動の基盤となる聴奏の技能を十分に育てる必要がある。また，視奏の基礎となる力を養うために，リズム譜を見ながら，リズム唱をしたり体や楽器によるリズム打ちをしたりするなどして，リズムに対する感覚を十分に身に付けるようにすることが重要である。

　指導に当たっては，範奏をよく聴き，音色，リズム，速度，強弱などに気を付けながら繰り返し演奏するようにすることが大切である。また，視奏では，教師のリズム唱や階名唱を模唱することに十分に慣れるようにした上で，簡単なリズム譜や楽譜を視奏させるなどして，フレーズ感，リズム感などを十分に育てることが求められる。

　なお，範奏は，教師や児童による演奏をはじめ，音源や映像等の視聴覚教材の利用，専門家による演奏などが考えられる。

> (イ) 音色に気を付けて，旋律楽器及び打楽器を演奏する技能

　この事項は，器楽分野における「技能」に関する資質・能力である，思いに合った表現をするために必要な**音色に気を付けて，旋律楽器及び打楽器を演奏する技能**を身に付けることができるようにすることをねらいとしている。

　旋律楽器及び打楽器については，児童が親しみやすく，比較的手軽に器楽表現を楽しむことができるものから取り組み，取り扱う楽器の種類を徐々に増やし，楽器に直接触れる喜びを実感できるような学習を進めていくことが必要である。

　低学年の児童は，楽器自体やそれを演奏することに興味・関心をもち，様々な楽器に触れて，いろいろな音を出すことを楽しむ傾向が見られる。

　このような児童の実態を踏まえ，それぞれの楽器の音色のよさや面白さを感じ取りながら，楽器の演奏の仕方を身に付けるようにすることが大切である。

　指導に当たっては，児童や学校の実態などを十分に考慮して，イ(イ)「楽器の音色と演奏の仕方との関わりについて気付くこと」との関連を図りながら，簡単なリズムや親しみのある旋律を演奏する活動を通して，楽器の固有の音色を意識した打ち方や弾き方などを身に付けるようにすることが重要である。

　その際，教師や友達の演奏を聴いたり見たりすることで，楽器の適切な演奏の仕方が身に付くようにすることが大切である。

> (ｳ) 互いの楽器の音や伴奏を聴いて，音を合わせて演奏する技能

　この事項は，器楽分野における「技能」に関する資質・能力である，思いに合った表現をするために必要な**互いの楽器の音や伴奏を聴いて，音を合わせて演奏する技能**を身に付けることができるようにすることをねらいとしている。
　斉奏や合奏においては，自分の演奏を全体の中で調和させて演奏することが求められる。**互いの楽器の音や伴奏を聴いて**とは，自分の音だけではなく友達の音や伴奏を聴きながら演奏することを意味している。
　低学年の児童は，積極的に斉奏や合奏に取り組もうとする傾向が見られる。
　このような児童の実態を踏まえ，友達の演奏する音や伴奏を聴きながら，音を合わせて演奏しようとする意欲を育て，器楽表現の楽しさを味わうようにすることが重要である。
　指導に当たっては，音程やリズムに気を付けて，友達の音を聴きながら合わせて演奏したり，伴奏を聴きながら演奏したりして，音を合わせる楽しさを感じ取るようにすることが大切である。例えば，一つの曲を伴奏に合わせてフレーズごとに交互に演奏したり，旋律とリズム伴奏をそれぞれ演奏した後に合わせたりするなど，自分の音や友達の音及び伴奏を聴きながら，拍を意識して演奏することができるよう指導を工夫することが考えられる。
　また，様々な楽器を用いた合奏では，自分や友達が担当している楽器の役割を意識し，音を合わせて演奏する楽しさを味わうようにすることが求められる。

(3) 音楽づくりの活動を通して，次の事項を身に付けることができるよう指導する。

> ア　音楽づくりについての知識や技能を得たり生かしたりしながら，次の(ア)及び(イ)をできるようにすること。
> 　(ア)　音遊びを通して，音楽づくりの発想を得ること。
> 　(イ)　どのように音を音楽にしていくかについて思いをもつこと。
> イ　次の(ア)及び(イ)について，それらが生み出す面白さなどと関わらせて気付くこと。
> 　(ア)　声や身の回りの様々な音の特徴
> 　(イ)　音やフレーズのつなげ方の特徴
> ウ　発想を生かした表現や，思いに合った表現をするために必要な次の(ア)及び(イ)の技能を身に付けること。
> 　(ア)　設定した条件に基づいて，即興的に音を選んだりつなげたりして表現する技能
> 　(イ)　音楽の仕組みを用いて，簡単な音楽をつくる技能

　ここでは，第1学年及び第2学年の音楽づくりに関する事項を示しており，以下の，題材を構成する上で必要な配慮事項を踏まえて指導することが求められる。

（指導計画の作成と内容の取扱い）

> 1　指導計画の作成に当たっては，次の事項に配慮するものとする。
> 　(2)　第2の各学年の内容の「A表現」の(1)，(2)及び(3)の指導については，ア，イ及びウの各事項を，「B鑑賞」の(1)の指導については，ア及びイの各事項を適切に関連させて指導すること。
> 　(3)　第2の各学年の内容の〔共通事項〕は，表現及び鑑賞の学習において共通に必要となる資質・能力であり，「A表現」及び「B鑑賞」の指導と併せて，十分な指導が行われるよう工夫すること。

　低学年の音楽づくりの活動では，〔共通事項〕に示す資質・能力と併せて，アに示す「思考力，判断力，表現力等」に関する資質・能力，イに示す「知識」に関する資質・能力，ウに示す「技能」に関する資質・能力を育てていくことが指導のねらいとなる。

これらのねらいを実現するためには，ア，イ及びウを適切に関連させて扱うとともに，〔共通事項〕との関連を十分に図った題材を構成することが必要となる。

なお，音楽づくりの活動の中で，ア，イ及びウの各事項の(ｱ)は主に**音遊び**の活動を通して育成する資質・能力を示し，(ｲ)は主に**音を音楽にしていく**活動を通して育成する資質・能力を示している。題材を構成する際は，各事項の(ｱ)及び(ｲ)の内容のまとまりや，(ｱ)から(ｲ)へのつながりを念頭に置くことも必要となる。

低学年の児童は，音遊びの経験を通して，声や身の回りの様々な音に興味をもつようになり，自分が表したい音やフレーズを探したり，いろいろな表現を試したりする傾向が見られる。

このような児童の実態を踏まえ，低学年では，音遊びや音を音楽にしていく活動を通して，児童がいろいろな表現の仕方を試しながら，音楽をつくる楽しさを味わうことができるように指導することが大切である。

> ア　音楽づくりについての知識や技能を得たり生かしたりしながら，次の
> 　(ｱ)及び(ｲ)をできるようにすること。

この事項は，音楽づくり分野における「思考力，判断力，表現力等」に関する資質・能力である，**(ｱ) 音遊びを通して，音楽づくりの発想を得ること**及び**(ｲ) どのように音を音楽にしていくかについて思いをもつこと**ができるようにすることをねらいとしている。

音楽づくりについての知識や技能とは，イ及びウに示すものである。イ及びウの(ｱ)は主に「音遊び」の活動，(ｲ)は主に「音を音楽にしていく」活動についての知識や技能を示している。

知識や技能を得たり生かしたりとしているのは，音楽づくりの発想を得たり，どのように音を音楽にしていくかについて思いをもったりするためには，その過程で新たな知識や技能を習得することと，これまでに習得した知識や技能を活用することの両方が必要となるからである。したがって，知識や技能を習得してから発想を得たり思いをもったりするといった，一方向のみの指導にならないように留意する必要がある。

> (ｱ) 音遊びを通して，音楽づくりの発想を得ること。

この事項は，音楽づくり分野における「思考力，判断力，表現力等」に関する資質・能力である，**音遊びを通して，音楽づくりの発想を得ること**ができるようにすることをねらいとしている。

音遊びとは,友達と関わりながら,声や身の回りの様々な音に親しみ,その場で様々な音を選んだりつなげたりして表現することである。

音遊びの例としては,リズムを模倣したり,言葉を唱えたり,そのリズムを打ったりする遊び,言葉の抑揚を短い旋律にして歌う遊び,身の回りの音や自分の体を使って出せる音などから気に入った音を見付けて表現する遊びなどが考えられる。

音楽づくりの発想を得るとは,声や身の回りの様々な音を,その場で選んだりつなげたりする中で生まれる,「これらの音をこうしたら面白くなる」という考えをもつことである。

指導に当たっては,音遊びをする中で,児童が思い付いた考えを,実際に音に出して確かめていくようにすることが大切である。例えば,手拍子をするときに,「手のひらと手のひら,手のひらと握りこぶしというように,手の打ち方を変えると面白くなる」といった考えを実際に音で試しながら,音楽づくりの発想を広げていくことが考えられる。

その際,児童の表現の変容を捉えて,例えば,手の打ち方を変えることで,いろいろな音が生まれて面白い雰囲気になったことを教師が具体的に伝えるなど,児童の表現の面白さを価値付け,全体で共有するなどしながら,友達の表現を自分の表現に生かすように導くことも,教師の大切な役割である。

> (イ) どのように音を音楽にしていくかについて思いをもつこと。

この事項は,音楽づくり分野における「思考力,判断力,表現力等」に関する資質・能力である,**どのように音を音楽にしていくかについて思いをもつこと**ができるようにすることをねらいとしている。

音を音楽にしていくとは,「第3 指導計画の作成と内容の取扱い」2(8)イに示す,反復,呼びかけとこたえ,変化などの「音楽の仕組み」を用いながら,音やフレーズを関連付けて音楽にしていくことである。

どのように音を音楽にしていくかについて思いをもつとは,試しながら音楽をつくる過程において,このような音楽をつくりたいという考えをもつことである。例えば,「友達と仲良くお話をしているような音楽にしたい」といったことである。

指導に当たっては,音を音楽にしていく過程で,思いを伝え合うことと,実際に音で試すこととを繰り返しながら,表現を工夫し,思いを膨らませるように促すことが大切である。

その際,児童の表現の変容を捉えて,例えば,同じリズムでお話をしているよ

うなところと，違うリズムでお話をしているようなところをつくったので，面白い音楽になったことを教師が具体的に伝えるなど，児童が思いをもって音楽づくりの活動に取り組むことによって，表現が高まったことを価値付け，全体で共有しながら，自分たちの表現に生かすように導くことも，教師の大切な役割となる。このような学習を行うことが，中学年以降の「思いや意図」をもつことにつながっていくのである。

また，児童がつくった音楽を互いに聴き合いながら，それぞれの表現のよさを感じ取る経験を積み重ねることも大切である。

> イ　次の(ｱ)及び(ｲ)について，それらが生み出す面白さなどと関わらせて気付くこと。

この事項は，音楽づくり分野における「知識」に関する資質・能力である，**(ｱ) 声や身の回りの様々な音の特徴**及び **(ｲ) 音やフレーズのつなげ方の特徴**について，それらが生み出す面白さなどと関わらせて気付くことができるようにすることをねらいとしている。

それらが生み出す面白さなどと関わらせて気付くこととしているのは，音楽づくりの活動では，「この音は面白い」，「このつなげ方は面白い」といった，実感を伴った気付きを求めているからである。

> (ｱ)　声や身の回りの様々な音の特徴

この事項は，音楽づくり分野における「知識」に関する資質・能力である，**声や身の回りの様々な音の特徴**について，それらが生み出す面白さなどと関わらせて気付くことができるようにすることをねらいとしている。

声には，歌声だけでなく，話し声やかけ声，ささやき声やため息のように息を使った音，擬声語や擬態語なども含まれている。また，**身の回りの様々な音**とは，自然や生活の中で耳にする音，身近な楽器や身の回りの物で出せる音を意味している。これらの声や身の回りの様々な音には，音の高さ，長さ，音色などの特徴がある。

指導に当たっては，即興的に音を選んだりつなげたりする過程において，声や身の回りの様々な音の特徴を取り上げるようにし，どのような面白さがあるのかについて気付くようにすることが大切である。例えば，「タンブリンは，打ったり振ったりこすったりすると，音の高さ，長さ，音色が違って面白い」など，様々な音の特徴に気付くように促すことなどが考えられる。

> (イ) 音やフレーズのつなげ方の特徴

　この事項は，音楽づくり分野における「知識」に関する資質・能力である，**音やフレーズのつなげ方の特徴**について，それらが生み出す面白さなどと関わらせて気付くことができるようにすることをねらいとしている。

　音やフレーズとしているのは，音楽をつくる際，一つ一つの音だけではなく，個々の音が組み合わされたフレーズをつなげることも含めているためである。

　音やフレーズの**つなげ方**とは，音を組み合わせてつくったリズム・パターンや短い旋律を反復させたり，呼びかけ合うようにしたり，それらを変化させたりすることである。

　このような音やフレーズのつなげ方には，「第3　指導計画の作成と内容の取扱い」2 (8) イに示す，反復，呼びかけとこたえ，変化などの「音楽の仕組み」の生かし方によって，それぞれ特徴が見られる。

　指導に当たっては，音を音楽にしていく過程において，音楽の仕組みを生かした特徴的な音やフレーズのつなげ方を取り上げるようにし，どのような面白さがあるのかについても，全体で共有していくことが大切である。例えば，「同じリズム・パターンを繰り返していく中で，音色を変えていくと面白さが生まれる」など，音色の違いによるつなげ方の特徴に気付くように促すことなどが考えられる。

> ウ　発想を生かした表現や，思いに合った表現をするために必要な次の(ア)及び(イ)の技能を身に付けること。

　この事項は，音楽づくり分野における「技能」に関する資質・能力である，**発想を生かした表現や，思いに合った表現をするために必要な次の(ア)及び(イ)の技能を身に付ける**ことができるようにすることをねらいとしている。

　発想を生かした表現や，思いに合った表現をするために必要な技能としているのは，以下に示す(ア)の技能を，発想を生かした表現をするために必要となるものとして，(イ)に示す技能を，思いに合った音楽表現をするために必要となるものとして，位置付けているからである。

　したがって，技能の指導に当たっては，児童が表したい発想や思いをもち，それを実現するために，これらの技能を習得することの必要性を実感できるようにすることが大切である。また，学習の過程において，アの事項との関連を図りながら，どの場面でどのような技能を習得できるようにするのかについて，意図

的,計画的に指導を進めることが大切である。

> (ア) 設定した条件に基づいて,即興的に音を選んだりつなげたりして表現する技能

　この事項は,音楽づくり分野における「技能」に関する資質・能力である,**設定した条件に基づいて,即興的に音を選んだりつなげたりして表現する技能**を身に付けることができるようにすることをねらいとしている。

　設定した条件とは,声や身の回りの様々な音を即興的に選んだりつなげたりする際の約束事である。例えば,「体のいろいろな部分を手で打って出せる音を使い,友達と違う音を選んで順番にリレーのようにつなぐ」といったことである。

　このような約束事は,児童が音楽づくりの発想を得るために,必要不可欠なものである。したがって,指導のねらいに応じて,音の面白さを感じ取れるような,児童にとってわかりやすく,適切な条件を設定することが重要となる。

　即興的に音を選んだりつなげたりして表現する技能とは,あらかじめ決められたとおりに表現するのではなく,設定した条件に基づいて,その場で選んだりつなげたりして表現できることである。したがって,ここで身に付ける具体的な技能は,設定した条件によって異なるということに留意する必要がある。

　指導に当たっては,条件を設定する際,イ(ア)に示す知識を含めることによって,ア,イ及びウの関連を図った学習にすることが必要である。

　また,即興的に音を選んだりつなげたりする活動において,自分や友達が発する声や音の特徴を注意深く聴くようにすることが大切である。

> (イ) 音楽の仕組みを用いて,簡単な音楽をつくる技能

　この事項は,音楽づくり分野における「技能」に関する資質・能力である,**音楽の仕組みを用いて,簡単な音楽をつくる技能**を身に付けることができるようにすることをねらいとしている。

　音楽の仕組みとは,「第3　指導計画の作成と内容の取扱い」2(8)イに示す,反復,呼びかけとこたえ,変化などのことである。

　ここで言う**簡単な音楽**とは,それぞれの児童の実態に応じて無理なくつくることができる音楽という意味である。

　音楽の仕組みを用いて,簡単な音楽をつくる技能とは,音楽の仕組みを使って,音を簡単な音楽にしていくことができることである。例えば,「呼びかけとこたえを使い,一つの声部の呼びかけに,他の声部がこたえるように音楽をつ

くっていく」といったことである。

児童が音を音楽にしていく際に用いる音楽の仕組みは，教師から指定する場合や，児童が選択する場合などが考えられる。

指導に当たっては，音楽の仕組みを用いる際，イ(イ)に示す知識を含めることによって，ア，イ及びウの関連を図った学習にすることが必要である。

第3章
各学年の目標及び内容

B 鑑賞

(1) 鑑賞の活動を通して，次の事項を身に付けることができるよう指導する。

> ア 鑑賞についての知識を得たり生かしたりしながら，曲や演奏の楽しさを見いだし，曲全体を味わって聴くこと。
> イ 曲想と音楽の構造との関わりについて気付くこと。

ここでは，第１学年及び第２学年の鑑賞に関する事項を示しており，以下の，題材を構成する上で必要な配慮事項を踏まえて指導することが求められる。

（指導計画の作成と内容の取扱い）

> 1 指導計画の作成に当たっては，次の事項に配慮するものとする。
>   (2) 第２の各学年の内容の「Ａ表現」の(1)，(2)及び(3)の指導については，ア，イ及びウの各事項を，「Ｂ鑑賞」の(1)の指導については，ア及びイの各事項を適切に関連させて指導すること。
>   (3) 第２の各学年の内容の〔共通事項〕は，表現及び鑑賞の学習において共通に必要となる資質・能力であり，「Ａ表現」及び「Ｂ鑑賞」の指導と併せて，十分な指導が行われるよう工夫すること。

低学年の鑑賞の活動では，〔共通事項〕に示す資質・能力と併せて，アに示す「思考力，判断力，表現力等」に関する資質・能力，イに示す「知識」に関する資質・能力を育てていくことが指導のねらいとなる。

これらのねらいを実現するためには，ア及びイを適切に関連させて扱うとともに，〔共通事項〕との関連を十分に図った題材を構成することが必要となる。

低学年では，児童が「音楽を聴くことが好き」と思えるようにすることを大事にしながら，興味・関心をもって取り組むことができる鑑賞の活動を進めることが重要となる。そのような鑑賞の活動の中で，旋律を口ずさんだり，音楽に合わせて体を動かしたりするなどの活動を効果的に取り入れて，曲や演奏の楽しさを見いだしながら，音楽を全体にわたって味わって聴く楽しさを感じ取れるように指導することが大切である。

> ア　鑑賞についての知識を得たり生かしたりしながら，曲や演奏の楽しさを見いだし，曲全体を味わって聴くこと。

　この事項は，鑑賞領域における「思考力，判断力，表現力等」に関する資質・能力である，**曲や演奏の楽しさを見いだし，曲全体を味わって聴く**ことができるようにすることをねらいとしている。

　鑑賞についての知識とは，イに示すものである。

　知識を得たり生かしたりとしているのは，曲や演奏の楽しさを見いだし，曲全体を味わって聴くためには，その過程で新たな知識を習得することと，これまでに習得した知識を活用することの両方が必要となるからである。したがって，知識を習得してから楽しさを見いだすといった，一方向のみの指導にならないようにする必要がある。

　曲や演奏の楽しさを見いだすとは，音楽的な理由に触れながら，曲の楽しさや，異なった演奏形態や演奏者などによる演奏の楽しさについて考えをもつことである。また，**曲全体を味わって聴く**とは，曲や演奏の楽しさについて考えをもち，曲全体を聴き深めることである。

　このような学習を実現するためには，イの事項との関連を図ることが重要となる。曲や演奏の楽しさを見いだし，曲全体を味わって聴くためには，曲の雰囲気や表情を感じ取って聴いたり，音楽がどのように形づくられているのかを捉えて聴いたりすることが必要となるからである。

　指導に当たっては，児童が学習の初期に抱いた，例えば，「この曲は楽しい」などの曲の印象を起点として，アの事項とイの事項との関連を図った学習を通して，聴き深めていくようにすることが大切である。その際，児童の意識が曲や演奏の部分的な楽しさを見いだすことに留まることなく，音楽の流れを感じながら聴くことができるように留意する。

　このような学習を通して，例えば，「この曲の楽しいところは，トランペットとバイオリンがリレーのように何回も出てくるところ」など，曲全体を見通しながら，曲や演奏の楽しさについて考えをもち，曲全体を味わって聴くことができるようになるのである。

> イ　曲想と音楽の構造との関わりについて気付くこと。

　この事項は，鑑賞領域における「知識」に関する資質・能力である，**曲想と音楽の構造との関わりについて気付く**ことができるようにすることをねらいとして

いる。

　曲想とは，その音楽に固有の雰囲気や表情，味わいのことである。この曲想は，音楽の構造によって生み出されるものであり，**音楽の構造**とは，音楽を形づくっている要素の表れ方や，音楽を特徴付けている要素と音楽の仕組みとの関わり合いである。

　曲想と音楽の構造との関わりについて気付くとは，例えば，「楽しく感じるのは，カッコカッコと同じリズムを繰り返して打っているのに，時々リズムが変わったり，途中からチリリリリーンという音が入ったりするから」といったことに気付くことである。

　このように，児童が，曲の雰囲気や表情，味わいと音楽の構造との関わりを捉えることが，本事項で求めている気付きである。

　低学年の児童は，音や音楽に対する興味・関心が高まり，楽器の音色や人の声の特徴などに注目したり音楽に合わせて体を動かしたりしながら体全体で音楽を受け止めて聴こうとする傾向が見られる。

　このような児童の実態を踏まえ，〔共通事項〕との関連を図り，聴き取ったことと感じ取ったこととの関わりについて考えながら，曲想と音楽の構造との関わりについて，児童が自ら気付くように指導を工夫することが重要である。

　指導に当たっては，曲の雰囲気を楽しんで聴く学習の中で，児童が感じ取った曲想を基にしながら，曲想を生み出している音楽の構造に目を向けるようにすることが大切である。

　その際，楽器の演奏のまねをすることでリズムなどが変化する部分を確かめたり，音楽に合わせて体を動かしたり，感じ取ったことや気付いたことを伝え合ったり，特徴的な部分を取り出して聴いたりするなど，効果的な手立てを工夫することが大切である。

〔共通事項〕

(1) 「A表現」及び「B鑑賞」の指導を通して，次の事項を身に付けることができるよう指導する。

　〔共通事項〕は，表現及び鑑賞の学習において共通に必要となる資質・能力を示したものである。「A表現」及び「B鑑賞」の指導の過程において，各事項と併せて十分な指導が行われるよう工夫することが必要である。

> ア　音楽を形づくっている要素を聴き取り，それらの働きが生み出すよさや面白さ，美しさを感じ取りながら，聴き取ったことと感じ取ったこととの関わりについて考えること。

　この事項は，音楽科における「思考力，判断力，表現力等」に関する資質・能力である，**音楽を形づくっている要素を聴き取り，それらの働きが生み出すよさや面白さ，美しさを感じ取りながら，聴き取ったことと感じ取ったこととの関わりについて考える**ことができるようにすることをねらいとしている。

　音楽を形づくっている要素とは，「第3　指導計画の作成と内容の取扱い」2(8)に示す「ア　音楽を特徴付けている要素」及び「イ　音楽の仕組み」である。児童の発達の段階や指導のねらいに応じて，適切に選択したり関連付けたりして指導することが求められる。

　聴き取ったことと感じ取ったこととの関わりについて考えるとは，感じ取ったことの理由を，音楽を形づくっている要素の働きに求めたり，音楽を形づくっている要素の働きがどのようなよさや面白さ，美しさを生み出しているかについて考えたりすることである。

　例えば，「強弱」であれば，音が強くなったのか，それとも弱くなったのかを聴き分けたり，「これは強い音」，「これは弱い音」と意識したりするなど，強弱の特徴を客観的に聴き取るだけでなく，「だんだん近づいてきた後，遠ざかっていく感じがしたのは，だんだん音が強くなった後に，だんだん弱くなったから」と捉えるなど，強弱の変化とその働きが生み出すよさや面白さ，美しさとの関係を考えることである。

　指導に当たっては，児童が音や音楽と出会い，曲想と音楽の構造との関わりについて気付いたり，思いをもって表現したり，曲や演奏の楽しさを見いだし，曲全体を味わって聴いたりするなどの学習において，聴き取ったことと感じ取ったこととの関わりについて考えることを適切に位置付けることが大切である。

> イ 音楽を形づくっている要素及びそれらに関わる身近な音符，休符，記号
>   や用語について，音楽における働きと関わらせて理解すること。

　この事項は，音楽科における「知識」に関する資質・能力である，**音楽を形づくっている要素及びそれらに関わる身近な音符，休符，記号や用語について，音楽における働きと関わらせて理解**できるようにすることをねらいとしている。

　音楽を形づくっている要素及びそれらに関わる身近な音符，休符，記号や用語は，「第3　指導計画の作成と内容の取扱い」2(8)ア及びイ，並びに(9)に示したものである。

　身近な音符，休符，記号や用語とは，低学年の児童が音楽の授業などで接する音符，休符，記号や用語を指している。

　指導に当たっては，単にその名称や意味を知るだけでなく，表現及び鑑賞の様々な学習活動の中で，音楽における働きと関わらせて，その意味や効果を理解させることが必要である。

　また，児童の発達の段階や学習状況に配慮しながら，見通しをもって，意図的，計画的に取り上げるようにすることが大切である。

3 内容の取扱い

(1) 歌唱教材は次に示すものを取り扱う。

この項目は,歌唱教材を選択する場合の観点及び共通教材について示したものである。

> ア　主となる歌唱教材については,各学年ともイの共通教材を含めて,斉唱及び輪唱で歌う曲
> イ　共通教材
> 〔第1学年〕
> 　「うみ」　　　　　　　（文部省唱歌）　林　柳波作詞　井上武士作曲
> 　「かたつむり」　　　　（文部省唱歌）
> 　「日のまる」　　　　　（文部省唱歌）　高野辰之作詞　岡野貞一作曲
> 　「ひらいたひらいた」　（わらべうた）
> 〔第2学年〕
> 　「かくれんぼ」　　　　（文部省唱歌）　林　柳波作詞　下総皖一作曲
> 　「春がきた」　　　　　（文部省唱歌）　高野辰之作詞　岡野貞一作曲
> 　「虫のこえ」　　　　　（文部省唱歌）
> 　「夕やけこやけ」　　　中村雨紅作詞　草川　信作曲

低学年で取り上げる主な歌唱教材は,イの共通教材を含めて,斉唱及び輪唱で歌う曲が対象となる。共通教材については,4曲全てを扱うこととしている。

歌唱教材の選択に当たっては,曲の内容や音域が,低学年の児童に適したものであり,児童の実態に応じ,無理なく楽しく表現できるものであることが大切である。その際,児童が親しみやすい内容の歌詞やリズム,旋律をもつ教材を選ぶなど,児童の興味・関心に十分配慮するとともに,友達と一緒に歌う喜びを味わうことができる斉唱や輪唱の曲を取り上げるようにすることが大切である。

(2) 主となる器楽教材については,既習の歌唱教材を含め,主旋律に簡単なリズム伴奏や低声部などを加えた曲を取り扱う。

この項目は,器楽教材を選択する場合の観点について示したものである。

低学年で取り上げる主な器楽教材は,歌唱で学習した教材や親しみのある器楽曲の旋律に,打楽器などによる簡単なリズム伴奏や平易な低声部を加えた曲などが対象となる。

器楽教材の選択に当たっては,主旋律に加えるリズム伴奏が児童の実態に応じ

た平易なものであり，曲の雰囲気を感じ取りやすいものを主に取り上げるようにすることが大切である。また，合奏全体の響きを支えるための低声部は，主音及び属音を中心とし，曲の特徴や児童の実態に応じて他の音を加えた曲を取り上げるようにすることが求められる。

(3) 鑑賞教材は次に示すものを取り扱う。

この項目は，鑑賞の学習で取り上げる教材を選択する場合の観点について示したものである。

> ア　我が国及び諸外国のわらべうたや遊びうた，行進曲や踊りの音楽など体を動かすことの快さを感じ取りやすい音楽，日常の生活に関連して情景を思い浮かべやすい音楽など，いろいろな種類の曲
> イ　音楽を形づくっている要素の働きを感じ取りやすく，親しみやすい曲
> ウ　楽器の音色や人の声の特徴を捉えやすく親しみやすい，いろいろな演奏形態による曲

アの事項は，児童がいろいろな種類の音楽に親しむようにし，児童の発達の段階に応じて適切な教材を選択するための観点である。具体的には，我が国や諸外国の音楽を身近に感じることができるわらべうたや遊びうた，行進曲や踊りの音楽などリズム，拍，フレーズなどを聴き取りやすく自然に体を動かしたくなる音楽，身の回りの物や事象に関連し，情景を思い浮かべやすい音楽などを教材として選択することが大切である。

イの事項は，音楽を形づくっている要素の働きが生み出すよさや面白さを感じ取り，音楽に親しむことができる教材を選択するための観点である。具体的には，親しみやすいリズムや旋律が表れている曲，リズムや旋律が反復する面白さを感じ取りやすい曲，速度や強弱の違いがはっきりとした曲など，音楽を特徴付けている要素と音楽の仕組みとの関わり合いを聴き取りやすく，感覚的にも親しみやすい曲を教材として選択することが大切である。

ウの事項は，児童にとって親しみやすい，いろいろな演奏形態の音楽に接し，楽器の音色や人の声の特徴及び演奏の楽しさを感じ取ることができる教材を選択するための観点である。具体的には，一つ一つの楽器の音色あるいは人の声の特徴を聴き取りやすく，楽器の演奏の仕方や歌い方に興味・関心をもつことのできる曲などを教材として選択することが大切である。

鑑賞教材の選択に当たっては，児童が音楽を身近に感じることができる親しみやすい曲を選択し，音楽への興味・関心を深めるようにする必要がある。ア，イ

及びウの観点が相互に関わり合っていることに十分配慮し，指導のねらいに即したイの観点を含み，アやウの観点との関わりをもたせやすい曲を選択することが求められる。また，視聴覚教材を活用して，演奏している場面を見たり，音楽に合わせて演奏のまねをしたりするなど，演奏のよさや楽しさに気付くように配慮することが必要である。

第3章
各学年の目標及び内容

第2節　第3学年及び第4学年の目標と内容

1　目標

> (1) 曲想と音楽の構造などとの関わりについて気付くとともに，表したい音楽表現をするために必要な歌唱，器楽，音楽づくりの技能を身に付けるようにする。
>
> (2) 音楽表現を考えて表現に対する思いや意図をもつことや，曲や演奏のよさなどを見いだしながら音楽を味わって聴くことができるようにする。
>
> (3) 進んで音楽に関わり，協働して音楽活動をする楽しさを感じながら，様々な音楽に親しむとともに，音楽経験を生かして生活を明るく潤いのあるものにしようとする態度を養う。

従前は，「(1) 音楽活動に対する興味・関心，意欲を高め，音楽を生活に生かそうとする態度，習慣を育てること」，「(2) 基礎的な表現の能力を育てること」，「(3) 基礎的な鑑賞の能力を育てること」という視点から目標を構成していた。

今回の改訂では，(1)「知識及び技能」の習得に関する目標，(2)「思考力，判断力，表現力等」の育成に関する目標，(3)「学びに向かう力，人間性等」の涵養に関する目標を，中学年の発達の段階を考慮して示している。

このような示し方は，情意面と表現及び鑑賞の2領域で整理した従前の示し方とは異なり，資質・能力の三つの柱で整理し，再構成したものである。

このことは，音楽科で育成を目指す資質・能力の構造が，従前の「意欲，態度，習慣」，「基礎的な表現の能力」，「基礎的な鑑賞の能力」から，「知識及び技能」，「思考力，判断力，表現力等」，「学びに向かう力，人間性等」という整理に変わったことを意味している。

なお，今回の改訂では，教科の目標及び学年の目標を，育成を目指す資質・能力の三つの柱で整理し，同じ構造で示している。このため，目標に関する趣旨，学年の相違などについては，第2章第1節「1　教科の目標」及び「2　学年の目標」において解説している。

これらの目標を実現するためには，次の「2　内容」に示している資質・能力を，適切に関連付けながら育成することが重要である。

2 内容

A 表現

(1) 歌唱の活動を通して，次の事項を身に付けることができるよう指導する。

> ア 歌唱表現についての知識や技能を得たり生かしたりしながら，曲の特徴を捉えた表現を工夫し，どのように歌うかについて思いや意図をもつこと。
> イ 曲想と音楽の構造や歌詞の内容との関わりについて気付くこと。
> ウ 思いや意図に合った表現をするために必要な次の(ｱ)から(ｳ)までの技能を身に付けること。
>   (ｱ) 範唱を聴いたり，ハ長調の楽譜を見たりして歌う技能
>   (ｲ) 呼吸及び発音の仕方に気を付けて，自然で無理のない歌い方で歌う技能
>   (ｳ) 互いの歌声や副次的な旋律，伴奏を聴いて，声を合わせて歌う技能

ここでは，第3学年及び第4学年の歌唱に関する事項を示しており，以下の，題材を構成する上で必要な配慮事項を踏まえて指導することが求められる。

（指導計画の作成と内容の取扱い）

> 1 指導計画の作成に当たっては，次の事項に配慮するものとする。
> (2) 第2の各学年の内容の「A表現」の(1)，(2)及び(3)の指導については，ア，イ及びウの各事項を，「B鑑賞」の(1)の指導については，ア及びイの各事項を適切に関連させて指導すること。
> (3) 第2の各学年の内容の〔共通事項〕は，表現及び鑑賞の学習において共通に必要となる資質・能力であり，「A表現」及び「B鑑賞」の指導と併せて，十分な指導が行われるよう工夫すること。

中学年の歌唱の活動では，〔共通事項〕に示す資質・能力と併せて，アに示す「思考力，判断力，表現力等」に関する資質・能力，イに示す「知識」に関する資質・能力，ウに示す「技能」に関する資質・能力を育てていくことが指導のねらいとなる。

これらのねらいを実現するためには，ア，イ及びウを適切に関連させて扱うとともに，〔共通事項〕との関連を十分に図った題材を構成することが必要となる。
　中学年では，児童が「歌うことが好き」と思えるようにすることを大事にしながら，意欲をもって主体的に取り組むことができる歌唱の活動を進めることが重要となる。そのような歌唱の活動の中で，歌う喜びを味わい，歌うことを通して音楽のよさに触れるとともに，曲の特徴を捉えた表現を工夫したり，思いや意図に合った表現で歌ったりする楽しさを味わうことができるように指導することが大切である。

> ア　歌唱表現についての知識や技能を得たり生かしたりしながら，曲の特徴を捉えた表現を工夫し，どのように歌うかについて思いや意図をもつこと。

　この事項は，歌唱分野における「思考力，判断力，表現力等」に関する資質・能力である，**曲の特徴を捉えた表現を工夫し，どのように歌うかについて思いや意図をもつ**ことができるようにすることをねらいとしている。
　歌唱表現についての知識や技能とは，イ及びウに示すものである。
　知識や技能を得たり生かしたりとしているのは，曲の特徴を捉えた表現を工夫し，どのように歌うかについて思いや意図をもつためには，その過程で新たな知識や技能を習得することと，これまでに習得した知識や技能を活用することの両方が必要となるからである。したがって，知識や技能を習得してから表現を工夫するといった，一方向のみの指導にならないように留意する必要がある。
　曲の特徴を捉えた表現を工夫しとは，歌唱表現を工夫する手掛かりを曲の特徴に求めて表現をつくりだすことである。また，**どのように歌うかについて思いや意図をもつ**とは，曲の特徴を捉えた表現を工夫する過程において，このように歌いたいという考えをもつことである。例えば，「2羽の鳥が呼びかけ合いながら遠ざかっていく感じが伝わるように，強く，やや弱く，やや強く，弱く歌おう」といったことである。
　中学年の児童は，曲の特徴を意識して聴こうとしたり，感じ取ったことや想像したことを伝え合い，それを生かして歌おうとしたりする意欲をもつようになってくる傾向が見られる。
　このような児童の実態を踏まえ，思いや意図を言葉や音楽で伝え合うことと，実際に歌ってみることとを繰り返しながら，曲の特徴を捉えた表現を工夫するように促すことが重要である。
　指導に当たっては，曲の特徴についての気付きを深めたり，必要な技能を身に

付けたりしながら，スタッカートやスラーなどの表現方法や，強弱や速度などの違いによる表現方法などを様々に試すなどして，歌唱表現を工夫する楽しさを味わい，思いや意図を膨らませるようにすることが大切である。

その際，児童の表現の変容を捉えて，例えば，呼びかけ合いながら遠ざかっていく様子を，強弱の表現を工夫して見事に表していることを教師が具体的に伝えるなど，児童が思いや意図をもって歌唱の活動に取り組むことによって，歌唱表現が高まったことを価値付け，全体で共有していくことも，教師の大切な役割である。

また，児童が工夫した表現を互いに聴き合いながら，それぞれの表現のよさを認め合う体験を積み重ねることも大切である。

> イ　曲想と音楽の構造や歌詞の内容との関わりについて気付くこと。

この事項は，歌唱分野における「知識」に関する資質・能力である，**曲想と音楽の構造や歌詞の内容との関わり**について気付くことができるようにすることをねらいとしている。

曲想とは，その音楽に固有の雰囲気や表情，味わいのことである。この曲想は，音楽の構造によって生み出されるものであり，**音楽の構造**とは，音楽を形づくっている要素の表れ方や，音楽を特徴付けている要素と音楽の仕組みとの関わり合いである。歌唱曲では，歌詞の内容も曲想を生み出す重要な要素となる。

曲想と音楽の構造や歌詞の内容との関わりについて気付くとは，例えば，「のびやかで明るい感じになっているのは，同じリズムが繰り返されたり，となり合った音が続いている旋律の中で，時々上下に音が跳んでいて動きがあったりするから。また，歌詞に紅葉で色づいた木や山の様子が描かれているから」といったことに気付くことである。

中学年の児童は，曲の雰囲気や表情をリズムや旋律などの特徴と関わらせたり，歌詞の内容と関わらせたりして捉えようとする傾向が見られる。

このような児童の実態を踏まえ，〔共通事項〕との関連を図り，聴き取ったことと感じ取ったこととの関わりについて考えながら，曲想と音楽の構造や，曲想と歌詞の内容との関わりについて，児童が自ら気付くように指導を工夫することが重要である。

指導に当たっては，児童が感じ取った曲想を基にしながら，リズムや旋律などの特徴や，歌詞の内容に目を向けるようにすることが大切である。

その際，楽譜を見て，リズムや旋律，声部の重なり方，曲全体の構成などの特徴を確認したり，歌詞を音読して歌詞の内容を把握させたりするなど，効果的な

手立てを工夫することが大切である。

　また，本事項の学習は，作詞者や作曲者の思いや意図をくみ取ることにもつながるものである。

> ウ　思いや意図に合った表現をするために必要な次の(ｱ)から(ｳ)までの技能を身に付けること。

　この事項は，歌唱分野における「技能」に関する資質・能力である，**思いや意図に合った表現をするために必要な次の(ｱ)から(ｳ)までの技能**を身に付けることができるようにすることをねらいとしている。

　思いや意図に合った表現をするために必要な技能としているのは，以下に示す(ｱ)から(ｳ)までの技能を，いずれも思いや意図に合った音楽表現をするために必要となるものとして位置付けているからである。

　したがって，技能の指導に当たっては，児童が表したい思いや意図をもち，それを実現するために，これらの技能を習得することの必要性を実感できるようにすることが大切である。また，学習の過程において，アの事項との関連を図りながら，どの場面でどのような技能を習得できるようにするのかについて，意図的，計画的に指導を進めることが大切である。

> (ｱ)　範唱を聴いたり，ハ長調の楽譜を見たりして歌う技能

　この事項は，歌唱分野における「技能」に関する資質・能力である，思いや意図に合った表現をするために必要な**範唱を聴いたり，ハ長調の楽譜を見たりして歌う技能**を身に付けることができるようにすることをねらいとしている。

　中学年の児童は，範唱を聴いて歌声を工夫しようとしたり，楽譜に興味をもって歌おうとしたりする意欲をもつようになってくる傾向が見られる。

　このような児童の実態を踏まえ，低学年での学習経験を生かし，音楽を形づくっている要素を聴き取りながら聴唱する技能を伸ばすとともに，ハ長調の楽譜を見て歌う技能を育てることが重要である。

　指導に当たっては，リズムや音程などに注意するとともに，旋律の表現を豊かにすることを目指して聴唱できるようにすることが大切である。また，この段階の視唱においては，ハ長調の楽譜を見て階名唱をしたり，手や体で音の高低を表しながら歌ったりすることなどを通して，視唱に慣れ親しみ，低学年で身に付けた音程感覚をより確かなものにしていくことが大切である。そのためには，楽譜と音との関連を意識した指導を展開し，音楽を形づくっている要素及び音符，休

符，記号，用語の指導も併せて行い，音楽の流れを感じながら読譜できるようにすることが求められる。

　なお，範唱は，教師や児童による演奏をはじめ，音源や映像等の視聴覚教材の利用，専門家による演奏などが考えられる。

> (イ) 呼吸及び発音の仕方に気を付けて，自然で無理のない歌い方で歌う技能

　この事項は，歌唱分野における「技能」に関する資質・能力である，思いや意図に合った表現をするために必要な**呼吸及び発音の仕方に気を付けて，自然で無理のない歌い方で歌う技能**を身に付けることができるようにすることをねらいとしている。

　中学年の児童は，歌詞の内容にふさわしい表現への意欲が高まるとともに，高学年の響きのある歌い方へのあこがれも強くなり，発声や発音に気を付けて歌うことができるようになってくる傾向が見られる。

　このような児童の実態を踏まえ，母音，子音，濁音，鼻濁音などの日本語のよさを生かした発音や語感に気を付け，呼吸を意識した歌い方を身に付けるようにすることが重要である。

　自然で無理のない歌い方で歌うとは，児童一人一人の声の特徴を生かしつつも，力んで声帯を締め付けることなく，音楽的には曲想に合った自然な歌い方で歌うことである。

　指導に当たっては，児童が歌い方を試す過程で自分の声の特徴に気付くことを大切にしながら，自然で無理のない歌い方で歌うことができるようにすることが求められる。例えば，曲想にふさわしい歌声になるよう呼吸や声の響きに留意した歌い方を試したり，民謡を歌う際には，範唱の歌い方に近づけるように歌い方を試したりするなど，声の使い方を意識しながら歌うように働きかけることが考えられる。

> (ウ) 互いの歌声や副次的な旋律，伴奏を聴いて，声を合わせて歌う技能

　この事項は，歌唱分野における「技能」に関する資質・能力である，思いや意図に合った表現をするために必要な**互いの歌声や副次的な旋律，伴奏を聴いて，声を合わせて歌う技能**を身に付けることができるようにすることをねらいとしている。

　斉唱や合唱などにおいては，自分の歌声を全体の中で調和させて歌うことが求められる。**互いの歌声や副次的な旋律，伴奏を聴いて**とは，自分の歌声だけでな

く，友達の歌声や伴奏を聴きながら歌うことを意味している。ここで言う**副次的な旋律**とは，主旋律に加えて演奏される別の旋律であり，音の高さやリズムが違う旋律のことを指している。

　中学年の児童は，友達と歌声を合わせて歌う活動に意欲をもって取り組むようになってくる傾向が見られる。

　このような児童の実態を踏まえて，互いの歌声を聴き合い，自分の歌声と友達の歌声を調和させるとともに，伴奏の響きや副次的な旋律の響きを聴きながら，適切な歌声で歌うことができるよう指導を工夫することが重要である。

　指導に当たっては，低学年で学習してきた斉唱及び輪唱の曲に加え，曲の一部分が二部合唱になっている合唱曲，曲全体が簡単な二部合唱になっている合唱曲などを，適切に用いることが大切である。その上で，互いの歌声が一つになったり，重なり合ってきれいに響き合ったりすることに気付くような指導を工夫し，楽しく無理なく，声を合わせて歌うことができるように配慮することが大切である。

(2) 器楽の活動を通して，次の事項を身に付けることができるよう指導する。

> ア　器楽表現についての知識や技能を得たり生かしたりしながら，曲の特徴を捉えた表現を工夫し，どのように演奏するかについて思いや意図をもつこと。
> イ　次の(ｱ)及び(ｲ)について気付くこと。
> 　(ｱ)　曲想と音楽の構造との関わり
> 　(ｲ)　楽器の音色や響きと演奏の仕方との関わり
> ウ　思いや意図に合った表現をするために必要な次の(ｱ)から(ｳ)までの技能を身に付けること。
> 　(ｱ)　範奏を聴いたり，ハ長調の楽譜を見たりして演奏する技能
> 　(ｲ)　音色や響きに気を付けて，旋律楽器及び打楽器を演奏する技能
> 　(ｳ)　互いの楽器の音や副次的な旋律，伴奏を聴いて，音を合わせて演奏する技能

　ここでは，第3学年及び第4学年の器楽に関する事項を示しており，以下の，題材を構成する上で必要な配慮事項を踏まえて指導することが求められる。

（指導計画の作成と内容の取扱い）

> 1　指導計画の作成に当たっては，次の事項に配慮するものとする。
> 　(2)　第2の各学年の内容の「A表現」の(1)，(2)及び(3)の指導については，ア，イ及びウの各事項を，「B鑑賞」の(1)の指導については，ア及びイの各事項を適切に関連させて指導すること。
> 　(3)　第2の各学年の内容の〔共通事項〕は，表現及び鑑賞の学習において共通に必要となる資質・能力であり，「A表現」及び「B鑑賞」の指導と併せて，十分な指導が行われるよう工夫すること。

　中学年の器楽の活動では，〔共通事項〕に示す資質・能力と併せて，アに示す「思考力，判断力，表現力等」に関する資質・能力，イに示す「知識」に関する資質・能力，ウに示す「技能」に関する資質・能力を育てていくことが指導のねらいとなる。
　これらのねらいを実現するためには，ア，イ及びウを適切に関連させて扱うとともに，〔共通事項〕との関連を十分に図った題材を構成することが必要となる。

中学年では，児童が「いろいろな楽器を演奏することに挑戦したい」と思えるようにすることを大事にしながら，意欲をもって主体的に取り組むことができる器楽の活動を進めることが重要となる。そのような器楽の活動の中で，低学年で感じ取った器楽表現の楽しさを基盤にしながら，既習の楽器を含めてリコーダーや鍵盤楽器，和楽器などの演奏に取り組み，曲の特徴を捉えた表現を工夫したり，思いや意図に合った表現で演奏したりする楽しさを味わうことができるように指導することが大切である。

> ア　器楽表現についての知識や技能を得たり生かしたりしながら，曲の特徴を捉えた表現を工夫し，どのように演奏するかについて思いや意図をもつこと。

　この事項は，器楽分野における「思考力，判断力，表現力等」に関する資質・能力である，**曲の特徴を捉えた表現を工夫し，どのように演奏するかについて思いや意図をもつこと**ができるようにすることをねらいとしている。
　器楽表現についての知識や技能とは，イ及びウに示すものである。
　知識や技能を得たり生かしたりとしているのは，曲の特徴を捉えた表現を工夫し，どのように演奏するかについて思いや意図をもつためには，その過程で新たな知識や技能を習得することと，これまでに習得した知識や技能を活用することの両方が必要となるからである。したがって，知識や技能を習得してから表現を工夫するといった，一方向のみの指導にならないように留意する必要がある。
　曲の特徴を捉えた表現を工夫しとは，器楽表現を工夫する手掛かりを曲の特徴に求めて表現をつくりだすことである。また，**どのように演奏するかについて思いや意図をもつ**とは，曲の特徴を捉えた表現を工夫する過程において，このように演奏したいという考えをもつことである。例えば，「前半の弾んだ感じと後半のゆったりした感じの違いを表したいから，前半はスタッカートで音を弾ませて演奏し，後半は一つ一つの音を滑らかにつなげて演奏しよう」といったことである。
　中学年の児童は，曲の特徴を意識して聴こうとしたり，感じ取ったことや想像したことを伝え合い，それを生かして演奏を工夫しようとしたりする意欲をもつようになってくる傾向が見られる。
　このような児童の実態を踏まえ，思いや意図を言葉や音楽で伝え合うことと，実際に演奏してみることとを繰り返しながら，曲の特徴を捉えた表現を工夫するように促すことが重要である。
　指導に当たっては，曲の特徴についての気付きを深めたり，必要な技能を身に

付けたりしながら，スタッカートやスラーなどの表現方法や，強弱や速度などの違いによる表現方法などを様々に試すなどして，器楽表現を工夫する楽しさを味わい，思いや意図を膨らませるようにすることが大切である。

その際，児童の表現の変容を捉えて，例えば，スタッカートを意識して演奏することで，軽やかな感じになったことを教師が具体的に伝えるなど，児童が思いや意図をもって器楽の活動に取り組むことによって，器楽表現が高まったことを教師が価値付け，全体で共有していくことも，教師の大切な役割である。

また，児童が工夫した表現を互いに聴き合いながら，それぞれの表現のよさを認め合う体験を積み重ねることも大切なことである。

イ　次の(ア)及び(イ)について気付くこと。
　(ア)　曲想と音楽の構造との関わり

この事項は，器楽分野における「知識」に関する資質・能力である，**曲想と音楽の構造との関わり**について気付くことができるようにすることをねらいとしている。

曲想とは，その音楽に固有の雰囲気や表情，味わいのことである。この曲想は，音楽の構造によって生み出されるものであり，**音楽の構造**とは，音楽を形づくっている要素の表れ方や，音楽を特徴付けている要素と音楽の仕組みとの関わり合いである。

曲想と音楽の構造との関わりについて気付くとは，例えば，「ゆったりした感じから弾んだ感じに変わったのは，途中から♪♩（タッカ）のリズムが多くなったから」といったことに気付くことである。

中学年の児童は，曲の雰囲気や表情をリズム，旋律などの特徴と関わらせて捉えようとする傾向が見られる。

このような児童の実態を踏まえ，〔共通事項〕との関連を図り，聴き取ったことと感じ取ったこととの関わりについて考えながら，曲想と音楽の構造との関わりについて，児童が自ら気付くように指導を工夫することが重要である。

指導に当たっては，児童が感じ取った曲想を基にしながら，リズムや旋律，各声部の楽器の重なり方，曲全体の構成などの特徴に目を向けるようにすることが大切である。

その際，楽譜を見て，リズムや旋律，各声部の役割，曲全体の構成などの特徴を確認したり，例えば，♪♩ ♪♩ の部分を ♪♩ ♪♩ に変えて演奏して比較し，特徴的なリズムや旋律のよさや面白さを実感できるようにしたりするなど，効果的な手立てを工夫することが大切である。

また，本事項の学習は，作曲者や編曲者の思いや意図をくみ取ることにもつながるものである。

> (イ) 楽器の音色や響きと演奏の仕方との関わり

この事項は，器楽分野における「知識」に関する資質・能力である，**楽器の音色や響きと演奏の仕方との関わり**について気付くことができるようにすることをねらいとしている。

中学年で取り上げる旋律楽器や打楽器については，「第3 指導計画の作成と内容の取扱い」2(5)において，「ウ 第3学年及び第4学年で取り上げる旋律楽器は，既習の楽器を含めて，リコーダーや鍵盤楽器，和楽器などの中から児童や学校の実態を考慮して選択すること。」，「ア 各学年で取り上げる打楽器は，木琴，鉄琴，和楽器，諸外国に伝わる様々な楽器を含めて，演奏の効果，児童や学校の実態を考慮して選択すること。」と示している。

それぞれの楽器には固有の音色があるが，演奏の仕方や楽器の組合せなどを工夫することにより，その音色や響きは変化する。本事項は，このことに気付くことを求めている。

中学年の児童は，楽器の音色や演奏の仕方について興味・関心をもつ傾向が見られる。

このような児童の実態を踏まえ，それぞれの楽器がもつ固有の音色や響きのよさや面白さに気付くとともに，演奏の仕方を工夫することによって，楽器の音色や響きが変わることに，演奏を通して気付くようにすることが重要である。例えば，様々な演奏の仕方を実際に試すなどの過程において，「長胴太鼓は，ばちを上げずに軽く打ったときと，ばちを高くはね上げるようにして打ったときとでは，音色や響きが違う」などの気付きを促すことが考えられる。

> ウ 思いや意図に合った表現をするために必要な次の(ア)から(ウ)までの技能を身に付けること。

この事項は，器楽分野における「技能」に関する資質・能力である，**思いや意図に合った表現をするために必要な次の(ア)から(ウ)までの技能を身に付ける**ことができるようにすることをねらいとしている。

思いや意図に合った表現をするために必要な技能としているのは，以下に示す(ア)から(ウ)までの技能を，いずれも思いや意図に合った音楽表現をするために必要となるものとして位置付けているからである。

したがって，技能の指導に当たっては，児童が表したい思いや意図をもち，それを実現するために，これらの技能を習得することの必要性を実感できるようにすることが大切である。また，学習の過程において，アの事項との関連を図りながら，どの場面でどのような技能を習得できるようにするのかについて，意図的，計画的に指導を進めることが大切である。

> (ア) 範奏を聴いたり，ハ長調の楽譜を見たりして演奏する技能

　この事項は，器楽分野における「技能」に関する資質・能力である，思いや意図に合った表現をするために必要な**範奏を聴いたり，ハ長調の楽譜を見たりして演奏する技能**を身に付けることができるようにすることをねらいとしている。
　中学年の児童は，範奏を聴いて，音色を工夫して旋律を演奏しようとしたり，楽譜を見ながら演奏しようとしたりする意欲が高まってくる傾向が見られる。
　このような児童の実態を踏まえ，音楽を形づくっている要素を聴き取りながら演奏する技能を伸ばしたり，低学年で身に付けたリズム譜を視奏する技能を生かしたりして，ハ長調の楽譜の視奏に慣れ親しみ，視奏の技能を育てることが重要である。
　指導に当たっては，低学年での学習経験を生かして，主旋律や副次的な旋律を，音色，リズム，速度，強弱，音の重なりなどに注意しながら聴奏できるようにすることが大切である。また，ハ長調の楽譜の視奏においては，楽譜と音との関連を意識した指導を展開し，音楽を形づくっている要素及び音符，休符，記号や用語の指導も併せて行い，音楽の流れを感じながら読譜できるようにすることが求められる。
　なお，範奏は，教師や児童による演奏をはじめ，音源や映像等の視聴覚教材の利用，専門家による演奏などが考えられる。

> (イ) 音色や響きに気を付けて，旋律楽器及び打楽器を演奏する技能

　この事項は，器楽分野における「技能」に関する資質・能力である，思いや意図に合った表現をするために必要な**音色や響きに気を付けて，旋律楽器及び打楽器を演奏する技能**を身に付けることができるようにすることをねらいとしている。
　旋律楽器及び打楽器については，低学年で経験した楽器を含めて，児童の興味・関心，これまでの学習経験や技能，演奏効果，学校の実態を考慮して適切なものを取り扱うようにすることが大切である。その際，低学年で慣れ親しんでき

た楽器は，中学年における歌唱教材の主旋律や副次的な旋律を演奏するなどして，継続的に取り扱うよう留意する必要がある。また，和楽器や諸外国に伝わる打楽器を学習内容に応じて適切に取り扱い，我が国の音楽や郷土の音楽，諸外国の音楽に対する関心を高めるようにすることが必要である。

中学年の児童は，様々な楽器を演奏したいという思いを膨らませるとともに，それらの演奏の仕方に興味・関心をもつようになる傾向が見られる。

このような児童の実態を踏まえ，イ(イ)に示す「楽器の音色や響きと演奏の仕方との関わりについて気付くこと」との関連を図りながら，楽器のもつ固有の音色やその響きの特性を生かした楽器の演奏の仕方を身に付けるようにすることが重要である。

指導に当たっては，児童や学校の実態などを十分に考慮して，それぞれの楽器の特性に応じた演奏の仕方が身に付くよう留意する必要がある。例えば，リコーダーの指導では，トゥやティ，ルゥ，トォなど，音の高さなどに応じたタンギングの仕方を身に付けるようにすることが考えられる。

また，楽器の音色や響きを意識しながら，易しいリズムや旋律の演奏から始めて，継続的に取り組むようにすることが求められる。

その際，教師や友達の演奏を聴いたり見たりすることで，楽器の適切な演奏の仕方が身に付くようにすることが大切である。

> (ウ) 互いの楽器の音や副次的な旋律，伴奏を聴いて，音を合わせて演奏する技能

この事項は，器楽分野における「技能」に関する資質・能力である，思いや意図に合った表現をするために必要な**互いの楽器の音や副次的な旋律，伴奏を聴いて，音を合わせて演奏する技能**を身に付けることができるようにすることをねらいとしている。

重奏や合奏などにおいては，自分の演奏を全体の中で調和させて演奏することが求められる。**互いの楽器の音や副次的な旋律，伴奏を聴いて**とは，自分の音だけでなく，友達の音や伴奏を聴きながら演奏することを意味している。ここで言う**副次的な旋律**とは，主旋律に加えて演奏される別の旋律のことであり，音の高さやリズムが違う旋律のことである。

中学年の児童は，友達と合わせて演奏する活動に意欲をもって取り組むようになってくる傾向が見られる。

このような児童の実態を踏まえ，リズム，主旋律や副次的な旋律，和音が生み出す響きを聴き取って演奏できるようにすることが重要である。また，重奏や合

奏による活動の楽しさを味わい，友達と音を合わせて演奏できるようにすることも重要である。

　指導に当たっては，児童が自らの表現のよさに気付くよう，互いの演奏を聴き合うようにすることが大切である。また，重奏や合奏では，自分が担当している声部の役割を意識し，音を合わせる喜びを味わうようにすることも大切である。その際，他の声部の演奏を聴きながら自分の声部を口ずさんだり，曲全体を繰り返して演奏するだけでなく，一部分を取り上げ，速度を落として演奏したり，リズムや主旋律，副次的な旋律などを取り上げて声部ごとに演奏したり，あるいはそれらを組み合わせて演奏したりするなど，様々な活動を工夫することが考えられる。

(3) 音楽づくりの活動を通して,次の事項を身に付けることができるよう指導する。

> ア　音楽づくりについての知識や技能を得たり生かしたりしながら,次の(ｱ)及び(ｲ)をできるようにすること。
>   (ｱ) 即興的に表現することを通して,音楽づくりの発想を得ること。
>   (ｲ) 音を音楽へと構成することを通して,どのようにまとまりを意識した音楽をつくるかについて思いや意図をもつこと。
> イ　次の(ｱ)及び(ｲ)について,それらが生み出すよさや面白さなどと関わらせて気付くこと。
>   (ｱ) いろいろな音の響きやそれらの組合せの特徴
>   (ｲ) 音やフレーズのつなげ方や重ね方の特徴
> ウ　発想を生かした表現や,思いや意図に合った表現をするために必要な次の(ｱ)及び(ｲ)の技能を身に付けること。
>   (ｱ) 設定した条件に基づいて,即興的に音を選択したり組み合わせたりして表現する技能
>   (ｲ) 音楽の仕組みを用いて,音楽をつくる技能

　ここでは,第3学年及び第4学年の音楽づくりに関する事項を示しており,以下の,題材を構成する上で必要な配慮事項を踏まえて指導することが求められる。

（指導計画の作成と内容の取扱い）

> 1　指導計画の作成に当たっては,次の事項に配慮するものとする。
>   (2) 第2の各学年の内容の「A表現」の(1),(2)及び(3)の指導については,ア,イ及びウの各事項を,「B鑑賞」の(1)の指導については,ア及びイの各事項を適切に関連させて指導すること。
>   (3) 第2の各学年の内容の〔共通事項〕は,表現及び鑑賞の学習において共通に必要となる資質・能力であり,「A表現」及び「B鑑賞」の指導と併せて,十分な指導が行われるよう工夫すること。

　中学年の音楽づくりの活動では,〔共通事項〕に示す資質・能力と併せて,アに示す「思考力,判断力,表現力等」に関する資質・能力,イに示す「知識」に関する資質・能力,ウに示す「技能」に関する資質・能力を育てていくことが指

導のねらいとなる。

　これらのねらいを実現するためには，ア，イ及びウを適切に関連させて扱うとともに，〔共通事項〕との関連を十分に図った題材を構成することが必要となる。

　なお，音楽づくりの活動の中で，ア，イ及びウの各事項の(ｱ)は主に**即興的に表現する活動**を通して育成する資質・能力を示し，(ｲ)は主に**音を音楽へと構成する活動**を通して育成する資質・能力を示している。題材を構成する際は，各事項の(ｱ)及び(ｲ)の内容のまとまりや，(ｱ)から(ｲ)へのつながりを念頭に置くことも必要となる。

　中学年の児童は，低学年での音遊びの経験を基に，各楽器の音の響きのよさや面白さに気付くようになり，自分が表したい音の響きやそれらの組合せを試そうとする傾向が見られる。

　このような児童の実態を踏まえ，中学年では，即興的に表現する活動や音を音楽へと構成していく活動を通して，児童がいろいろな表現の仕方を試しながら，音楽をつくる楽しさを味わうことができるように指導することが大切である。

> ア　音楽づくりについての知識や技能を得たり生かしたりしながら，次の(ｱ)及び(ｲ)ができるようにすること。

　この事項は，音楽づくり分野における「思考力，判断力，表現力等」に関する資質・能力である，**(ｱ) 即興的に表現することを通して，音楽づくりの発想を得ること**及び**(ｲ) 音を音楽へと構成することを通して，どのようにまとまりを意識した音楽をつくるかについて思いや意図をもつこと**ができるようにすることをねらいとしている。

　音楽づくりについての知識や技能とは，イ及びウに示すものである。イ及びウの(ｱ)は主に「即興的に表現する」活動，(ｲ)は主に「音を音楽にしていく」活動についての知識や技能を示している。

　知識や技能を得たり生かしたりとしているのは，音楽づくりの発想を得たり，どのようにまとまりを意識した音楽をつくるかについて思いや意図をもったりするためには，その過程で新たな知識や技能を習得することと，これまでに習得した知識や技能を活用することの両方が必要となるからである。したがって，知識や技能を習得してから発想を得たり思いや意図をもったりするといった，一方向のみの指導にならないように留意する必要がある。

> (ｱ)　即興的に表現することを通して，音楽づくりの発想を得ること。

この事項は，音楽づくり分野における「思考力，判断力，表現力等」に関する資質・能力である，**即興的に表現することを通して，音楽づくりの発想を得る**ことができるようにすることをねらいとしている。
　即興的に表現するとは，あらかじめ楽譜などに示されているとおりに表現するのではなく，友達と関わりながら，その場でいろいろな音を選択したり組み合わせたりして表現することである。
　即興的な表現の例としては，児童が各自で見付けた音を使ってみんなで模倣したり，各自が工夫した音を使って友達と交互に表現したりする活動，木，金属，皮など異なる材質の物を組み合わせて使うことで生まれるそれぞれの音の響きを生かして表現する活動，線や図形，絵などを楽譜に見立てて声や楽器などの音で表す活動などが考えられる。
　音楽づくりの発想を得るとは，いろいろな音の響きをその場で選択したり組み合わせたりする中で生まれる，「これらの音をこうしたら面白くなる」という考えをもつことである。
　指導に当たっては，即興的に表現する中で，児童が思い付いた考えを，実際に音に出して確かめていくようにすることが大切である。例えば，身の回りの楽器から生ずるそれぞれの音の響きを基に，「自分の工夫した音と友達の工夫した音を交互に鳴らして，音で会話をすると面白くなる」といった考えを実際に音で試しながら，音楽づくりの発想を広げていくことが考えられる。
　その際，児童の表現の変容を捉えて，例えば，異なる音の響きで会話をすることで，音の響きの組合せが面白くなり，よい雰囲気になったことを教師が具体的に伝えるなど，児童の表現のよさや面白さを価値付け，全体で共有するなどしながら，友達の表現を自分の表現に生かすように導くことも，教師の大切な役割である。

> (イ) 音を音楽へと構成することを通して，どのようにまとまりを意識した音楽をつくるかについて思いや意図をもつこと。

　この事項は，音楽づくり分野における「思考力，判断力，表現力等」に関する資質・能力である，**音を音楽へと構成することを通して，どのようにまとまりを意識した音楽をつくるかについて思いや意図をもつ**ことができるようにすることをねらいとしている。
　音を音楽へと構成するとは，「第3　指導計画の作成と内容の取扱い」2(8)イに示す，反復，呼びかけとこたえ，変化，音楽の縦と横との関係などの「音楽の仕組み」を用いながら，音やフレーズを関連付けてまとまりのある音楽にしてい

くことである。

まとまりを意識した音楽とは，曲の構成を工夫している音楽のことである。**どのようにまとまりを意識した音楽をつくるかについて思いや意図をもつ**とは，試行錯誤しながら音楽をつくる過程において，このような音楽を，このように構成してつくりたいという考えをもつことである。例えば，「友達との会話がはずんでいくような音楽にしたいので，リズムを徐々に変化させて表現したい」といったことである。

指導に当たっては，音楽をつくっていく過程で，思いや意図を伝え合うことと，実際に音で試すこととを繰り返しながら，表現を工夫し，思いや意図を膨らませるように促すことが大切である。

その際，児童の表現の変容を捉えて，例えば，呼びかけとこたえのそれぞれのリズムを徐々に細かくしてつくったので，面白い音楽になったことを教師が具体的に伝えるなど，児童が思いや意図をもって音楽づくりの活動に取り組むことによって，表現が高まったことを価値付け，全体で共有しながら，自分たちの表現に生かすように導くことも，教師の大切な役割となる。

また，児童がつくった音楽を互いに聴き合いながら，それぞれの表現のよさを認め合い，思いや意図を明確にしながらつくっていく経験を積み重ねることも大切なこととなる。

> イ 次の(ア)及び(イ)について，それらが生み出すよさや面白さなどと関わらせて気付くこと。

この事項は，音楽づくり分野における「知識」に関する資質・能力である，**(ア) いろいろな音の響きやそれらの組合せの特徴**及び**(イ) 音やフレーズのつなげ方や重ね方の特徴**について，それらが生み出すよさや面白さなどと関わらせて気付くことができるようにすることをねらいとしている。

それらが生み出すよさや面白さなどと関わらせて気付くこととしているのは，音楽づくりの活動では，「この音の響きや組合せにはこのようなよさがある」，「このつなげ方や重ね方はこのようなところが面白い」といった，実感を伴った気付きを求めているからである。

> (ア) いろいろな音の響きやそれらの組合せの特徴

この事項は，音楽づくり分野における「知識」に関する資質・能力である，**いろいろな音の響きやそれらの組合せの特徴**について，それらが生み出すよさや面

白さなどと関わらせて気付くことができるようにすることをねらいとしている。

いろいろな音の響きとは，低学年で示した声や身の回りの様々な音に加えて，音の素材や楽器そのものがもつ固有の音の響き，木，金属，皮など，それぞれの材質がもつ音の響きなどを指すものである。音の響きには，音の高さ，長さ，音色，重なりなどの特徴がある。**それらの組合せ**とは，いくつかの音の響きを合わせることを意味している。

指導に当たっては，即興的に音を選択したり組み合わせたりする過程において，特徴的な音の響きやそれらの組合せを取り上げるようにし，どのようなよさや面白さがあるのかについて気付くようにすることが大切である。例えば，「ウッドブロックとトライアングルを組み合わせると，音の高さや長さが違って面白い」など，音の響きやそれらの組合せの違いに気付くように促すことなどが考えられる。

(イ) 音やフレーズのつなげ方や重ね方の特徴

この事項は，音楽づくり分野における「知識」に関する資質・能力である，**音やフレーズのつなげ方や重ね方の特徴**について，それらが生み出すよさや面白さなどと関わらせて気付くことができるようにすることをねらいとしている。

音やフレーズとしているのは，音楽をつくる際，一つ一つの音だけではなく，個々の音が組み合わされたフレーズをつなげることも含めているためである。

音やフレーズの**つなげ方**とは，音を組み合わせてつくったリズム・パターンや短い旋律を反復させたり，呼びかけ合うようにしたり，それらを変化させたりすることである。**重ね方**とは，リズム・パターンや短い旋律を同時に重ねたり，時間をずらして重ねたりすることである。

このような音やフレーズのつなげ方や重ね方には，「第3 指導計画の作成と内容の取扱い」2(8)イに示す，反復，呼びかけとこたえ，変化，音楽の縦と横との関係などの「音楽の仕組み」の生かし方によって，それぞれ特徴が見られる。

指導に当たっては，音を音楽へと構成していく過程において，音楽の仕組みを生かした特徴的な音やフレーズのつなげ方や重ね方を取り上げるようにし，どのようなよさや面白さがあるのかについても，全体で共有していくことが大切である。例えば，「短い旋律を，呼びかけ合うようにつないでいくと面白さが生まれる」など，呼びかけとこたえを意識した旋律のつなげ方の特徴に気付くように促すことなどが考えられる。

> ウ 発想を生かした表現や，思いや意図に合った表現をするために必要な次の(ア)及び(イ)の技能を身に付けること。

　この事項は，音楽づくり分野における「技能」に関する資質・能力である，**発想を生かした表現や，思いや意図に合った表現をするために必要な次の(ア)及び(イ)の技能を身に付けること**ができるようにすることをねらいとしている。

　発想を生かした表現や，思いや意図に合った表現をするために必要な技能としているのは，以下に示す(ア)の技能を，発想を生かした表現をするために必要となるものとして，(イ)に示す技能を，思いや意図に合った表現をするために必要となるものとして，位置付けているからである。

　したがって，技能の指導に当たっては，児童が表したい発想や思い，意図をもち，それを実現するために，これらの技能を習得することの必要性を実感できるようにすることが大切である。また，学習の過程において，アの事項との関連を図りながら，どの場面でどのような技能を習得できるようにするのかについて，意図的，計画的に指導を進めることが大切である。

> (ア) 設定した条件に基づいて，即興的に音を選択したり組み合わせたりして表現する技能

　この事項は，音楽づくり分野における「技能」に関する資質・能力である，**設定した条件に基づいて，即興的に音を選択したり組み合わせたりして表現する技能**を身に付けることができるようにすることをねらいとしている。

　設定した条件とは，様々な音を即興的に選択したり組み合わせたりする際の約束事である。例えば，「ソラシの三つの音を使い，一人一人が4拍で即興的に表現し，順番に旋律をつなぐ」といったことである。

　このような約束事は，児童が音楽づくりの発想を得るために，必要不可欠なものである。したがって，指導のねらいに応じて，即興的に表現するよさや面白さを感じ取れるような，児童にとってわかりやすく，適切な条件を設定することが重要となる。また，次はこのような約束で表現してみたいなど，児童の提案によって，授業を展開していくことも考えられる。

　即興的に音を選択したり組み合わせたりして表現する技能とは，あらかじめ決められたとおりに表現するのではなく，設定した条件に基づいて，その場で選択したり組み合わせたりして表現できることである。したがって，ここで身に付ける具体的な技能は，設定した条件によって異なるということに留意する必要があ

る。

　指導に当たっては，条件を設定する際，イ(ア)に示す知識を含めることによって，ア，イ及びウの関連を図った学習にすることが必要である。

　また，即興的に音を選択したり組み合わせたりする活動において，自分や友達が発する音の響きの特徴を注意深く聴くようにすることが大切である。

> (イ)　音楽の仕組みを用いて，音楽をつくる技能

　この事項は，音楽づくり分野における「技能」に関する資質・能力である，**音楽の仕組みを用いて，音楽をつくる技能**を身に付けることができるようにすることをねらいとしている。

　音楽の仕組みとは，「第3　指導計画の作成と内容の取扱い」2(8)イに示す，反復，呼びかけとこたえ，変化，音楽の縦と横との関係などのことである。

　音楽の仕組みを用いて，音楽をつくる技能とは，音楽の仕組みを使って，音を音楽へと構成することができることである。例えば，「反復と変化を使い，短いフレーズを反復させた後，変化させて，また最初の短いフレーズを反復させて音楽をつくっていく」といったことである。

　児童が音を音楽へと構成する際に用いる音楽の仕組みは，教師から指定する場合や，児童が選択する場合などが考えられる。

　指導に当たっては，音楽の仕組みを用いる際，イ(イ)に示す知識を含めることによって，ア，イ及びウの関連を図った学習にすることが必要である。

B 鑑 賞

(1) 鑑賞の活動を通して,次の事項を身に付けることができるよう指導する。

> ア 鑑賞についての知識を得たり生かしたりしながら,曲や演奏のよさなどを見いだし,曲全体を味わって聴くこと。
> イ 曲想及びその変化と,音楽の構造との関わりについて気付くこと。

ここでは,第3学年及び第4学年の鑑賞に関する事項を示しており,以下の,題材を構成する上で必要な配慮事項を踏まえて指導することが求められる。

(指導計画の作成と内容の取扱い)

> 1 指導計画の作成に当たっては,次の事項に配慮するものとする。
> (2) 第2の各学年の内容の「A表現」の(1),(2)及び(3)の指導については,ア,イ及びウの各事項を,「B鑑賞」の(1)の指導については,ア及びイの各事項を適切に関連させて指導すること。
> (3) 第2の各学年の内容の〔共通事項〕は,表現及び鑑賞の学習において共通に必要となる資質・能力であり,「A表現」及び「B鑑賞」の指導と併せて,十分な指導が行われるよう工夫すること。

中学年の鑑賞の活動では,〔共通事項〕に示す資質・能力と併せて,アに示す「思考力,判断力,表現力等」に関する資質・能力,イに示す「知識」に関する資質・能力を育てていくことが指導のねらいとなる。

これらのねらいを実現するためには,ア及びイを適切に関連させて扱うとともに,〔共通事項〕との関連を十分に図った題材を構成することが必要となる。

中学年では,児童が「いろいろな種類の音楽を聴いてみたい」と思えるようにすることを大事にしながら,意欲をもって主体的に取り組むことができる鑑賞の活動を進めることが重要となる。そのような鑑賞の活動の中で,低学年で味わった楽しさを基盤にしながら,音楽から感じ取ったことを,言葉や体の動きで表して伝え合うなどの活動を効果的に取り入れて,曲や演奏のよさなどを見いだしながら,音楽を全体にわたって味わって聴く楽しさを感じ取れるように指導することが大切である。

> ア 鑑賞についての知識を得たり生かしたりしながら，曲や演奏のよさなどを見いだし，曲全体を味わって聴くこと。

　この事項は，鑑賞領域における「思考力，判断力，表現力等」に関する資質・能力である，**曲や演奏のよさなどを見いだし，曲全体を味わって聴く**ことができるようにすることをねらいとしている。

　鑑賞についての知識とは，イに示すものである。

　知識を得たり生かしたりとしているのは，曲や演奏のよさなどを見いだし，曲全体を味わって聴くためには，その過程で新たな知識を習得することと，これまでに習得した知識を活用することの両方が必要となるからである。したがって，知識を習得してからよさなどを見いだすといった，一方向のみの指導にならないようにする必要がある。

　曲や演奏のよさなどを見いだすとは，音楽的な理由を伴って，曲がもつよさや，様々な演奏形態や演奏者などによる演奏のよさなどについて考えをもつことである。また，**曲全体を味わって聴く**とは，曲や演奏のよさなどについて考えをもち，曲全体を聴き深めることである。

　このような学習を実現するためには，イの事項との関連を図ることが重要となる。曲や演奏のよさなどを見いだし，曲全体を味わって聴くためには，曲の雰囲気や表情とその移り変わりを感じ取って聴いたり，音楽全体がどのように形づくられているのかを捉えて聴いたりすることが必要となるからである。

　指導に当たっては，児童が学習の初期に抱いた，例えば，「この曲は面白い」などの曲の印象を起点として，アの事項とイの事項との関連を図った学習を通して，聴き深めていくようにすることが大切である。その際，児童の意識が曲や演奏の部分的なよさなどを見いだすことに留まることなく，音楽の流れを感じながら聴くことができるように留意する。

　このような学習を通して，例えば，「この曲の一番面白いところは，真ん中で，たくさんの楽器が大きな音で激しい感じの旋律を演奏し，それが急に止まって最初に戻るところ」など，曲全体を見通しながら，曲や演奏のよさなどについて考えをもち，曲全体を味わって聴くことができるようになるのである。

> イ 曲想及びその変化と，音楽の構造との関わりについて気付くこと。

　この事項は，鑑賞領域における「知識」に関する資質・能力である，**曲想及びその変化と，音楽の構造との関わり**について気付くことができるようにすること

をねらいとしている。

曲想とは，その音楽に固有の雰囲気や表情，味わいのことである。**曲想及びその変化**とは，曲全体の雰囲気や表情，味わいとその移りゆく変化を指している。この曲想は，音楽の構造によって生み出されるものであり，**音楽の構造**とは，音楽を形づくっている要素の表れ方や，音楽を特徴付けている要素と音楽の仕組みとの関わり合いである。

曲想及びその変化と，音楽の構造との関わりについて気付くとは，例えば，「堂々と行進する感じから，軽やかに踊っている感じに変わったのは，低い音の弦楽器の旋律と，高い音のフルートの旋律が交替で出てきたり，重なったりしているから」といったことに気付くことである。

このように，児童が，曲の雰囲気や表情，味わい及びその変化と，音楽の構造との関わり合いを捉えることが，本事項で求めている気付きである。

中学年の児童は，音楽の特徴を捉え，旋律やリズムの反復及びその変化に興味をもって聴こうとする傾向が見られる。

このような児童の実態を踏まえ，〔共通事項〕との関連を図り，聴き取ったことと感じ取ったこととの関わりについて考えながら，曲想及びその変化と音楽の構造との関わりについて，児童が自ら気付くように指導を工夫することが重要である。

指導に当たっては，児童が感じ取った曲想及びその変化を基にしながら，曲想を生み出している音楽の構造に目を向けるようにすることが人切である。

その際，手で拍を取りながら聴いたり，感じ取ったことや気付いたことを伝え合ったり，音楽の構造を可視化したり，特徴的な部分を聴いて確かめたりするなど，効果的な手立てを工夫することが大切である。

〔共通事項〕

(1) 「A表現」及び「B鑑賞」の指導を通して，次の事項を身に付けることができるよう指導する。

　〔共通事項〕は，表現及び鑑賞の学習において共通に必要となる資質・能力を示したものである。「A表現」及び「B鑑賞」の指導の過程において，各事項と併せて十分な指導が行われるよう工夫することが必要である。

> ア　音楽を形づくっている要素を聴き取り，それらの働きが生み出すよさや面白さ，美しさを感じ取りながら，聴き取ったことと感じ取ったこととの関わりについて考えること。

　この事項は，音楽科における「思考力，判断力，表現力等」に関する資質・能力である，**音楽を形づくっている要素を聴き取り，それらの働きが生み出すよさや面白さ，美しさを感じ取りながら，聴き取ったことと感じ取ったこととの関わりについて考えること**ができるようにすることをねらいとしている。
　音楽を形づくっている要素とは，「第3　指導計画の作成と内容の取扱い」2(8)に示す「ア　音楽を特徴付けている要素」及び「イ　音楽の仕組み」である。児童の発達の段階や指導のねらいに応じて，適切に選択したり関連付けたりして指導することが求められる。
　聴き取ったことと感じ取ったこととの関わりについて考えるとは，感じ取ったことの理由を，音楽を形づくっている要素の働きに求めたり，音楽を形づくっている要素の働きがどのようなよさや面白さ，美しさを生み出しているかについて考えたりすることである。
　例えば，「速度」であれば，速くなったのか，それとも遅くなったのかを聴き分けたり，「これは速度が速い」，「これは速度が遅い」と意識したりするなど，速度の特徴を客観的に聴き取るだけでなく，「だんだん忙しい感じになってきたのに，急にのんびりとした感じに変わったのは，速度がだんだん速くなった後に，急に速度が遅くなったから」と捉えるなど，速度の変化とその働きが生み出すよさや面白さ，美しさとの関係を考えることである。
　指導に当たっては，児童が音や音楽と出会い，曲想と音楽の構造との関わりについて気付いたり，思いや意図をもって表現したり，曲や演奏のよさなどを見いだし，曲全体を味わって聴いたりするなどの学習において，聴き取ったことと感じ取ったこととの関わりについて考えることを適切に位置付けることが大切である。

> イ　音楽を形づくっている要素及びそれらに関わる音符，休符，記号や用語について，音楽における働きと関わらせて理解すること。

　この事項は，音楽科における「知識」に関する資質・能力である，**音楽を形づくっている要素及びそれらに関わる音符，休符，記号や用語について，音楽における働きと関わらせて理解**できるようにすることをねらいとしている。

　音楽を形づくっている要素及びそれらに関わる音符，休符，記号や用語は，「第3　指導計画の作成と内容の取扱い」2(8)ア及びイ，並びに(9)に示したものである。

　指導に当たっては，単にその名称や意味を知るだけでなく，表現及び鑑賞の様々な学習活動の中で，音楽における働きと関わらせて，その意味や効果を理解させることが必要である。

　また，児童の発達の段階や学習状況に配慮しながら，見通しをもって，意図的，計画的に取り上げるようにすることが大切である。

3　内容の取扱い

(1) 歌唱教材は次に示すものを取り扱う。

この項目は，歌唱教材を選択する場合の観点及び共通教材について示したものである。

ア　主となる歌唱教材については，各学年ともイの共通教材を含めて，斉唱及び簡単な合唱で歌う曲

イ　共通教材

〔第3学年〕

　「うさぎ」　　　（日本古謡）

　「茶つみ」　　　（文部省唱歌）

　「春の小川」　　（文部省唱歌）　高野辰之作詞　岡野貞一作曲

　「ふじ山」　　　（文部省唱歌）　巌谷小波作詞

〔第4学年〕

　「さくらさくら」（日本古謡）

　「とんび」　　　葛原しげる作詞　梁田貞作曲

　「まきばの朝」　（文部省唱歌）　船橋栄吉作曲

　「もみじ」　　　（文部省唱歌）　高野辰之作詞　岡野貞一作曲

　中学年で取り上げる主な歌唱教材は，イの共通教材を含めて，斉唱や平易な合唱で歌う曲が対象となる。共通教材については，4曲全てを扱うこととしている。

　歌唱教材の選択に当たっては，曲の内容や音域が，中学年の児童に適したものであり，児童の実態に応じ，無理なく楽しく表現できるものであることが大切である。その際，児童が親しみやすい内容の歌詞やリズム，旋律をもつ教材を選ぶなど，児童の興味・関心に十分配慮するとともに，低学年から経験している斉唱曲や輪唱曲に加えて，二つの旋律を重ね合わせて楽しむ曲，響きの豊かさを感じ取ることのできる簡単な合唱曲などを取り上げることが大切である。

(2) 主となる器楽教材については，既習の歌唱教材を含め，簡単な重奏や合奏などの曲を取り扱う。

　この項目は，器楽教材を選択する場合の観点について示したものである。

　中学年で取り上げる主な器楽教材は，歌唱で学習した教材を含め，器楽のためにつくられた重奏や合奏などの曲が対象となる。

器楽教材の選択に当たっては，音楽の構造や楽器の組合せなどが児童の実態に即したものであり，和音の響きを聴き取りやすく，楽しく表現できる曲であることが大切である。

　その際，和音の取扱いについては，Ⅰ，Ⅳ，Ⅴなどを中心とし，特に低音の充実を考慮すること，また，副次的な旋律については，児童が無理なく演奏できるものであることが求められる。

　なお，和楽器を用いた器楽教材では，斉奏の曲を扱うことも考えられる。

(3) 鑑賞教材は次に示すものを取り扱う。

　この項目は，鑑賞の学習で取り上げる教材を選択する場合の観点について示したものである。

> ア　和楽器の音楽を含めた我が国の音楽，郷土の音楽，諸外国に伝わる民謡など生活との関わりを捉えやすい音楽，劇の音楽，人々に長く親しまれている音楽など，いろいろな種類の曲
> イ　音楽を形づくっている要素の働きを感じ取りやすく，聴く楽しさを得やすい曲
> ウ　楽器や人の声による演奏表現の違いを聴き取りやすい，独奏，重奏，独唱，重唱を含めたいろいろな演奏形態による曲

　アの事項は，児童がいろいろな種類の音楽に親しむようにし，児童の発達の段階に応じて適切な教材を選択するための観点である。具体的には，箏（※）や和太鼓の音楽など和楽器の音楽を含めた我が国の音楽，わらべうたや民謡，祭り囃子など生活している地域などで親しまれている郷土の音楽，諸外国で親しまれ伝えられている民謡など，児童にとって興味・関心をもちやすく，人々の生活との関わりを捉えやすい音楽，児童にとって親しみやすいオペラやミュージカルの一場面などの劇の音楽，人々に長く親しまれている音楽などを教材として選択することが大切である。

　イの事項は，音楽を形づくっている要素の働きが生み出す音楽のよさや美しさを感じ取り，聴く楽しさを味わうことができる教材を選択するための観点である。具体的には，反復と変化の働きが生み出すよさや美しさを感じ取りやすい三部形式の曲など，聴く楽しさを得やすい曲を教材として選択することが大切である。

　ウの事項は，児童がいろいろな演奏形態に親しみ，楽器や人の声の特徴及び演奏の魅力を捉えることができる教材を選択するための観点である。具体的には，

管楽器,弦楽器,打楽器などによる独奏曲や重奏曲,いろいろな声域や歌い方による独唱曲や重唱曲など,演奏への興味をもたせることのできる曲を教材として選択することが大切である。

　鑑賞教材の選択に当たっては,音楽の聴き方や感じ方を広げられるように,児童にとって親しみやすく音楽のよさや面白さ,美しさを感じ取ることのできる曲を選択する必要がある。ア,イ及びウの観点が相互に関わり合っていることに十分配慮し,指導のねらいに即したイの観点を含み,アやウの観点との関わりをもたせやすい曲を選択することが求められる。また,視聴覚教材を活用して,演奏の仕方への興味・関心を深め,演奏のよさや楽しさを感じ取ることができるように配慮することが必要である。

※　「箏」の振り仮名を「そう（こと）」と表記しているのは,「箏」は楽器名として一般に「こと」と呼ばれることも多いため,音楽科の授業においては,「そう」又は「こと」の両方の読み方が可能であることを示している。（以下同じ）

第3節　第5学年及び第6学年の目標と内容

1　目標

> (1) 曲想と音楽の構造などとの関わりについて理解するとともに，表したい音楽表現をするために必要な歌唱，器楽，音楽づくりの技能を身に付けるようにする。
> (2) 音楽表現を考えて表現に対する思いや意図をもつことや，曲や演奏のよさなどを見いだしながら音楽を味わって聴くことができるようにする。
> (3) 主体的に音楽に関わり，協働して音楽活動をする楽しさを味わいながら，様々な音楽に親しむとともに，音楽経験を生かして生活を明るく潤いのあるものにしようとする態度を養う。

　従前は，「(1) 音楽活動に対する興味・関心，意欲を高め，音楽を生活に生かそうとする態度，習慣を育てること」，「(2) 基礎的な表現の能力を育てること」，「(3) 基礎的な鑑賞の能力を育てること」という視点から目標を構成していた。
　今回の改訂では，(1)「知識及び技能」の習得に関する目標，(2)「思考力，判断力，表現力等」の育成に関する目標，(3)「学びに向かう力，人間性等」の涵養に関する目標を，高学年の発達の段階を考慮して示している。
　このような示し方は，情意面と表現及び鑑賞の2領域で整理した従前の示し方とは異なり，資質・能力の三つの柱で整理し，再構成したものである。
　このことは，音楽科で育成を目指す資質・能力の構造が，従前の「意欲，態度，習慣」，「基礎的な表現の能力」，「基礎的な鑑賞の能力」から，「知識及び技能」，「思考力，判断力，表現力等」，「学びに向かう力，人間性等」という整理に変わったことを意味している。
　なお，今回の改訂では，教科の目標及び学年の目標を，育成を目指す資質・能力の三つの柱で整理し，同じ構造で示している。このため，目標に関する趣旨，学年の相違などについては，第2章第1節「1　教科の目標」及び「2　学年の目標」において解説している。
　これらの目標を実現するためには，次の「2　内容」に示している資質・能力を，適切に関連付けながら育成することが重要である。

2 内 容

A 表 現

(1) 歌唱の活動を通して,次の事項を身に付けることができるよう指導する。

> ア 歌唱表現についての知識や技能を得たり生かしたりしながら,曲の特徴にふさわしい表現を工夫し,どのように歌うかについて思いや意図をもつこと。
> イ 曲想と音楽の構造や歌詞の内容との関わりについて理解すること。
> ウ 思いや意図に合った表現をするために必要な次の(ｱ)から(ｳ)までの技能を身に付けること。
> 　(ｱ) 範唱を聴いたり,ハ長調及びイ短調の楽譜を見たりして歌う技能
> 　(ｲ) 呼吸及び発音の仕方に気を付けて,自然で無理のない,響きのある歌い方で歌う技能
> 　(ｳ) 各声部の歌声や全体の響き,伴奏を聴いて,声を合わせて歌う技能

ここでは,第5学年及び第6学年の歌唱に関する事項を示しており,以下の,題材を構成する上で必要な配慮事項を踏まえて指導することが求められる。

（指導計画の作成と内容の取扱い）

> 1 指導計画の作成に当たっては,次の事項に配慮するものとする。
> 　(2) 第2の各学年の内容の「A表現」の(1),(2)及び(3)の指導については,ア,イ及びウの各事項を,「B鑑賞」の(1)の指導については,ア及びイの各事項を適切に関連させて指導すること。
> 　(3) 第2の各学年の内容の〔共通事項〕は,表現及び鑑賞の学習において共通に必要となる資質・能力であり,「A表現」及び「B鑑賞」の指導と併せて,十分な指導が行われるよう工夫すること。

高学年の歌唱の活動では,〔共通事項〕に示す資質・能力と併せて,アに示す「思考力,判断力,表現力等」に関する資質・能力,イに示す「知識」に関する資質・能力,ウに示す「技能」に関する資質・能力を育てていくことが指導のねらいとなる。

これらのねらいを実現するためには，ア，イ及びウを適切に関連させて扱うとともに，〔共通事項〕との関連を十分に図った題材を構成することが必要となる。
　高学年では，児童が「歌うことが好き」，「いろいろな曲に挑戦したい」と思えるようにすることを大事にしながら，意欲をもって主体的に取り組むことができる歌唱の活動を進めることが重要となる。そのような歌唱の活動の中で，低学年及び中学年において身に付けてきた資質・能力を伸ばし，歌う喜びを味わい，歌うことを通して音楽の豊かさやすばらしさに触れるとともに，曲の特徴にふさわしい表現を工夫したり，思いや意図に合った表現で歌ったりする喜びを味わうことができるように指導することが大切である。

> ア　歌唱表現についての知識や技能を得たり生かしたりしながら，曲の特徴にふさわしい表現を工夫し，どのように歌うかについて思いや意図をもつこと。

　この事項は，歌唱分野における「思考力，判断力，表現力等」に関する資質・能力である，**曲の特徴にふさわしい表現を工夫し，どのように歌うかについて思いや意図をもつこと**ができるようにすることをねらいとしている。
　歌唱表現についての知識や技能とは，イ及びウに示すものである。
　知識や技能を得たり生かしたりとしているのは，曲の特徴にふさわしい表現を工夫し，どのように歌うかについて思いや意図をもつためには，その過程で新たな知識や技能を習得することと，これまでに習得した知識や技能を活用することの両方が必要となるからである。したがって，知識や技能を習得してから表現を工夫するといった，一方向のみの指導にならないように留意する必要がある。
　曲の特徴にふさわしい表現を工夫しとは，歌唱表現を工夫する根拠を曲の特徴に求めて表現をつくりだすことである。また，**どのように歌うかについて思いや意図をもつ**とは，曲の特徴にふさわしい表現を工夫する過程において，このように歌いたいという考えをもつことである。例えば，「盛り上がるところは響きのある歌声で歌いたい。そのためには，3段目の最後のフレーズをだんだん強くして4段目の曲の山につなげよう」といったことである。
　高学年の児童は，曲の特徴を理解して聴こうとしたり，自分の思いや意図が聴き手に伝わるような表現をしたりしようとする意欲が高まってくる傾向が見られる。
　このような児童の実態を踏まえ，思いや意図を言葉や音楽で伝え合うことと，実際に歌ってみることとを繰り返しながら，曲の特徴にふさわしい表現を工夫するように促すことが重要である。
　指導に当たっては，曲の特徴についての理解を深めたり，必要な技能を身に付

けたりしながら，スタッカートやスラーなどの表現方法や，声の音色，強弱，速度などの違いによる表現方法などを様々に試すなどして，歌唱表現を工夫する楽しさを味わい，思いや意図を膨らませるようにすることが大切である。

その際，児童の表現の変容を捉えて，例えば，歌詞に込められた意味を考えながら音の強さを少しずつ強くしていくことで，気持ちの盛り上がりがよく伝わったことを教師が具体的に伝えるなど，児童が思いや意図をもって歌唱の活動に取り組むことによって，歌唱表現が豊かになったことを価値付け，全体で共有していくことも，教師の大切な役割である。

また，児童が工夫した表現を互いに聴き合いながら，それぞれの表現のよさを認め合う体験を積み重ねることも大切である。

> イ　曲想と音楽の構造や歌詞の内容との関わりについて理解すること。

この事項は，歌唱分野における「知識」に関する資質・能力である，**曲想と音楽の構造や歌詞の内容との関わり**について理解できるようにすることをねらいとしている。

曲想とは，その音楽に固有の雰囲気や表情，味わいのことである。この曲想は，音楽の構造によって生み出されるものであり，**音楽の構造**とは，音楽を形づくっている要素の表れ方や，音楽を特徴付けている要素と音楽の仕組みとの関わり合いである。歌唱曲では，歌詞の内容も曲想を生み出す重要な要素となる。

曲想と音楽の構造や歌詞の内容との関わりについて理解するとは，例えば，「おだやかで懐かしい感じになっているのは，同じリズムが繰り返されて滑らかな音の動きになっているから。また，歌詞にふるさとのことを思ったり懐かしんだりする気持ちが込められているから」といったことを理解することである。

高学年の児童は，曲の表情や雰囲気を，様々な音楽を形づくっている要素や歌詞の内容と関わらせて捉えようとする傾向が見られる。

このような児童の実態を踏まえ，〔共通事項〕との関連を図り，聴き取ったことと感じ取ったこととの関わりについて考えながら，曲想と音楽の構造や，曲想と歌詞の内容との関わりについて，児童が自ら理解するように指導を工夫することが重要である。

指導に当たっては，児童が感じ取った曲想を基にしながら，リズムや旋律，声部の重なり方などの特徴や，歌詞の内容に目を向けるようにすることが大切である。

その際，楽譜を見て，リズムや旋律，声部の重なり方，曲全体の構成などの特徴を確認したり，歌詞を音読して歌詞の内容を把握させたりするなど，効果的な

手立てを工夫することが大切である。

　また，本事項の学習は，作詞者や作曲者の思いや意図をくみ取ることにもつながるものである。

> ウ　思いや意図に合った表現をするために必要な次の(ｱ)から(ｳ)までの技能を身に付けること。

　この事項は，歌唱分野における「技能」に関する資質・能力である，**思いや意図に合った表現をするために必要な次の(ｱ)から(ｳ)までの技能を身に付けること**ができるようにすることをねらいとしている。

　思いや意図に合った表現をするために必要な技能としているのは，以下に示す(ｱ)から(ｳ)までの技能を，いずれも思いや意図に合った音楽表現をするために必要となるものとして位置付けているからである。

　したがって，技能の指導に当たっては，児童が表したい思いや意図をもち，それを実現するために，これらの技能を習得することの必要性を実感できるようにすることが大切である。また，学習の過程において，アの事項との関連を図りながら，どの場面でどのような技能を習得できるようにするのかについて，意図的，計画的に指導を進めることが大切である。

> (ｱ)　範唱を聴いたり，ハ長調及びイ短調の楽譜を見たりして歌う技能

　この事項は，歌唱分野における「技能」に関する資質・能力である，思いや意図に合った表現をするために必要な**範唱を聴いたり，ハ長調及びイ短調の楽譜を見たりして歌う技能**を身に付けることができるようにすることをねらいとしている。

　高学年の児童は，範唱を聴いてリズムや旋律を歌うだけではなく，その曲のよさや演奏の優れているところを見いだす力が身に付いてくる傾向が見られる。また，ハ長調の視唱にも慣れてきている時期でもある。

　このような児童の実態を踏まえ，リズムや旋律に気を付けて聴くだけではなく，音楽を形づくっている要素や表現の仕方などについて，課題意識をもって聴くようにし，豊かな表現を目指した聴唱へと導くことが重要である。また，視唱については，ハ長調の視唱に加え，イ短調の視唱にも慣れ親しむようにし，階名唱などを通して，視唱の技能を伸ばしていくことが重要である。

　指導に当たっては，音楽のよさや美しさを体験し，表現を豊かにすることを目指すという意識をもって聴唱できるようにすることが大切である。また，イ短調

の視唱は、ハ長調と調号が同じであるが、旋律の感じが異なることから、ハ長調の旋律と比較するなどして、イ短調の視唱の技能を育てることが必要である。また、楽譜と音との関連を意識した指導の一層の充実を図り、音楽を形づくっている要素及び音符、休符、記号や用語の指導も併せて行い、音楽の流れを感じながら読譜できるようにすることが求められる。

なお、範唱は、教師や児童による演奏をはじめ、音源や映像等の視聴覚教材の利用、専門家による演奏などが考えられる。

> (イ) 呼吸及び発音の仕方に気を付けて、自然で無理のない、響きのある歌い方で歌う技能

この事項は、歌唱分野における「技能」に関する資質・能力である、思いや意図に合った表現をするために必要な**呼吸及び発音の仕方に気を付けて、自然で無理のない、響きのある歌い方で歌う技能**を身に付けることができるようにすることをねらいとしている。

高学年の児童は、歌詞の内容や曲想にふさわしい表現への意欲が高まるとともに、表現にふさわしい呼吸や発音の仕方を工夫して、響きのある声で歌おうとする意欲も高まってくる傾向が見られる。

このような児童の実態を踏まえ、母音、子音、濁音、鼻濁音などの日本語のよさを生かした発音や語感に気を付け、腹式呼吸などを意識した歌い方を身に付けるようにすることが重要である。

自然で無理のない、響きのある歌い方で歌うとは、児童一人一人の声の特徴を生かしつつも、力んで声帯を締め付けることなく、音楽的には曲想に合った自然な歌い方で、歌声を響かせて歌うことである。

指導に当たっては、児童が歌い方を試す過程を大切にしながら、自分の歌声の持ち味を生かすとともに、曲想に合った歌い方を主体的に探っていけるようにすることが求められる。例えば、合唱の響きをより豊かにするために呼吸や声の響きに留意した歌い方を試したり、民謡を歌う際には、範唱の歌い方に近づけるように歌い方を試したりするなど、声の使い方や言葉の発音を意識しながら歌うように働きかけることが考えられる。

> (ウ) 各声部の歌声や全体の響き、伴奏を聴いて、声を合わせて歌う技能

この事項は、歌唱分野における「技能」に関する資質・能力である、思いや意図に合った表現をするために必要な**各声部の歌声や全体の響き、伴奏を聴いて、**

声を合わせて歌う技能を身に付けることができるようにすることをねらいとしている。

斉唱や合唱などにおいては，自分の歌声を全体の中で調和させて歌うことが求められる。**各声部**とは，主旋律や副次的な旋律などを表している。各声部の役割は，一つの曲の中でも変化することがある。それらの役割を理解し，強弱などを工夫することで，全体として調和のとれた表現になる。したがって，各声部の歌声や全体の響き，伴奏を聴きながら歌うことが重要となる。

高学年の児童は，これまでに身に付けてきた歌い方を生かして，友達と協力して合唱などの歌声を重ねた活動に積極的に取り組む傾向が見られる。また，自らの歌声のよさを客観的に判断することができるようになってくる。

このような児童の実態を踏まえて，歌声が重なって生み出される様々な響きを聴き取ったり，和音の美しい響きを味わったりして，豊かな歌唱表現になるように指導を工夫することが重要である。

指導に当たっては，児童が表現のよさを判断できるように，互いの歌声をじっくりと聴くようにすることが大切である。また，重唱や合唱では，自分が担当している声部だけでなく，他の声部との関わりを意識して歌うことで，歌声を合わせる喜びを味わうようにすることも大切となる。

(2) 器楽の活動を通して，次の事項を身に付けることができるよう指導する。

> ア 器楽表現についての知識や技能を得たり生かしたりしながら，曲の特徴にふさわしい表現を工夫し，どのように演奏するかについて思いや意図をもつこと。
> イ 次の(ア)及び(イ)について理解すること。
> 　(ア) 曲想と音楽の構造との関わり
> 　(イ) 多様な楽器の音色や響きと演奏の仕方との関わり
> ウ 思いや意図に合った表現をするために必要な次の(ア)から(ウ)までの技能を身に付けること。
> 　(ア) 範奏を聴いたり，ハ長調及びイ短調の楽譜を見たりして演奏する技能
> 　(イ) 音色や響きに気を付けて，旋律楽器及び打楽器を演奏する技能
> 　(ウ) 各声部の楽器の音や全体の響き，伴奏を聴いて，音を合わせて演奏する技能

　ここでは，第5学年及び第6学年の器楽に関する事項を示しており，以下の，題材を構成する上で必要な配慮事項を踏まえて指導することが求められる。

（指導計画の作成と内容の取扱い）

> 1 指導計画の作成に当たっては，次の事項に配慮するものとする。
> (2) 第2の各学年の内容の「A表現」の(1)，(2)及び(3)の指導については，ア，イ及びウの各事項を，「B鑑賞」の(1)の指導については，ア及びイの各事項を適切に関連させて指導すること。
> (3) 第2の各学年の内容の〔共通事項〕は，表現及び鑑賞の学習において共通に必要となる資質・能力であり，「A表現」及び「B鑑賞」の指導と併せて，十分な指導が行われるよう工夫すること。

　高学年の器楽の活動では，〔共通事項〕に示す資質・能力と併せて，アに示す「思考力，判断力，表現力等」に関する資質・能力，イに示す「知識」に関する資質・能力，ウに示す「技能」に関する資質・能力を育てていくことが指導のねらいとなる。
　これらのねらいを実現するためには，ア，イ及びウを適切に関連させて扱うとともに，〔共通事項〕との関連を十分に図った題材を構成することが必要となる。

高学年では，児童が「いろいろな楽器や曲を演奏することに挑戦したい」と思えるようにすることを大事にしながら，意欲をもって主体的に取り組むことができる器楽の活動を進めることが重要となる。そのような器楽の活動の中で，低学年及び中学年において身に付けてきた資質・能力を更に伸ばし，既習の楽器を含めて電子楽器，和楽器，諸外国に伝わる楽器などの演奏に取り組み，曲の特徴にふさわしい表現を工夫したり，思いや意図に合った表現で演奏したりする喜びを味わうことができるように指導することが大切である。

> ア　器楽表現についての知識や技能を得たり生かしたりしながら，曲の特徴にふさわしい表現を工夫し，どのように演奏するかについて思いや意図をもつこと。

　この事項は，器楽分野における「思考力，判断力，表現力等」に関する資質・能力である，**曲の特徴にふさわしい表現を工夫し，どのように演奏するかについて思いや意図をもつこと**ができるようにすることをねらいとしている。
　器楽表現についての知識や技能は，イ及びウに示すものである。
　知識や技能を得たり生かしたりとしているのは，曲の特徴にふさわしい表現を工夫し，どのように演奏するかについて思いや意図をもつためには，その過程で新たな知識や技能を習得することと，これまでに習得した知識や技能を活用することの両方が必要となるからである。したがって，知識や技能を習得してから表現を工夫するといった，一方向のみの指導にならないように留意する必要がある。
　曲の特徴にふさわしい表現を工夫しとは，器楽表現を工夫する根拠を曲の特徴に求めて表現をつくりだすことである。また，**どのように演奏するかについて思いや意図をもつ**とは，曲の特徴にふさわしい表現を工夫する過程において，このように演奏したいという考えをもつことである。例えば，「主旋律と副次的な旋律が呼びかけ合ったり重なったりする面白さを伝えるために，主旋律が引き立つ強さで，副次的な旋律を演奏しよう」といったことである。
　高学年の児童は，曲の特徴を意識して聴こうとしたり，自分の思いや意図が聴き手に伝わるような表現をしたりしようとする意欲が高まってくる傾向が見られる。
　このような児童の実態を踏まえ，思いや意図を言葉や音楽で伝え合うことと，実際に演奏してみることとを繰り返しながら，曲の特徴にふさわしい表現を工夫するように促すことが重要である。
　指導に当たっては，曲の特徴について理解を深めたり，必要な技能を身に付けたりしながら，それぞれの楽器の特性を生かした楽器の組合せを工夫したり，表

現効果を高めるための表現方法を様々に試したりするなどして，器楽表現を工夫する楽しさを味わい，思いや意図を膨らませるようにすることが大切である。

その際，児童の表現の変容を捉えて，例えば，主旋律と副次的な旋律との関わりを考えて楽器の組合せを工夫することで，二つの旋律が呼びかけ合っていたり，重なっていたりする面白さがよく表れるようになったことを教師が具体的に伝えるなど，児童が思いや意図をもって器楽の活動に取り組むことによって，器楽表現が豊かになったことを教師が価値付け，全体で共有していくことも，教師の大切な役割である。

また，児童が工夫した表現を互いに聴き合いながら，それぞれの表現のよさを認め合う体験を積み重ねることも大切なことである。

> イ 次の(ア)及び(イ)について理解すること。
> 　(ア) 曲想と音楽の構造との関わり

この事項は，器楽分野における「知識」に関する資質・能力である，**曲想と音楽の構造との関わり**について理解できるようにすることをねらいとしている。

曲想とは，その音楽に固有の雰囲気や表情，味わいのことである。この曲想は，音楽の構造によって生み出されるものであり，**音楽の構造**とは，音楽を形づくっている要素の表れ方や，音楽を特徴付けている要素と音楽の仕組みとの関わり合いである。

曲想と音楽の構造との関わりについて理解するとは，例えば，「落ち着いた感じから明るい感じに変わったのは，低い音域で旋律が繰り返されている前半に比べて，後半は旋律の音域が高くなり，音の重なり方が少しずつ変化しているから」といったことを理解することである。

高学年の児童は，曲の雰囲気や表情を様々な音楽を形づくっている要素と関わらせて捉えようとする傾向が見られる。

このような児童の実態を踏まえ，〔共通事項〕との関連を図り，聴き取ったことと感じ取ったこととの関わりについて考えながら，曲想と音楽の構造との関わりについて，児童が自ら理解するように指導を工夫することが重要である。

指導に当たっては，児童が感じ取った曲想を基にしながら，リズムや旋律，各声部の楽器の重なり方，曲全体の構成などの特徴に目を向けるようにすることが大切である。

その際，楽譜を見て，リズムや旋律，各声部の役割，曲全体の構成などの特徴を確認したり，主旋律と副次的な旋律が重なるときと重ならないときとの響きの違いを演奏して比較したりするなど，効果的な手立てを工夫することが大切であ

る。

　また，本事項の学習は，作曲者や編曲者の思いや意図をくみ取ることにもつながるものである。

> (イ) 多様な楽器の音色や響きと演奏の仕方との関わり

　この事項は，器楽分野における「知識」に関する資質・能力である，**多様な楽器の音色や響きと演奏の仕方との関わり**を理解できるようにすることをねらいとしている。

　高学年で取り上げる旋律楽器や打楽器については，「第3　指導計画の作成と内容の取扱い」2(5)において，「エ　第5学年及び第6学年で取り上げる旋律楽器は，既習の楽器を含めて，電子楽器，和楽器，諸外国に伝わる楽器などの中から児童や学校の実態を考慮して選択すること。」，「ア　各学年で取り上げる打楽器は，木琴，鉄琴，和楽器，諸外国に伝わる様々な楽器を含めて，演奏の効果，児童や学校の実態を考慮して選択すること。」と示している。

　それぞれの楽器には固有の音色があるが，演奏の仕方や楽器の組合せなどを工夫することにより，その音色や響きは変化する。本事項は，このことを理解することを求めている。

　高学年の児童は，多様な楽器の音色や演奏の仕方についての興味・関心が高まる傾向が見られる。

　このような児童の実態を踏まえ，発音原理や音域の違いなどによる音色や響きのよさや面白さを味わうとともに，演奏の仕方を工夫することによって楽器の音色や響きが変わることを，演奏を通して理解できるようにすることが重要である。例えば，様々な演奏の仕方を実際に試して録音や録画で確認するなどの過程において，「木琴や鉄琴は，打つ強さを変えたり，音盤の打つ場所を変えたり，マレットの材質や硬さを変えたりすると，音色や響きが変化する」などの理解を促すことが考えられる。

> ウ　思いや意図に合った表現をするために必要な次の(ア)から(ウ)までの技能を身に付けること。

　この事項は，器楽分野における「技能」に関する資質・能力である，**思いや意図に合った表現をするために必要な次の(ア)から(ウ)までの技能を身に付ける**ことができるようにすることをねらいとしている。

　思いや意図に合った表現をするために必要な技能としているのは，以下に示す

(ｱ)から(ｳ)までの技能を，いずれも思いや意図に合った音楽表現をするために必要となるものとして位置付けているからである。

したがって，技能の指導に当たっては，児童が表したい思いや意図をもち，それを実現するために，これらの技能を習得することの必要性を実感できるようにすることが大切である。また，学習の過程において，アの事項との関連を図りながら，どの場面でどのような技能を習得できるようにするのかについて，意図的，計画的に指導を進めることが大切である。

> (ｱ) 範奏を聴いたり，ハ長調及びイ短調の楽譜を見たりして演奏する技能

この事項は，器楽分野における「技能」に関する資質・能力である，思いや意図に合った表現をするために必要な**範奏を聴いたり，ハ長調及びイ短調の楽譜を見たりして演奏する技能**を身に付けることができるようにすることをねらいとしている。

高学年の児童は，範奏を聴いて曲や演奏のよさや美しさを判断する力が身に付いてくる傾向が見られる。また，中学年でのハ長調の視奏に慣れ親しんだ経験を生かして，楽譜を見て演奏することへの関心が高まる傾向が見られる。

このような児童の実態を踏まえ，音楽を形づくっている要素を注意深く聴きながら，課題意識をもって演奏の仕方を工夫し，豊かな表現を目指した聴奏へと導くことが大切である。また，ハ長調の視奏に加え，イ短調の視奏にも慣れ親しみ，視奏の技能を更に伸ばしていくことが重要である。

指導に当たっては，音楽のよさや美しさを感じ取るという意識をもって聴奏したり，ハ長調及びイ短調の音階や調の違いを捉えて視奏したりできるようにすることが大切である。その際，楽譜と音との関連を意識した指導の一層の充実を図り，音楽を形づくっている要素及び音符，休符，記号や用語の指導も併せて行い，音楽の流れを感じながら読譜できるようにすることが求められる。

なお，範奏は，教師や児童による演奏をはじめ，音源や映像等の視聴覚教材の利用，専門家による演奏などが考えられる。

> (ｲ) 音色や響きに気を付けて，旋律楽器及び打楽器を演奏する技能

この事項は，器楽分野における「技能」に関する資質・能力である，思いや意図に合った表現をするために必要な**音色や響きに気を付けて，旋律楽器及び打楽器を演奏する技能**を身に付けることができるようにすることをねらいとしている。

旋律楽器及び打楽器については，中学年までに経験した楽器を含めて，児童の興味・関心，これまでの学習経験や技能，演奏効果，学校の実態を考慮して適切なものを取り扱うようにすることが大切である。その際，我が国の音楽や郷土の音楽，諸外国の音楽に対する関心を一層高めるよう配慮することが必要である。

　高学年の児童は，多様な音楽に対する関心や楽器の演奏への意欲が高まってくる傾向が見られる。

　このような児童の実態を踏まえ，イ(イ)に示す「多様な楽器の音色や響きと演奏の仕方との関わりについて理解すること」との関連を図りながら，様々な楽器のもつ固有の音色やその響きの特性を生かした楽器の演奏の仕方を身に付けるようにすることが重要である。

　指導に当たっては，低学年及び中学年から継続して取り扱う楽器について，児童や学校の実態などを十分に考慮し，それぞれの楽器がもつ固有の音色や響きの特徴に応じた演奏の仕方が身に付くように留意する必要がある。例えば，木琴や鉄琴の演奏では，表したい思いや意図に合った音色になるようマレットで打つ強さに気を付けたり，リコーダーの演奏では，音域や表現方法にふさわしい息の吹き込み方やタンギングの仕方に気を付けたりするなど，音色や響きに応じた演奏の仕方を身に付けるようにすることが考えられる。

　また，中学年までに身に付けた演奏の技能を生かすことができるよう，児童の実態を踏まえて，易しいリズムや旋律の演奏から徐々に難易度を上げるなど，継続的に取り組むようにすることが求められる。

　その際，教師や友達の演奏を聴いたり見たりすることで，楽器の適切な演奏の仕方が身に付くようにすることも大切である。

> (ウ) 各声部の楽器の音や全体の響き，伴奏を聴いて，音を合わせて演奏する技能

　この事項は，器楽分野における「技能」に関する資質・能力である，思いや意図に合った表現をするために必要な**各声部の楽器の音や全体の響き，伴奏を聴いて，音を合わせて演奏する技能**を身に付けることができるようにすることをねらいとしている。

　重奏や合奏などにおいては，自分の演奏を全体の中で調和させて演奏することが求められる。**各声部**とは，主旋律や副次的な旋律などを表している。各声部の役割は，一つの曲の中でも変化することがある。それらの役割を理解し，強弱などを工夫して表現することで，全体として調和のとれた演奏になる。したがって，**各声部の楽器の音や全体の響き，伴奏を聴いて演奏することが重要となる。**

高学年の児童は，自らの演奏のよさを客観的に判断することができるようになる傾向が見られる。

　このような児童の実態を踏まえ，リズム，主旋律や副次的な旋律，和音が生み出す全体の響きを聴き取ったり，旋律の動きや各声部の役割などを理解したりして演奏できるようにすることが重要である。また，重奏や合奏による器楽の表現の楽しさを味わい，音を合わせて演奏できるようにすることも重要である。

　指導に当たっては，児童が表現のよさを判断できるように，互いの演奏をじっくりと聴くようにすることが大切である。また，重奏や合奏では，自分が担当している声部やそれぞれの楽器の役割を意識し，音を合わせる喜びを味わうようにすることも大切となる。その際，曲全体を繰り返して演奏するだけでなく，一部分を取り上げて曲全体における各声部の役割を確認するなど，様々な活動を工夫することが考えられる。

(3) 音楽づくりの活動を通して，次の事項を身に付けることができるよう指導する。

> ア　音楽づくりについての知識や技能を得たり生かしたりしながら，次の(ｱ)及び(ｲ)をできるようにすること。
>   (ｱ) 即興的に表現することを通して，音楽づくりの様々な発想を得ること。
>   (ｲ) 音を音楽へと構成することを通して，どのように全体のまとまりを意識した音楽をつくるかについて思いや意図をもつこと。
> イ　次の(ｱ)及び(ｲ)について，それらが生み出すよさや面白さなどと関わらせて理解すること。
>   (ｱ) いろいろな音の響きやそれらの組合せの特徴
>   (ｲ) 音やフレーズのつなげ方や重ね方の特徴
> ウ　発想を生かした表現や，思いや意図に合った表現をするために必要な次の(ｱ)及び(ｲ)の技能を身に付けること。
>   (ｱ) 設定した条件に基づいて，即興的に音を選択したり組み合わせたりして表現する技能
>   (ｲ) 音楽の仕組みを用いて，音楽をつくる技能

　ここでは，第5学年及び第6学年の音楽づくりに関する事項を示しており，以下の，題材を構成する上で必要な配慮事項を踏まえて指導することが求められる。

（指導計画の作成と内容の取扱い）

> 1　指導計画の作成に当たっては，次の事項に配慮するものとする。
>   (2) 第2の各学年の内容の「A表現」の(1)，(2)及び(3)の指導については，ア，イ及びウの各事項を，「B鑑賞」の(1)の指導については，ア及びイの各事項を適切に関連させて指導すること。
>   (3) 第2の各学年の内容の〔共通事項〕は，表現及び鑑賞の学習において共通に必要となる資質・能力であり，「A表現」及び「B鑑賞」の指導と併せて，十分な指導が行われるよう工夫すること。

　高学年の音楽づくりの活動では，〔共通事項〕に示す資質・能力と併せて，アに示す「思考力，判断力，表現力等」に関する資質・能力，イに示す「知識」に

関する資質・能力，ウに示す「技能」に関する資質・能力を育てていくことが指導のねらいとなる。

これらのねらいを実現するためには，ア，イ及びウを適切に関連させて扱うとともに，〔共通事項〕との関連を十分に図った題材を構成することが必要となる。

なお，音楽づくりの活動の中で，ア，イ及びウの各事項の(ｱ)は主に**即興的に表現する活動**を通して育成する資質・能力を示し，(ｲ)は主に**音を音楽へと構成する活動**を通して育成する資質・能力を示している。題材を構成する際は，各事項の(ｱ)及び(ｲ)の内容のまとまりや，(ｱ)から(ｲ)へのつながりを念頭に置くことも必要となる。

高学年の児童は，中学年までの即興的に表現する活動を基に，いろいろな音の響きのよさや面白さに気付くようになり，自分が表したい音の響きの組合せを試しながら，よりよい表現を探ろうとする傾向が見られる。また，まとまりを意識して音楽をつくろうとする傾向も見られる。

このような児童の実態を踏まえ，高学年では，即興的に表現する活動や音を音楽へと構成していく活動を通して，児童が試行錯誤し，音楽をつくる喜びを味わうことができるように指導することが大切である。

> ア　音楽づくりについての知識や技能を得たり生かしたりしながら，次の(ｱ)及び(ｲ)をできるようにすること。

この事項は，音楽づくり分野における「思考力，判断力，表現力等」に関する資質・能力である，**(ｱ) 即興的に表現することを通して，音楽づくりの様々な発想を得ること**及び**(ｲ) 音を音楽へと構成することを通して，どのように全体のまとまりを意識した音楽をつくるかについて思いや意図をもつことができるようにすること**をねらいとしている。

音楽づくりについての知識や技能とは，イ及びウに示すものである。イ及びウの(ｱ)は主に「即興的に表現する」活動，(ｲ)は主に「音を音楽へと構成する」活動についての知識や技能を示している。

知識や技能を得たり生かしたりとしているのは，音楽づくりの様々な発想を得たり，どのようにまとまりを意識した音楽をつくるかについて思いや意図をもったりするためには，その過程で新たな知識や技能を習得することと，これまでに習得した知識や技能を活用することの両方が必要となるからである。したがって，知識や技能を習得してから様々な発想を得たり思いや意図をもったりするといった，一方向のみの指導にならないように留意する必要がある。

> (ア) 即興的に表現することを通して，音楽づくりの様々な発想を得ること。

　この事項は，音楽づくり分野における「思考力，判断力，表現力等」に関する資質・能力である，**即興的に表現することを通して，音楽づくりの様々な発想を得ること**ができるようにすることをねらいとしている。

　即興的に表現するとは，あらかじめ楽譜などに示されているとおりに表現するのではなく，友達と関わりながら，その場でいろいろな音を選択したり組み合わせたりして表現することである。

　即興的な表現の例としては，児童が各自で見付けた音を使ってみんなで模倣したり，各自が工夫した音を使って友達と交互に表現したり，ずらして重ねて表現したりする活動，木，金属，皮など異なる材質の物を組み合わせて使ったり，あるいは同じ材質の物を使ったりして生じるそれぞれの音の響きを生かして表現する活動などが考えられる。

　音楽づくりの様々な発想を得るとは，中学年までの即興的に表現する活動を生かしながら，いろいろな音の響きをその場で選択したり組み合わせたりする中で生まれる，「これらの音をこうしたらもっと面白くなる」という様々な考えをもつことである。

　指導に当たっては，即興的に表現する中で，児童が思いついた考えを，実際に音に出して確かめていくようにすることが大切である。例えば，木，金属，皮などの材質の物から生じるそれぞれの音の響きを基に，「同じ材質の物から生じる音の響きだけでそろえて表現すると面白くなる」といった考えを実際に音で試しながら，音楽づくりの発想を広げていくことが考えられる。

　その際，児童の表現の変容を捉えて，例えば，同じ材質の物から生じる音の響きでそろえて表現することで，音色に統一感が出て，よい雰囲気になったことを教師が具体的に伝えるなど，児童の様々な表現のよさや面白さを価値付け，全体で共有するなどしながら，友達の表現を自分の表現に生かすように導くことも，教師の大切な役割である。

> (イ) 音を音楽へと構成することを通して，どのように全体のまとまりを意識した音楽をつくるかについて思いや意図をもつこと。

　この事項は，音楽づくり分野における「思考力，判断力，表現力等」に関する資質・能力である，**音を音楽へと構成することを通して，どのように全体のまとまりを意識した音楽をつくるかについて思いや意図をもつこと**ができるようにす

ることをねらいとしている。

　音を音楽へと構成するとは,「第3　指導計画の作成と内容の取扱い」2(8)イに示す,反復,呼びかけとこたえ,変化,音楽の縦と横との関係などの「音楽の仕組み」を用いながら,音やフレーズを関連付けてまとまりのある音楽にしていくことである。

　全体のまとまりを意識した音楽とは,曲全体の構成を工夫している音楽のことである。**どのように全体のまとまりを意識した音楽をつくるかについて思いや意図をもつ**とは,試行錯誤しながら音楽をつくる過程において,このような音楽を,このように全体を構成してつくりたいという考えをもつことである。例えば,「遠くから来た動物の群れが近づいた後,走り去っていくような音楽にしたいので,一つの楽器でゆっくり始めてからいくつかの楽器を徐々に重ね,中間の部分では,速度を速めて全員で音を出し,徐々に楽器を減らしながら弱くして,最後は一つの楽器で終わりたい」といったことである。

　指導に当たっては,音楽をつくっていく過程で,思いや意図を伝え合うことと,実際に音で試すこととを繰り返しながら,表現を工夫し,思いや意図を膨らませるように促すことが大切である。

　その際,児童の表現の変容を捉えて,例えば,音の重ね方や強弱,速度を工夫して,中間の部分ははじめの部分や終わりの部分と異なるようにつくったので,面白い音楽になったことを教師が児童に具体的に伝えるなど,児童が思いや意図をもって音楽づくりの活動に取り組むことによって,表現が高まったことを価値付け,全体で共有しながら,自分たちの表現に生かすように導くことも,教師の大切な役割となる。

　また,児童がつくった音楽を互いに聴き合いながら,それぞれの表現のよさを認め合い,思いや意図を明確にしながらつくっていく経験を積み重ねることも大切なこととなる。

> イ　次の(ｱ)及び(ｲ)について,それらが生み出すよさや面白さなどと関わらせて理解すること。

　この事項は,音楽づくり分野における「知識」に関する資質・能力である,**(ｱ) いろいろな音の響きやそれらの組合せの特徴**及び**(ｲ) 音やフレーズのつなげ方や重ね方の特徴**について,それらが生み出すよさや面白さなどと関わらせて理解できるようにすることをねらいとしている。

　それらが生み出すよさや面白さなどと関わらせて理解することとしているのは,音楽づくりの活動では,「この音の響きや組合せにはこのようなよさがあ

る」,「このつなげ方や重ね方はこのようなところが面白い」といった,実感を伴った理解を求めているからである。

> (ｱ) いろいろな音の響きやそれらの組合せの特徴

　この事項は,音楽づくり分野における「知識」に関する資質・能力である,**いろいろな音の響きやそれらの組合せの特徴**について,それらが生み出すよさや面白さなどと関わらせて理解できるようにすることをねらいとしている。

　いろいろな音の響きとは,音の素材や楽器そのものがもつ固有の音の響き,木,金属,皮など,それぞれの材質が持つ音の響き,音を出す道具によって変わる音の響きなどを指すものである。音の響きには,音の高さ,長さ,音色,重なりなどの特徴がある。**それらの組合せ**とは,いくつかの音の響きを合わせることを意味している。

　指導に当たっては,即興的に音を選択したり組み合わせたりする過程において,特徴的な音の響きやそれらの組合せを取り上げるようにし,どのようなよさや面白さがあるのかについて理解できるようにすることが大切である。例えば,「トライアングルとツリーチャイムなど,同じ材質の打楽器を組み合わせると,響きがとけ合ってよくなる」など,音の響きやそれらの組合せの統一感や響きの豊かさを理解するように促すことなどが考えられる。

> (ｲ) 音やフレーズのつなげ方や重ね方の特徴

　この事項は,音楽づくり分野における「知識」に関する資質・能力である,**音やフレーズのつなげ方や重ね方の特徴**について,それらが生み出すよさや面白さなどと関わらせて理解できるようにすることをねらいとしている。

　音やフレーズとしているのは,音楽をつくる際,一つ一つの音だけではなく,個々の音が組み合わされたフレーズをつなげることも含めているためである。

　音やフレーズの**つなげ方**とは,音を組み合わせてつくったリズム・パターンや短い旋律を反復させたり,呼びかけ合うようにしたり,それらを変化させたりすることである。**重ね方**とは,リズム・パターンや短い旋律を同時に重ねたり,時間をずらして重ねたりすることである。

　このような音やフレーズのつなげ方や重ね方には,「第3　指導計画の作成と内容の取扱い」2(8)イに示す,反復,呼びかけとこたえ,変化,音楽の縦と横との関係などの「音楽の仕組み」の生かし方によって,それぞれ特徴が見られる。

指導に当たっては，音を音楽へと構成していく過程において，音楽の仕組みを生かした特徴的な音やフレーズのつなげ方や重ね方を取り上げるようにし，どのようなよさや面白さがあるのかについても，全体で共有していくことが大切である。例えば，「あるリズム・パターンを，変化させながらつなぐだけでなく，一人一人がずらしながら重ねると，やまびこのような感じがしてよさが生まれる」など，リズム・パターンを始めるタイミングの違いによるつなげ方や重ね方の特徴を理解するように促すことなどが考えられる。

> ウ　発想を生かした表現や，思いや意図に合った表現をするために必要な次の(ｱ)及び(ｲ)の技能を身に付けること。

　この事項は，音楽づくり分野における「技能」に関する資質・能力である，**発想を生かした表現や，思いや意図に合った表現をするために必要な次の(ｱ)及び(ｲ)の技能を身に付けること**ができるようにすることをねらいとしている。
　発想を生かした表現や，思いや意図に合った表現をするために必要な技能としているのは，以下に示す(ｱ)の技能を，児童が発想を生かした表現をするために必要となるものとして，(ｲ)に示す技能を，思いや意図に合った音楽表現をするために必要となるものとして，位置付けているからである。
　したがって，技能の指導に当たっては，児童が表したい発想や思い，意図をもち，それを実現するために，これらの技能を習得することの必要性を実感できるようにすることが大切である。また，学習の過程において，アの事項との関連を図りながら，どの場面でどのような技能を習得できるようにするのかについて，意図的，計画的に指導を進めることが大切である。

> (ｱ)　設定した条件に基づいて，即興的に音を選択したり組み合わせたりして表現する技能

　この事項は，音楽づくり分野における「技能」に関する資質・能力である，**設定した条件に基づいて，即興的に音を選択したり組み合わせたりして表現する技能**を身に付けることができるようにすることをねらいとしている。
　設定した条件とは，様々な音を即興的に選択したり組み合わせたりする際の約束事のことである。例えば，「同じ材質の楽器を用い，一人が即興的に表現した8拍のリズム・パターンを繰り返して打つ間，友達が二人，三人と新しいリズム・パターンを重ねていく」といったことである。
　このような約束事は，児童が音楽づくりの様々な発想を得るために，必要不可

欠なものである。したがって，指導のねらいに応じて，即興的に表現するよさや面白さを味わうことができるような，児童にとってわかりやすく，適切な条件を設定することが重要となる。また，次はこのような約束で表現してみたいなど，児童の提案によって，授業を展開していくことも考えられる。

即興的に音を選択したり組み合わせたりして表現する技能とは，あらかじめ決められたとおりに表現するのではなく，設定した条件に基づいて，その場で選択したり組み合わせたりして表現できることである。したがって，ここで身に付ける具体的な技能は，設定した条件によって異なることに留意する必要がある。

指導に当たっては，条件を設定する際，イ(ア)に示す知識を含めることによって，ア，イ及びウの関連を図った学習にすることが必要である。

また，即興的に音を選択したり組み合わせたりする活動において，自分や友達が発する音の響きの特徴を注意深く聴くようにすることが大切である。

> (イ) 音楽の仕組みを用いて，音楽をつくる技能

この事項は，音楽づくり分野における「技能」に関する資質・能力である，**音楽の仕組みを用いて，音楽をつくる技能**を身に付けることができるようにすることをねらいとしている。

音楽の仕組みとは，「第3 指導計画の作成と内容の取扱い」2(8)イに示す，反復，呼びかけとこたえ，変化，音楽の縦と横との関係などのことである。

音楽の仕組みを用いて，音楽をつくる技能とは，音楽の仕組みを使って，音を音楽へと構成することができることである。例えば，「反復と音楽の縦と横との関係を使い，複数の声部で，最初の部分は同じリズム・パターンを反復させ，中間の部分では，同じリズム・パターンを4拍ずらして重ねるようにし，最後の部分は，再び最初のリズム・パターンを反復させてつくっていく」といったことである。

児童が音を音楽へと構成する際に用いる音楽の仕組みは，教師から指定する場合や，児童が選択する場合などが考えられる。

指導に当たっては，音楽の仕組みを用いる際，イ(イ)に示す知識を含めることによって，ア，イ及びウの関連を図った学習にすることが必要である。

B 鑑 賞

(1) 鑑賞の活動を通して,次の事項を身に付けることができるよう指導する。

> ア 鑑賞についての知識を得たり生かしたりしながら,曲や演奏のよさなどを見いだし,曲全体を味わって聴くこと。
> イ 曲想及びその変化と,音楽の構造との関わりについて理解すること。

ここでは,第5学年及び第6学年の鑑賞に関する事項を示しており,以下の,題材を構成する上で必要な配慮事項を踏まえて指導することが求められる。

(指導計画の作成と内容の取扱い)

> 1 指導計画の作成に当たっては,次の事項に配慮するものとする。
> (2) 第2の各学年の内容の「A表現」の(1),(2)及び(3)の指導については,ア,イ及びウの各事項を,「B鑑賞」の(1)の指導については,ア及びイの各事項を適切に関連させて指導すること。
> (3) 第2の各学年の内容の〔共通事項〕は,表現及び鑑賞の学習において共通に必要となる資質・能力であり,「A表現」及び「B鑑賞」の指導と併せて,十分な指導が行われるよう工夫すること。

高学年の鑑賞の活動では,〔共通事項〕に示す資質・能力と併せて,アに示す「思考力,判断力,表現力等」に関する資質・能力,イに示す「知識」に関する資質・能力を育てていくことが指導のねらいとなる。

これらのねらいを実現するためには,ア及びイを適切に関連させて扱うとともに,〔共通事項〕との関連を十分に図った題材を構成することが必要となる。

高学年では,児童が「いろいろな種類の音楽を聴いてそのよさを伝えたい」と思えるようにすることを大事にしながら,意欲をもって主体的に取り組むことができる鑑賞の活動を進めることが重要となる。そのような鑑賞の活動の中で,低学年及び中学年で身に付けてきた資質・能力を更に伸ばし,自分の感じたことや考えたことを伝え合うなどの活動を効果的に取り入れて,曲や演奏のよさなどを見いだしながら,音楽を全体にわたって味わって聴く喜びを感じ取れるように指導することが大切である。

> ア　鑑賞についての知識を得たり生かしたりしながら，曲や演奏のよさなど
>   を見いだし，曲全体を味わって聴くこと。

　この事項は，鑑賞領域における「思考力，判断力，表現力等」に関する資質・能力である，**曲や演奏のよさなどを見いだし，曲全体を味わって聴く**ことができるようにすることをねらいとしている。

　鑑賞についての知識とは，イに示すものである。

　知識を得たり生かしたりとしているのは，曲や演奏のよさなどを見いだし，曲全体を味わって聴くためには，その過程で新たな知識を習得することと，これまでに習得した知識を活用することの両方が必要となるからである。したがって，知識を習得してからよさなどを見いだすといった，一方向のみの指導にならないようにする必要がある。

　曲や演奏のよさなどを見いだすとは，音楽的な根拠に基づいて，曲がもつよさや，様々な演奏形態や演奏者などによる演奏のよさなどについての考えをもつことである。また，**曲全体を味わって聴く**とは，曲や演奏のよさなどについて考えをもち，曲全体を聴き深めることである。

　このような学習を実現するためには，イの事項との関連を図ることが重要となる。曲や演奏のよさなどを見いだし，曲全体を味わって聴くためには，曲の雰囲気や表情とその移り変わりを感じ取って聴いたり，音楽全体がどのように形づくられているのかを捉えて聴いたりすることが必要となるからである。

　指導に当たっては，児童が学習の初期に抱いた，例えば，「この曲は生き生きとした感じがする」などの曲の印象を起点として，アの事項とイの事項との関連を図った学習を通して，聴き深めていくようにすることが大切である。その際，児童の意識が曲や演奏の部分的なよさなどを見いだすことに留まることなく，音楽の流れを感じながら聴くことができるように留意する。

　このような学習を通して，例えば，「この曲は，はじめと終わりに打楽器の激しいリズムと金管楽器の力強い旋律が繰り返される生き生きとした音楽で，聴いていると，自分も前向きに取り組もうという気持ちになれるから好きだ」など，曲全体を見通しながら，曲や演奏のよさなどについて考えをもって判断し，曲全体を味わって聴くことができるようになるのである。

> イ　曲想及びその変化と，音楽の構造との関わりについて理解すること。

　この事項は，鑑賞領域における「知識」に関する資質・能力である，**曲想及び**

その変化と,音楽の構造との関わりについて理解できるようにすることをねらいとしている。

曲想とは,その音楽に固有の雰囲気や表情,味わいのことである。**曲想及びその変化**とは,曲全体の雰囲気や表情,味わいとその移りゆく変化を指している。この曲想は,音楽の構造によって生み出されるものであり,**音楽の構造**とは,音楽を形づくっている要素の表れ方や,音楽を特徴付けている要素と音楽の仕組みとの関わり合いである。

曲想及びその変化と,音楽の構造との関わりについて理解するとは,例えば,「ゆったりとしておだやかな感じから,動きのあるにぎやかな感じに変わったのは,尺八が旋律で箏（こと）が伴奏をしているような音楽が,真ん中では箏（こと）と尺八とが呼びかけてこたえているような音楽になっているから」といったことを理解することである。

このように,児童が,曲の雰囲気や表情,味わい及びその変化と,音楽の構造との関わり合いを捉えることが,本事項で求めている理解である。

高学年の児童は,旋律,楽器の音色,音の重なりとともに,反復及びその変化など様々な音楽の特徴を捉えて聴こうとする傾向が見られる。

このような児童の実態を踏まえ,〔共通事項〕との関連を図り,聴き取ったことと感じ取ったこととの関わりについて考えながら,曲想及びその変化と音楽の構造との関わりについて,児童が自ら理解できるように指導を工夫することが重要である。

指導に当たっては,児童が感じ取った曲想及びその変化を基にしながら,曲想を生み出している音楽の構造に目を向けるようにすることが大切である。

その際,複数の楽器の音の動きを線で表したり,感じ取ったことや気付いたことを伝え合ったり,特徴的な部分を取り出して聴いて確かめたりするなど,効果的な手立てを工夫することが大切である。

〔共通事項〕

(1) 「A表現」及び「B鑑賞」の指導を通して,次の事項を身に付けることができるよう指導する。

〔共通事項〕は,表現及び鑑賞の学習において共通に必要となる資質・能力を示したものである。「A表現」及び「B鑑賞」の指導の過程において,各事項と併せて十分な指導が行われるよう工夫することが必要である。

> ア 音楽を形づくっている要素を聴き取り,それらの働きが生み出すよさや面白さ,美しさを感じ取りながら,聴き取ったことと感じ取ったこととの関わりについて考えること。

この事項は,音楽科における「思考力,判断力,表現力等」に関する資質・能力である,**音楽を形づくっている要素を聴き取り,それらの働きが生み出すよさや面白さ,美しさを感じ取りながら,聴き取ったことと感じ取ったこととの関わりについて考える**ことができるようにすることをねらいとしている。

音楽を形づくっている要素とは,「第3 指導計画の作成と内容の取扱い」2(8)に示す「ア 音楽を特徴付けている要素」及び「イ 音楽の仕組み」である。児童の発達や指導のねらいに応じて,適切に選択したり関連付けたりして指導することが求められる。

聴き取ったことと感じ取ったこととの関わりについて考えるとは,感じ取ったことの理由を,音楽を形づくっている要素の働きに求めたり,音楽を形づくっている要素の働きがどのようなよさや面白さ,美しさを生み出しているのかについて考えたりすることである。

例えば,「強弱」と「速度」であれば,強弱や速度の特徴を客観的に聴き取るだけでなく,「なんだか追いかけられているような感じがしたのは,だんだん強くなるのと同時にだんだん速くなっているから」と捉えるなど,強弱や速度の変化と,それらの働きが生み出すよさや面白さ,美しさとの関わりについて考えることである。

指導に当たっては,児童が音や音楽と出会い,曲想と音楽の構造との関わりについて理解したり,思いや意図をもって表現したり,曲や演奏のよさなどを見いだし,曲全体を味わって聴いたりするなどの学習において,聴き取ったことと感じ取ったこととの関わりについて考えることを適切に位置付けることが大切である。

> イ 音楽を形づくっている要素及びそれらに関わる音符，休符，記号や用語について，音楽における働きと関わらせて理解すること。

　この事項は，音楽科における「知識」に関する資質・能力である，**音楽を形づくっている要素及びそれらに関わる音符，休符，記号や用語について，音楽における働きと関わらせて理解**できるようにすることをねらいとしている。

　音楽を形づくっている要素及びそれらに関わる音符，休符，記号や用語は，「第3　指導計画の作成と内容の取扱い」2(8)ア及びイ，並びに(9)に示したものである。

　指導に当たっては，単にその名称や意味を知るだけでなく，表現及び鑑賞の様々な学習活動の中で，音楽における働きと関わらせて，その意味や効果を理解させることが必要である。

　また，児童の発達の段階や学習状況に配慮しながら，見通しをもって，意図的，計画的に取り上げるようにすることが大切である。

3 内容の取扱い

(1) 歌唱教材は次に示すものを取り扱う。

この項目は，歌唱教材を選択する際の観点及び共通教材について示したものである。

ア　主となる歌唱教材については，各学年ともイの共通教材の中の3曲を含めて，斉唱及び合唱で歌う曲

イ　共通教材

〔第5学年〕

　「こいのぼり」　　　　　（文部省唱歌）

　「子もり歌」　　　　　　（日本古謡）

　「スキーの歌」　　　　　（文部省唱歌）　林　柳波作詞　橋本国彦作曲

　「冬げしき」　　　　　　（文部省唱歌）

〔第6学年〕

　「越天楽今様（歌詞は第2節まで）」（日本古謡）　慈鎮和尚作歌

　「おぼろ月夜」　　　　　（文部省唱歌）　高野辰之作詞　岡野貞一作曲

　「ふるさと」　　　　　　（文部省唱歌）　高野辰之作詞　岡野貞一作曲

　「われは海の子（歌詞は第3節まで）」（文部省唱歌）

高学年で取り上げる主な歌唱教材は，イの共通教材を含めて，斉唱及び合唱で歌う曲が対象となる。共通教材については，各学年4曲の中から3曲を含めて扱うこととしている。

歌唱教材の選択に当たっては，曲の内容や音域が，高学年の児童に適したものであり，児童の実態に応じ，無理なく楽しく表現できるものであることが大切である。その際，児童が親しみやすい内容の歌詞やリズム，旋律をもつ教材を選ぶなど，児童の興味・関心に十分配慮するとともに，豊かで美しい響きのハーモニーを十分に感じ取ることができる合唱曲などを取り上げることが大切である。

(2) 主となる器楽教材については，楽器の演奏効果を考慮し，簡単な重奏や合奏などの曲を取り扱う。

この項目は，器楽教材を選択する場合の観点について示したものである。

高学年で取り上げる主な器楽教材は，歌唱で扱った教材に必ずしもとらわれることなく，楽器の特徴や演奏効果を考慮して器楽のためにつくられた重奏や合奏などの曲が対象となる。

器楽教材の選択に当たっては，音楽の構造や楽器の組合せなどが児童の実態に即したものであり，和音の響きを聴き取りやすく，楽しく表現できる曲であることが大切である。

その際，和音の取扱いについては，Ⅰ，Ⅳ，Ⅴ，V_7などを中心とし，特に低音の充実を考慮すること，また，副次的な旋律については，児童が無理なく演奏できるものであることが求められる。

なお，和楽器を用いた器楽教材では，斉奏の曲を扱うことも考えられる。

(3) 鑑賞教材は次に示すものを取り扱う。

この項目は，鑑賞の学習で取り上げる教材を選択する場合の観点について示したものである。

> ア　和楽器の音楽を含めた我が国の音楽や諸外国の音楽など文化との関わりを捉えやすい音楽，人々に長く親しまれている音楽など，いろいろな種類の曲
> イ　音楽を形づくっている要素の働きを感じ取りやすく，聴く喜びを深めやすい曲
> ウ　楽器の音や人の声が重なり合う響きを味わうことができる，合奏，合唱を含めたいろいろな演奏形態による曲

アの事項は，児童がいろいろな種類の音楽に親しむようにし，児童の発達の段階に応じて適切な教材を選択するための観点である。具体的には，多くの人々に親しまれている，我が国の音楽の特徴を捉えやすい和楽器による音楽，雅楽，歌舞伎，狂言，文楽の一場面などの我が国の音楽，民謡，祭り囃子などの郷土の音楽，諸外国の音楽など，我が国の伝統や文化への理解を深め，諸外国の文化への興味・関心をもたせる音楽を教材として選択することが考えられる。また，我が国及び世界のいろいろな音楽のうち，教材選択の観点イ，ウと関連をもたせやすい曲を選択することが大切である。

イの事項は，音楽を形づくっている要素の働きが生み出す音楽のよさや美しさを感じ取り，聴く喜びを味わうことができる教材を選択するための観点である。具体的には，旋律の反復と変化，旋律と旋律との関わり合いや重なりによる響きを聴き取りやすい曲，呼びかけとこたえ，反復と変化がはっきり表れている曲，音楽を形づくっている要素と曲想との関わりを捉えやすい曲など，音楽の構造を理解しやすく，聴く喜びを深めやすい曲を教材として選択することが大切である。

ウの事項は，児童がいろいろな演奏形態に親しみ，楽器の音や人の声の重なり合う響き，及び演奏の魅力を味わうことのできる教材を選択するための観点である。具体的には，楽器の音色や演奏の仕方の特徴を捉えやすく，アンサンブルの楽しさを味わうことのできる室内楽，楽器の多様な組合せから生まれる響きの美しさを感じ取りやすい吹奏楽，協奏曲，管弦楽などの合奏曲を教材として選択することが考えられる。また，ソプラノ，アルト，テノール，バスなどの声域による人の声の特徴と歌声の表情を味わいやすい歌曲，声の組合せから生まれる響きの美しさを感じ取りやすい重唱曲や合唱曲を教材として選択することが考えられる。

　鑑賞教材の選択に当たっては，児童がいろいろな種類の音楽への興味・関心をもち，表現の豊かさを味わうことのできる曲を選択し，音楽の聴き方や感じ方を深めるようにする必要がある。ア，イ及びウの観点が相互に関わり合っていることに十分配慮し，指導のねらいに即したイの観点を含み，アやウの観点との関わりをもたせやすい曲を選択することが求められる。また，視聴覚教材を活用して，演奏表現の豊かさを十分に味わうことができるように配慮することが必要である。

第4章　指導計画の作成と内容の取扱い

● 1　指導計画作成上の配慮事項

> 1　指導計画の作成に当たっては，次の事項に配慮するものとする。

　この事項は，各学校において指導計画を作成する際に配慮すべきことを示したものである。音楽科の指導計画には，6年間を見通した指導計画，年間指導計画，各題材の指導計画，各授業の指導計画などがある。これらの指導計画を作成する際は，それぞれの関連に配慮するとともに，評価の計画を含めて作成する必要がある。

> (1)　題材など内容や時間のまとまりを見通して，その中で育む資質・能力の育成に向けて，児童の主体的・対話的で深い学びの実現を図るようにすること。その際，音楽的な見方・考え方を働かせ，他者と協働しながら，音楽表現を生み出したり音楽を聴いてそのよさなどを見いだしたりするなど，思考，判断し，表現する一連の過程を大切にした学習の充実を図ること。

　この事項は，音楽科の指導計画の作成に当たり，児童の主体的・対話的で深い学びの実現を目指した授業改善を進めることとし，音楽科の特質に応じて，効果的な学習が展開できるように配慮すべき内容を示したものである。

　音楽科の指導に当たっては，(1)「知識及び技能」が習得されること，(2)「思考力，判断力，表現力等」を育成すること，(3)「学びに向かう力，人間性等」を涵養することが偏りなく実現されるよう，題材など内容や時間のまとまりを見通しながら，主体的・対話的で深い学びの実現に向けた授業改善を行うことが重要である。

　児童に音楽科の指導を通して「知識及び技能」や「思考力，判断力，表現力等」の育成を目指す授業改善を行うことはこれまでも多くの実践が重ねられてきている。そのような着実に取り組まれてきた実践を否定し，全く異なる指導方法を導入しなければならないと捉えるのではなく，児童や学校の実態，指導の内容に応じ，「主体的な学び」，「対話的な学び」，「深い学び」の視点から授業改善を図ることが重要である。

　主体的・対話的で深い学びは，必ずしも1単位時間の授業の中で全てが実現さ

れるものではない。題材など内容や時間のまとまりの中で，例えば，主体的に学習に取り組めるよう学習の見通しを立てたり学習したことを振り返ったりして自身の学びや変容を自覚できる場面をどこに設定するか，対話によって自分の考えなどを広げたり深めたりする場面をどこに設定するか，学びの深まりをつくりだすために，児童が考える場面と教師が教える場面をどのように組み立てるか，といった視点で授業改善を進めることが求められる。また，児童や学校の実態に応じ，多様な学習活動を組み合わせて授業を組み立てていくことが重要であり，題材のまとまりを見通した学習を行うに当たり基礎となる知識及び技能の習得に課題が見られる場合には，それを身に付けるために，児童の主体性を引き出すなどの指導の工夫を重ねながら，確実な習得を図ることが必要である。

主体的・対話的で深い学びの実現に向けた授業改善を進めるに当たり，特に「深い学び」の視点に関して，各教科等の学びの深まりの鍵となるのが「見方・考え方」である。各教科等の特質に応じた，物事を捉える視点や考え方である「見方・考え方」を，習得・活用・探究という学びの過程の中で働かせることを通じて，より質の高い深い学びにつなげることが重要である。

音楽的な見方・考え方を働かせるとは，児童が自ら音楽に対する感性を働かせ，音や音楽を，音楽を形づくっている要素とその働きの視点で捉え，捉えたことと自己のイメージや感情，捉えたことと生活や文化などとを関連付けて考えることであり，その趣旨は，第2章第1節の「1　教科の目標」で説明している。

今回の改訂では，教科の目標において，音楽科の学習が，表現及び鑑賞の活動を通して，音楽的な見方・考え方を働かせた学習活動によって，「知識及び技能」，「思考力，判断力，表現力等」，「学びに向かう力，人間性等」に関する資質・能力の育成を目指すことを示している。また，第2の「2　内容」及び「3　内容の取扱い」では，音楽的な見方・考え方を働かせた学習を行うことを前提として各事項や教材の取扱いを示している。

音楽的な見方・考え方は，音楽科における学びの深まりの鍵となるものであるが，児童が自分の力だけで音楽に対する感性を働かせたり，音や音楽を，音楽を形づくっている要素とその働きの視点で捉えたりすることが難しい場面もある。したがって，音楽科において**児童の主体的・対話的で深い学びの実現**に向けた授業改善を図るようにするためには，学習過程や学習活動において，音楽的な見方・考え方を働かせることができるよう，効果的な指導の手立てを工夫することが重要となる。

他者と協働しながら，音楽表現を生み出したり音楽を聴いてそのよさなどを見いだしたりするなどと示しているのは，その過程において，気付いたことや感じ取ったことなどについて互いに交流し，音楽の構造について共有したり，感じ

取ったことに共感したりするなどの学びが重要となるからである。客観的な理由や根拠を基に友達と交流し，自分の考えをもち，音楽表現や鑑賞の学習を深めていく過程に音楽科の学習としての意味がある。

思考，判断し，表現する一連の過程とは，表現領域においては，〔共通事項〕の学習との関連を図り，知識や技能を得たり生かしたりしながら，音楽表現を工夫し，どのように表すかについて思いや意図をもち，実際に歌ったり楽器を演奏したり音楽をつくったりする過程である。また，鑑賞領域においては，〔共通事項〕の学習との関連を図り，知識を得たり生かしたりしながら，曲や演奏のよさなどを見いだし，言葉で表しながら交流するなどして音楽を味わって聴く過程である。

これらは，従前の学習指導要領の趣旨を生かした授業を実践する際にも大切にされてきたことである。今回の改訂において，**主体的・対話的で深い学びの実現を図る**ことに関する配慮事項として，思考，判断し，表現する一連の過程を大切にした学習が充実するようにすることを示しているのは，従前からの音楽科の学習における本質的な考え方を継承していることを意味している。

> (2) 第2の各学年の内容の「A表現」の(1)，(2)及び(3)の指導については，ア，イ及びウの各事項を，「B鑑賞」の(1)の指導については，ア及びイの各事項を適切に関連させて指導すること。

この事項は，第2の各学年の内容の指導に当たって配慮すべきことについて示したものである。

音楽科の内容は，「A表現」では，「思考力，判断力，表現力等」に関する資質・能力をアの事項に，「知識」に関する資質・能力をイの事項に，「技能」に関する資質・能力をウの事項に示している。また，「B鑑賞」では，「思考力，判断力，表現力等」に関する資質・能力をアの事項に，「知識」に関する資質・能力をイの事項に示している。これらの内容は，相互に関わらせながら，一体的に育てていくものである。例えば，児童が「思考力，判断力，表現力等」に関わる資質・能力を身に付けるようにするためには，その過程で新たな知識や技能を習得することと，これまでに習得した知識や技能を活用することの両方が必要となる。

したがって，「A表現」の(1)歌唱，(2)器楽，及び(3)音楽づくりでは，年間や各題材，各授業における指導のまとまりを見通す中で，ア，イ及びウの各事項，「B鑑賞」では，ア及びイの各事項を全て扱い，適切に関連させた指導計画を作成して学習指導を行うことが求められる。そのことによって，それぞれの活

動を通して育成する資質・能力を着実に育てることが可能となる。

なお,歌唱のウ,器楽のイとウ,音楽づくりのア,イ及びウでは,それぞれの育成を目指す資質・能力に対して複数の事項を示している。これらについては,指導のねらいなどに応じて,一つの題材の中で複数の事項のうち一つ以上を扱うようにする。

> (3) 第2の各学年の内容の〔共通事項〕は,表現及び鑑賞の学習において共通に必要となる資質・能力であり,「A表現」及び「B鑑賞」の指導と併せて,十分な指導が行われるよう工夫すること。

この事項は,〔共通事項〕の取扱いについて示したものである。

各学年の内容に示した〔共通事項〕は,表現及び鑑賞の学習において共通に必要となる資質・能力を示したものである。したがって,各学年で〔共通事項〕として示した事項は,表現及び鑑賞の各活動と併せて指導することが重要である。

指導計画の作成に当たっては,各領域や分野の事項と〔共通事項〕で示しているア及びイとの関連を図り,年間を通じてこれらを継続的に取り扱うように工夫することが重要である。

歌唱,器楽,音楽づくり,鑑賞の活動においては,〔共通事項〕のアに示している音楽を形づくっている要素のうち,「第3 指導計画の作成と内容の取扱い」2(8)に示した「ア 音楽を特徴付けている要素」及び「イ 音楽の仕組み」の中から,児童の発達や指導のねらいに応じて,適切に選択したり関連付けたりして取り扱うようにすることが大切である。

その際,表現及び鑑賞の学習において,児童がそれらを聴き取り,それらの働きが生み出すよさや面白さ,美しさを感じ取りながら,聴き取ったことと感じ取ったこととの関わりについて考えるようにし,そのことを表現及び鑑賞の各活動に生かすよう十分な指導を行うことが大切である。

また,〔共通事項〕のイに示している音楽を形づくっている要素及びそれらに関わる音符,休符,記号や用語については,「第3 指導計画の作成と内容の取扱い」2(8)及び(9)に示すものを,児童の実態を考慮して,音楽における働きと関わらせながら,6年間を通じて理解できるようにすることが大切である。

> (4) 第2の各学年の内容の「A表現」の(1),(2)及び(3)並びに「B鑑賞」の(1)の指導については,適宜,〔共通事項〕を要として各領域や分野の関連を図るようにすること。

この事項は,「A表現」の歌唱,器楽,音楽づくりの分野,並びに「B鑑賞」の指導について,適宜,各領域や分野の関連を図った指導計画を工夫することについて示したものである。

各領域や分野の内容は,歌唱,器楽,音楽づくり,鑑賞ごとに示されているが,指導計画の作成に当たっては,適宜,有機的な関連を図り,表現及び鑑賞の各活動の学習が充実するよう,指導計画を工夫することが求められる。そのための要となるのが,表現及び鑑賞の学習において共通に必要となる資質・能力,すなわち〔共通事項〕である。

指導計画の作成においては,「第3 指導計画の作成と内容の取扱い」2(8)及び(9)に示すものの中から,各領域や分野の学習に共通する「音楽を特徴付けている要素」や「音楽の仕組み」,それらに関わる音符,休符,記号や用語を要とし,適宜,表現領域と鑑賞領域との関連や,歌唱,器楽,音楽づくりの各分野間の関連を図った題材を構成していくことが大切である。

さらに,一題材の学習過程だけではなく,年間を見通して各領域や分野の関連を図ることも大切である。

> (5) 国歌「君が代」は,いずれの学年においても歌えるよう指導すること。

児童が,将来国際社会において尊敬され,信頼される日本人として成長するためには,国歌を尊重する態度を養うようにすることが大切である。

小学校音楽科においては,**国歌「君が代」は,いずれの学年においても歌えるよう指導すること**とし,国歌「君が代」の指導の趣旨を明確にしている。

音楽科としては,このような意味から,国歌「君が代」をいずれの学年においても指導し,入学式や卒業式等,必要なときには,児童がいつでも歌えるようにしておかなければならない。そのためには,各学年の目標や内容と関連させ,児童の発達の段階に即して,いずれの学年においても適切な指導を行うような指導計画を作成する必要がある。

指導に当たっては,低学年では上級生が歌うのを聴いたり,楽器の演奏やCD等による演奏を聴いたりしながら親しみをもつようにし,みんなと一緒に歌えるようにすること,中学年では歌詞や楽譜を見て覚えて歌えるようにすること,高

学年では国歌の大切さを理解するとともに，歌詞や旋律を正しく歌えるようにすることが大切である。

国歌の指導に当たっては，国歌「君が代」は，日本国憲法の下において，日本国民の総意に基づき天皇を日本国及び日本国民統合の象徴とする我が国の末永い繁栄と平和を祈念した歌であることを理解できるようにする必要がある。

> (6) 低学年においては，第1章総則の第2の4の(1)を踏まえ，他教科等との関連を積極的に図り，指導の効果を高めるようにするとともに，幼稚園教育要領等に示す幼児期の終わりまでに育ってほしい姿との関連を考慮すること。特に，小学校入学当初においては，生活科を中心とした合科的・関連的な指導や，弾力的な時間割の設定を行うなどの工夫をすること。

この事項は，低学年の児童の学習上の特性や傾向を考慮し，他教科等との関連を積極的に図るようにすること及び幼稚園教育との関連を図ることについて示した上で，特に小学校入学当初における教育課程編成上の工夫について示したものである。

第1章総則第2の4(1)においては，学校段階等間の接続における幼児期の教育と小学校教育の接続について次のように示している。

「幼児期の終わりまでに育ってほしい姿を踏まえた指導を工夫することにより，幼稚園教育要領等に基づく幼児期の教育を通して育まれた資質・能力を踏まえて教育活動を実施し，児童が主体的に自己を発揮しながら学びに向かうことが可能となるようにすること。

また，低学年における教育全体において，例えば生活科において育成する自立し生活を豊かにしていくための資質・能力が，他教科等の学習においても生かされるようにするなど，教科等間の関連を積極的に図り，幼児期の教育及び中学年以降の教育との円滑な接続が図られるよう工夫すること。特に，小学校入学当初においては，幼児期において自発的な活動としての遊びを通して育まれてきたことが，各教科等における学習に円滑に接続されるよう，生活科を中心に，合科的・関連的な指導や弾力的な時間割の設定など，指導の工夫や指導計画の作成を行うこと。」

幼児期は自発的な活動としての遊びを通して，周りの人や物，自然などの環境に体ごと関わり全身で感じるなど，活動と場，体験と感情が密接に結び付いている。小学校低学年の児童は同じような発達の特性をもっており，具体的な体験を通して感じたことや考えたことなどを，常に自分なりに組み換えながら学んでいる。こうした特性を生かし，他教科等における学習により育まれた資質・能力を

学習に生かすことで，より効果的に資質・能力を育むことにつながるとともに，各教科の特質に応じた学習へと分化していく学習に円滑に適応していくことができるようになることから，教科等間の関連を図った指導の工夫を行うことが重要である。特に小学校入学当初においては，生活科を中心に合科的・関連的な指導を行ったり，児童の生活の流れを大切にして弾力的に時間割を工夫した指導を行ったりして，幼児期の終わりまでに育った姿が発揮できるよう教育課程編成上の工夫（スタートカリキュラム）が重要である。

こうしたことを踏まえ，音楽科においては，育成を目指す資質・能力を明らかにした上で，例えば，生活科などの他教科等の単元（題材）に関連する音楽科の題材について，取り扱う時期を合わせることなどが考えられる。具体的には，身近な自然，季節や地域の行事に関連する学習と関わらせて，音楽科で扱うわらべうた，季節や行事のうたの表現を深めるなどして，より広がりのある表現活動を楽しむことが考えられる。

また，幼稚園等においては，幼稚園教育要領等に示す幼児期の終わりまでに育ってほしい姿を考慮した指導が行われていることを踏まえ，例えば，思考力の芽生え，豊かな感性と表現など幼児期の終わりまでに育ってほしい姿との関連を考慮することが考えられる。具体的には，例えば，遊びうたであるわらべうたを，生活の中の遊びと関連させながら取り上げることが考えられる。

> (7) 障害のある児童などについては，学習活動を行う場合に生じる困難さに応じた指導内容や指導方法の工夫を計画的，組織的に行うこと。

障害者の権利に関する条約に掲げられたインクルーシブ教育システムの構築を目指し，児童の自立と社会参加を一層推進していくためには，通常の学級，通級による指導，特別支援学級，特別支援学校において，児童の十分な学びを確保し，一人一人の児童の障害の状態や発達の段階に応じた指導や支援を一層充実させていく必要がある。

通常の学級においても，発達障害を含む障害のある児童が在籍している可能性があることを前提に，全ての教科等において，一人一人の教育的ニーズに応じたきめ細かな指導や支援ができるよう，障害種別の指導の工夫のみならず，各教科等の学びの過程において考えられる困難さに対する指導の工夫の意図，手立てを明確にすることが重要である。

これを踏まえ，今回の改訂では，障害のある児童などの指導に当たっては，個々の児童によって，見えにくさ，聞こえにくさ，道具の操作の困難さ，移動上の制約，健康面や安全面での制約，発音のしにくさ，心理的な不安定，人間関係

形成の困難さ，読み書きや計算等の困難さ，注意の集中を持続することが苦手であることなど，学習活動を行う場合に生じる困難さが異なることに留意し，個々の児童の困難さに応じた指導内容や指導方法を工夫することを，各教科等において示している。

その際，音楽科の目標や内容の趣旨，学習活動のねらいを踏まえ，学習内容の変更や学習活動の代替を安易に行うことがないよう留意するとともに，児童の学習負担や心理面にも配慮する必要がある。

例えば，音楽科における配慮として，次のようなものが考えられる。

- 音楽を形づくっている要素（リズム，速度，旋律，強弱，反復等）の聴き取りが難しい場合は，要素に着目しやすくなるよう，音楽に合わせて一緒に拍を打ったり体を動かしたりするなどして，要素の表れ方を視覚化，動作化するなどの配慮をする。なお，動作化する際は，決められた動きのパターンを習得するような活動にならないよう留意する。
- 多くの声部が並列している楽譜など，情報量が多く，児童がどこに注目したらよいのか混乱しやすい場合は，拡大楽譜などを用いて声部を色分けしたり，リズムや旋律を部分的に取り出してカードにしたりするなど，視覚的に情報を整理するなどの配慮をする。

なお，学校においては，こうした点を踏まえ，個別の指導計画を作成し，必要な配慮を記載し，翌年度の担任等に引き継ぐことなどが必要である。

---

(8) 第1章総則の第1の2の(2)に示す道徳教育の目標に基づき，道徳科などとの関連を考慮しながら，第3章特別の教科道徳の第2に示す内容について，音楽科の特質に応じて適切な指導をすること。

音楽科の指導においては，その特質に応じて，道徳について適切に指導する必要があることを示すものである。

第1章総則の第1の2(2)においては，「学校における道徳教育は，特別の教科である道徳（以下「道徳科」という。）を要として学校の教育活動全体を通じて行うものであり，道徳科はもとより，各教科，外国語活動，総合的な学習の時間及び特別活動のそれぞれの特質に応じて，児童の発達の段階を考慮して，適切な指導を行うこと」と規定されている。

音楽科における道徳教育の指導においては，学習活動や学習態度への配慮，教師の態度や行動による感化とともに，以下に示すような音楽科と道徳教育との関連を明確に意識しながら，適切な指導を行う必要がある。

- 音楽科の「第1　目標」(3)に，「音楽活動の楽しさを体験することを通して，

音楽を愛好する心情と音楽に対する感性を育むとともに，音楽に親しむ態度を養い，豊かな情操を培う。」と示していること。
- 音楽を愛好する心情や音楽に対する感性は，美しいものや崇高なものを尊重する心につながるものであること。また，音楽科の学習指導を通して培われる豊かな情操は，道徳性の基盤を養うものであること。
- 音楽科で取り扱う共通教材は，我が国の伝統や文化，自然や四季の美しさや，夢や希望をもって生きることの大切さなどを含んでおり，道徳的心情の育成に資するものであること。

次に，道徳教育の要としての特別の教科である道徳（以下「道徳科」という。）の指導との関連を考慮する必要がある。音楽科で扱った内容や教材の中で適切なものを，道徳科に活用することが効果的な場合もある。また，道徳科で取り上げたことに関係のある内容や教材を音楽科で扱う場合には，道徳科における指導の成果を生かすように工夫することも考えられる。そのためにも，音楽科の年間指導計画の作成などに際して，道徳教育の全体計画との関連，指導の内容及び時期等に配慮し，両者が相互に効果を高め合うようにすることが大切である。

2　内容の取扱いと指導上の配慮事項

> 2　第2の内容の取扱いについては，次の事項に配慮するものとする。

　ここでは，第2の内容の指導に当たって配慮すべき事項を示している。したがって，以下の(1)から(9)の配慮事項については，単独で取り扱うのではなく，第2の内容の指導と関連付けて取り扱うことが必要である。

> (1) 各学年の「A表現」及び「B鑑賞」の指導に当たっては，次のとおり取り扱うこと。
> 　ア　音楽によって喚起されたイメージや感情，音楽表現に対する思いや意図，音楽を聴いて感じ取ったことや想像したことなどを伝え合い共感するなど，音や音楽及び言葉によるコミュニケーションを図り，音楽科の特質に応じた言語活動を適切に位置付けられるよう指導を工夫すること。

　この事項は，「A表現」及び「B鑑賞」の指導に当たって，音や音楽及び言葉によるコミュニケーションを図り，音楽科の特質に応じた言語活動を適切に位置付けられるよう指導を工夫することについて示したものである。

　音楽科の学習において，音楽によって喚起されたイメージや感情，音楽表現に対する思いや意図，音楽を聴いて感じ取ったことや想像したことなどを友達と伝え合い，友達の感じ方や考え方等に共感しながら，自分の感じ方や考え方等を深めていくためには，言葉によるコミュニケーションが必要となる。

　一方，音楽活動は，音や音楽によるコミュニケーションを基盤としたものであり，言葉で表すことが本来の目的ではない。したがって，言葉によるコミュニケーションが音や音楽によるコミュニケーションの充実につながるように，配慮することが必要である。

　例えば，表現の活動においては，表したい思いや意図を言葉で伝え合いながら，実際に歌ったり演奏したりして音楽表現を高めていく楽しさを味わうようにすることが考えられる。また，鑑賞の活動では，音楽を聴いて気付いたことや感じ取ったことなどの様々な意見を共有した後，視点をもって，再度音楽を聴くことにより，音楽をより味わって聴くようにすることなどが考えられる。

　このように，音楽科の学習指導を充実するためには，音楽科の特質に応じた言語活動が適切に位置付けられるよう指導を工夫することが重要である。

> イ 音楽との一体感を味わい，想像力を働かせて音楽と関わることができる
>   よう，指導のねらいに即して体を動かす活動を取り入れること。

　この事項は，各学年の「A表現」及び「B鑑賞」の指導に当たって，体を動かす活動を取り入れることについて示したものである。
　児童が音楽を全体にわたって感じ取っていくためには，体のあらゆる感覚を使って音楽を捉えていくことが必要となる。児童が体全体で音楽を感じ取ることを通して，音楽科の学習において大切となる想像力が育まれていくのである。このように，児童が音楽との一体感を味わうことができるようにするためには，音楽に合わせて歩いたり，動作をしたりするなどの体を動かす活動を取り入れることが大切である。
　想像力を働かせて音楽と関わるとは，児童が表現したり鑑賞したりする活動の中で，場面や様子，情景などの具体的なイメージをもつことである。それとともに，音楽を聴いてその曲全体がどのような構造になっており，どのようにその曲を表現したり，聴き取ったり感じ取ったりするかという，全体的な見通しをもつことでもある。
　児童が思いや意図をもって主体的に表現をしたり，曲や演奏のよさなどを見いだし音楽を全体にわたって味わって聴いたりするためには，全体的な見通しをもつという意味でのイメージが重要になる。
　指導に当たっては，体を動かすこと自体をねらいとするのではなく，例えば，音楽の特徴を捉える学習を深めたり，思いや意図に合った表現を高めたりするなど，指導のねらいに応じて効果的に取り入れられるように留意する必要がある。

> ウ 児童が様々な感覚を働かせて音楽への理解を深めたり，主体的に学習に
>   取り組んだりすることができるようにするため，コンピュータや教育機器
>   を効果的に活用できるよう指導を工夫すること。

　この事項は，各学年の「A表現」及び「B鑑賞」の指導に当たって，コンピュータや教育機器を効果的に活用できるよう指導を工夫することについて示したものである。
　様々な感覚を働かせてとは，聴覚だけでなく，視覚や体の動きなど様々な感覚を働かせるようにすることである。例えば，実物投影機を用いて鍵盤ハーモニカなどの運指を提示して教師の範奏を視聴させたり，オーケストラの演奏をデジタルコンテンツなどで視聴させ，演奏や指揮者の様子を見ながら指揮を模倣させる

など，音楽の特徴を聴き深める手立てを工夫したりすることが考えられる。

また，必要に応じて，児童が自らコンピュータのソフトウェアや教育機器を活用できるようにすることも考えられる。例えば，児童が，友達と協力しながら創作用ソフト等を活用することで，音の長さや高さの組合せ，フレーズのつなぎ方や重ね方などを，視覚と聴覚で確認しながら試行錯誤し，無理なくリズムや旋律をつくることができるようにすることや，自分たちの演奏を，ＩＣレコーダーなどを活用して録音し記録することで，その演奏のよさや課題に気付くようにすることなどが考えられる。

指導に当たっては，コンピュータなどの操作そのものが目的化しないように留意するとともに，学習内容の理解や主体的な学びにつながるよう，どのような学習場面において，どのように用いるのかなど，効果的な活用方法を工夫することが必要である。

> エ　児童が学校内及び公共施設などの学校外における音楽活動とのつながりを意識できるようにするなど，児童や学校，地域の実態に応じ，生活や社会の中の音や音楽と主体的に関わっていくことができるよう配慮すること。

この事項は，各学年の「Ａ表現」及び「Ｂ鑑賞」の指導に当たって，児童が生活や社会の中の音や音楽と主体的に関わっていくことができるようにするために配慮すべきことを示したものである。

音楽科の教科の目標には，「生活や社会の中の音や音楽と豊かに関わる資質・能力」の育成を目指すことを示している。音楽科では，この目標を実現することによって，生活や社会の中の音や音楽と豊かに関わることのできる人を育てること，そのことによって心豊かな生活を営むことのできる人を育てること，ひいては，心豊かな生活を営むことのできる社会の実現に寄与することを目指している。

したがって，音楽科の学習で学んだことやその際に行った音楽活動と，学校内外における様々な音楽活動とのつながりを児童が意識できるようにすることは，心豊かな生活を営むことのできる社会の実現に向けて，音楽科の果たす大切な役割の一つである。

学校内における音楽活動には，音楽の授業のみではなく，総合的な学習の時間や特別活動などにおける諸活動において，歌を歌ったり楽器を演奏したり音楽をつくったり音楽を聴いたりする活動も含まれる。

公共施設などの学校外における音楽活動には，児童が自分たちの演奏を披露す

ることや，音楽家や地域の人々によるコンサートなど様々な音楽活動が含まれる。例えば，歌唱や器楽で扱った，世代を超えて大切にされている日本のうた，地域で親しまれている歌をコンサートの参加者と歌ったり演奏したりするなどの活動が考えられる。その際，音楽科の学習で扱った教材曲と公共施設などの学校外における音楽活動で扱った曲との関わりに興味をもてるようにすることが大切である。

このように，児童が音楽科の学習内容と学校内外の音楽活動とのつながりを意識できるようにするためには，授業で学んだことを，音楽科の授業以外の様々な場面で発表したり，そのことによって得られた音楽活動の喜びについて振り返ったりするなどの活動を，適宜，取り入れるなどの工夫が必要である。

なお，各学校において，総合的な学習の時間や特別活動など，音楽科の授業以外で行われる音楽活動の状況や，各地域における音楽ホールなどの公共施設の設置状況や活用状況などは一様ではない。また，それらによって期待される児童の姿も様々に考えられるため，**児童や学校，地域の実態に応じ**としている。

> オ　表現したり鑑賞したりする多くの曲について，それらを創作した著作者がいることに気付き，学習した曲や自分たちのつくった曲を大切にする態度を養うようにするとともに，それらの著作者の創造性を尊重する意識をもてるようにすること。また，このことが，音楽文化の継承，発展，創造を支えていることについて理解する素地となるよう配慮すること。

この事項は，各学年の「A表現」及び「B鑑賞」の指導に当たって，著作物及びそれらの著作者の創造性を尊重する態度と，音楽に関する知的財産の保護と活用につながる態度を育むことについて示している。

小学校の段階では，多くの曲にはそれをつくった著作者がいることに気付くこと，学習した曲や自分たちのつくった曲を大切にしようとすること，さらに，つくった人の創造性を尊重する意識をもてるようにすることを求めている。

そのためには，例えば，学習した曲の作詞者や作曲者，編曲者を確認したり，学習した曲や自分たちがつくった作品のよさなどについて共有したり，そのよさを生かして，歌ったり楽器を演奏したり作品をつくったりするなどの活動を，適宜，取り入れることが考えられる。

このような活動を積み重ねていくことが，中学校以降における知的財産の保護と活用についての学習につながるとともに，自分たちが暮らす生活や社会において，音楽文化が大切に受け継がれ，発展，創造していくことについて理解する素地を育成することにつながるのである。

(2) 和音の指導に当たっては，合唱や合奏などの活動を通して和音のもつ表情を感じ取ることができるようにすること。また，長調及び短調の曲においては，Ⅰ，Ⅳ，Ⅴ及びⅤ₇などの和音を中心に指導すること。

この事項は，和音の取扱いについて示したものである。

和音の取扱いについては，理論的な指導に偏ることがないよう，あくまでも音楽活動を進める中で，児童の音楽的な感覚に働きかけるとともに，合唱や合奏をはじめ，音楽づくり，鑑賞など，具体的な活動を通して指導することが必要である。例えば，いろいろな音の重ね方を工夫して表現したり，それらを互いに聴き合ったりして，和音のもつ表情や，その表情が変化するよさや美しさを味わうようにすることが考えられる。

また，和音を「音楽の縦と横との関係」で捉えて，旋律にふさわしい和音の連結による音楽の響きを聴き取り，感覚的にその変化のよさや美しさを味わうようにすることが考えられる。これは和声に関する学習につながるものとなる。その際，和音の響きと和音の連結によって生まれる和声に対する感覚の育成を，児童の発達の段階に応じて行うように配慮することも大切である。

長調や短調による音楽を取り扱う場合には，その基本となるⅠ，Ⅳ，Ⅴ及びⅤ₇の和音を中心に指導し，学習の内容や教材，児童の経験などの実態に応じて，適宜，その他の和音も用いるように配慮することが必要である。

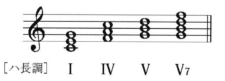

(3) 我が国や郷土の音楽の指導に当たっては，そのよさなどを感じ取って表現したり鑑賞したりできるよう，音源や楽譜等の示し方，伴奏の仕方，曲に合った歌い方や楽器の演奏の仕方などの指導方法を工夫すること。

この事項は，我が国や郷土の音楽の指導に当たって，曲に合った歌い方や楽器の演奏の仕方などの指導方法を工夫することについて示したものである。

我が国や郷土の音楽は，主に口承されてきたり，人々の生活や文化と関わって伝承されてきたりしたという特性がある。指導に当たっては，このような特性を踏まえて，知識や技能の習得に偏ることなく，そのよさなどを十分に感じ取って表現したり鑑賞したりできるよう，指導方法を工夫することが重要となる。

音源や楽譜等の示し方については，音楽そのものの特徴や，その音楽が歌われ

たり演奏されたりしているときの様子が児童によく伝わる音源を用いることや，縦方向に書かれた楽譜など，扱う音楽で用いられてきた楽譜を用いたり，音の高さや長さ，抑揚などを文字や線などで簡易的に示した楽譜を用いたりすることなどが考えられる。また，指導のねらいに応じて，適宜，映像資料を用いることも効果的である。

伴奏の仕方については，児童が自然で無理のない歌い方で歌える音域や速度を考慮したり，和楽器による伴奏の音源を用いたりすることなどが考えられる。

曲に合った歌い方や楽器の演奏の仕方については，話し声を生かして歌えるようにすることや，口唱歌（くちしょうが）を活用することなどが考えられる。口唱歌（くちしょうが）とは，和楽器の伝承において用いられてきた学習方法で，リズムや旋律を「チン・トン・シャン」などの言葉に置き換えて唱えることである。口唱歌（くちしょうが）は，和楽器の学習だけではなく，音楽づくりにおけるお囃子（はやし）づくりや，我が国の音楽の鑑賞の学習においても効果的な方法である。

また，例えば，仕事歌などでは動作を入れて歌うなど，歌われたり演奏されたりしたときの様子に合った体の動きを取り入れることも効果的である。

なお，我が国や郷土の音楽に親しむ態度の育成を図るため，児童や学校，地域の実態に応じて，地域等の指導者や演奏家の実演による鑑賞の機会を充実することも大切である。

---

(4) 各学年の「A表現」の(1)の歌唱の指導に当たっては，次のとおり取り扱うこと。

ア　歌唱教材については，我が国や郷土の音楽に愛着がもてるよう，共通教材のほか，長い間親しまれてきた唱歌，それぞれの地方に伝承されているわらべうたや民謡など日本のうたを含めて取り上げるようにすること。

イ　相対的な音程感覚を育てるために，適宜，移動ド唱法を用いること。

ウ　変声以前から自分の声の特徴に関心をもたせるとともに，変声期の児童に対して適切に配慮すること。

これらの事項は，歌唱の指導の取扱いについて示したものである。

アの事項は，歌唱教材として，唱歌，わらべうたや民謡など日本のうたを選択する観点について示したものである。

各学年の「3　内容の取扱い」(1)アにおいて，共通教材を含めて歌唱教材を取り扱うことについて示しているが，各学校の児童の実態に合った教材を幅広い

視野から選び,指導を工夫することが大切である。

多くの人々に長い間親しまれてきた日本のうたには,唱歌や童謡など,児童が豊かな表現を楽しむことのできるものが数多くある。それらのうたは,人々の生活や心情と深い関わりをもちながら,世代を超えて受け継がれてきた我が国の音楽文化といえるものであり,また,季節や自然などの風情や美しさを感じ取り,いとおしんできた日本人の感性が息づいている音楽とも言える。

また,わらべうたや民謡,日本古謡は,我が国の伝統的な音感覚に根ざした音楽であり,共通教材として取り上げたものも,古くから親しまれ,比較的広域で歌われてきたものである。しかし,こうした日本のうたのもつよさや楽しさは,むしろそれぞれの土地に伝承され親しまれてきたものにこそ味わいのあるものが多く見られる。

なお,**我が国や郷土の音楽に愛着がもてるよう**と示したのは,このような特徴のある日本のうたを扱うねらいを明確にしたものであり,こうした観点も含めて日本のうたを取り上げるようにすることが大切である。

イの事項は,相対的な音程感覚を育てるために,適宜,移動ド唱法を用いることについて示したものである。

相対的な音程感覚を育てるとは,階名唱において,音程,すなわち音と音との間隔を相対的に捉える力を身に付けるようにすることである。なお,階名とは,長音階の場合はド,短音階ではラをそれぞれの主音として,その調における相対的な位置を,ドレミファソラシを用いて示すものであり,階名唱とは階名を用いて歌うことである。階名唱を行う際,調によって五線譜上のドの位置が移動するため,階名唱は**移動ド唱法**とも呼ばれる。この唱法によって,音と音との関係を捉えるという相対的な音程感覚が身に付くようになる。そのため,児童の実態を十分考慮しながら,学習のねらいなどに即して,適宜,移動ド唱法を用いて指導をすることが重要である。

ウの事項は,変声期前後の児童への指導の配慮について示したものである。

学年が進むと,身体の成長に伴い,小学校においても変声期に入る児童がいる。そのため,変声以前から,変声は成長の証であること,その時期や変化には個人差があることを指導し,児童が安心して歌えるように配慮しながら歌唱指導を進めていくことが大切である。

また,高学年の「A表現」(1)ウ(イ)に示す「自然で無理のない,響きのある歌い方」については,変声以前から指導することによって,児童が自分の歌声に関心をもちながら,よりよい響きを伴った歌い方を身に付けることができるよう

にすることが重要である。具体的には，変声中に，変声以前に身に付けた歌い方を意識しながら声帯に無理のない歌い方で歌うようにしたり，変声が落ち着く頃から児童に合った音域で歌うようにしたりするなど，児童の実態に応じて，指導を工夫することが大切である。

---

(5) 各学年の「A表現」の(2)の楽器については，次のとおり取り扱うこと。
　ア　各学年で取り上げる打楽器は，木琴，鉄琴，和楽器，諸外国に伝わる様々な楽器を含めて，演奏の効果，児童や学校の実態を考慮して選択すること。
　イ　第1学年及び第2学年で取り上げる旋律楽器は，オルガン，鍵盤ハーモニカなどの中から児童や学校の実態を考慮して選択すること。
　ウ　第3学年及び第4学年で取り上げる旋律楽器は，既習の楽器を含めて，リコーダーや鍵盤楽器，和楽器などの中から児童や学校の実態を考慮して選択すること。
　エ　第5学年及び第6学年で取り上げる旋律楽器は，既習の楽器を含めて，電子楽器，和楽器，諸外国に伝わる楽器などの中から児童や学校の実態を考慮して選択すること。
　オ　合奏で扱う楽器については，各声部の役割を生かした演奏ができるよう，楽器の特性を生かして選択すること。

　これらの事項は，それぞれの学年で取り上げる楽器や合奏で取り上げる楽器の選択について示したものである。

　アの事項は，各学年で取り上げる打楽器の選択について示したものである。
　打楽器には，発音体によって，木質，金属質，皮質など様々な種類のものがある。それらの中から，児童が演奏するときに技能的に無理のないものを，演奏効果のねらいや児童や学校の実態などに応じて選ぶようにすることが大切である。また，旋律や和音を演奏することのできる木琴や鉄琴，和太鼓や音具類などの和楽器，諸外国に伝わる様々な打楽器についても，他の打楽器と同様に各学年を通じて取り扱うよう心掛けることが大切である。

　イの事項は，第1学年及び第2学年で取り上げる旋律楽器の選択について示したものである。
　ここでは，視覚と聴覚の両面から音を確かめつつ演奏できる各種オルガン，同じく視覚と聴覚の両面から音を確かめつつ演奏でき，息の入れ方を変えることに

よっていろいろな音色を工夫することができる鍵盤ハーモニカなど，児童にとって身近で扱いやすい楽器の中から，児童や学校の実態に応じて選ぶようにすることが大切である。

ウの事項は，第3学年及び第4学年で取り上げる旋律楽器の選択について示したものである。

ここでは，第1学年及び第2学年で取り扱ってきた楽器を含めるとともに，指使いや呼吸，タンギングなどを工夫して，楽しんで音をつくることができるリコーダー，また，各種オルガンやアコーディオン，ピアノなど，主旋律の演奏から和音を用いた演奏や低声部の充実にまで幅広く活用することができる鍵盤楽器や，箏（そうこと）など，無理なく取り組むことができ，我が国の音楽のよさを感じ取れる和楽器の中から，児童や学校の実態に応じて選ぶようにすることが大切である。

エの事項は，第5学年及び第6学年で取り上げる旋律楽器の選択について示したものである。

ここでは，第4学年までに取り扱ってきた楽器を含めるとともに，各種の電子楽器，和楽器，管楽器，弦楽器などや諸外国に伝わる様々な楽器の中から，児童が興味・関心をもち，豊かな器楽の表現を楽しむことができるものを，児童や学校の実態に応じて選ぶようにすることが大切である。

オの事項は，合奏で扱う楽器の選択について示したものである。

合奏の各声部には，主旋律，副次的な旋律，和音，低音，リズム伴奏などがあり，それぞれ大切な役割を担っている。また，合奏で扱う各種打楽器や旋律楽器には，それぞれの楽器の特性がある。ここでいう楽器の特性とは，音域，音色，音量，音の減衰の仕方，強弱表現の幅などである。

合奏指導に当たっては，児童が各声部の役割を理解し，それを生かした演奏ができるよう，児童や学校の実態に応じ，楽器の特性を生かして適切な楽器を選択することが大切である。

なお，アンサンブルの活動では，各声部の役割や楽器の特性を生かした表現を工夫する活動において，児童が楽器を自ら選択できるようにすることも考えられる。

(6) 各学年の「A表現」の(3)の音楽づくりの指導に当たっては，次のとおり取り扱うこと。
ア 音遊びや即興的な表現では，身近なものから多様な音を探したり，リ

ズムや旋律を模倣したりして，音楽づくりのための発想を得ることができるよう指導すること。その際，適切な条件を設定するなど，児童が無理なく音を選択したり組み合わせたりすることができるよう指導を工夫すること。
　イ　どのような音楽を，どのようにしてつくるかなどについて，児童の実態に応じて具体的な例を示しながら指導するなど，見通しをもって音楽づくりの活動ができるよう指導を工夫すること。
　ウ　つくった音楽については，指導のねらいに即し，必要に応じて作品を記録させること。作品を記録する方法については，図や絵によるもの，五線譜など柔軟に指導すること。
　エ　拍のないリズム，我が国の音楽に使われている音階や調性にとらわれない音階などを児童の実態に応じて取り上げるようにすること。

　これらの事項は，音楽づくりの指導の取扱いについて示したものである。

　アの事項は，**音遊びや即興的な表現**の取扱いについて示したものである。「A表現」(3)ア，イ及びウの各事項のうち，(ｱ)の内容を示している。
　低学年での**音遊び**は，設定した条件に基づいてその場で音を選んだりつなげたりして表現することによって，音楽づくりへの様々な可能性を広げていくものであり，中学年及び高学年での**即興的な表現**に発展していくものである。即興的な表現は，いろいろな音の響きを基に，設定した条件に基づいて，即興的に選択したり組み合わせたりして表現することであり，いろいろな音の響きやそれらの組合せの特徴から音楽づくりに結び付く発想を得る活動である。
　ここでは，「これらの音をこうしたらもっと面白くなる」という音楽づくりのための発想を得ることができるようにするため，児童の実態に応じた適切な条件を設定して児童に工夫させたいところを絞り込み，無理なく音を選択したり組み合わせたりできるようにするなど，適切な指導の手立てを工夫することが重要であることを示している。
　指導に当たっては，児童一人一人の発想のよさを認めるとともに，友達の発想のよさや面白さを共有し，自分の表現に生かすようにすることが大切である。

　イの事項は，**どのような音楽を，どのようにしてつくるか**についての取扱いについて示したものである。「A表現」(3)のア，イ及びウの各事項のうち，(ｲ)の内容を示している。
　低学年では，音楽の仕組みを用いて，音を音楽にすることを，中学年及び高学

年では,音楽の仕組みを用いて,まとまりのある音楽へと構成することを目指している。

　ここでは,つくる音楽や,つくる過程に見通しがもてるよう,どのような音楽を,どのようにつくるかという思いや意図に寄り添いながら,音楽の仕組みを用いた表現方法の具体的な例を示したり,児童の表現の高まりを価値付けたりするなど,適切な指導の手立てを工夫することが重要である。

　児童の実態に応じてとしたのは,一人一人の児童の音楽づくりの学習経験を踏まえた指導を行うことが大切であることを示したものである。

　ウの事項は,作品を記録する方法の指導について示したものである。

　つくった音楽を互いに共有し,思いや意図を伝え合う上で,つくった音楽を記録することは有効である。そのため,児童の発達の段階や指導のねらい等を踏まえ,必要に応じて記録の方法を指導することが求められる。

　指導に当たっては,つくった音楽を視覚的に捉えたり,その音楽を再現したりする手掛かりとなるよう記録の方法を工夫することが大切である。その場合,児童の実態や活動の内容に応じて,五線譜のほか,絵や図,音の高さや長さ,抑揚などを文字や線などで簡易的に示したり,また,それらに文章で簡単な説明を加えたりするなどの記録の方法が考えられる。

　エの事項は,児童の実態に応じて,多様な音楽表現から手掛かりを得て音楽をつくることについて示したものである。

　拍のないリズムとは,一定の間隔をもって刻まれる拍がないリズムのことである。例えば,我が国の民謡や現代音楽,諸外国の音楽などに見られる。また,**我が国の音楽に使われている音階**とは,例えば,わらべうたや民謡などに見られる音階のことである。**調性にとらわれない音階**とは,長音階や短音階以外の音階のことで,諸外国の様々な音階や全音音階などを含む。

　こうしたリズムや音階を基に,音楽の仕組みを用いて,音を音楽へと構成することを通して,まとまりを意識した音楽がつくりやすくなることが考えられる。また,こうしたリズムや音階を基にすることで,児童が様々な音楽と出会い,音楽の楽しみ方を広げていくことにつながるのである。

> (7) 各学年の「B鑑賞」の指導に当たっては,言葉などで表す活動を取り入れ,曲想と音楽の構造との関わりについて気付いたり理解したり,曲や演奏の楽しさやよさなどを見いだしたりすることができるよう指導を工夫すること。

この事項は,「B鑑賞」の指導の工夫について示したものである。

児童が鑑賞の学習を深めるためには,音楽を聴いて感じ取ったことなどを言葉などで表すことが必要である。言葉などで表すことで,曲の特徴について理解したり,曲や演奏のよさなどについて考えたりする学習が深まっていくのである。

言葉などで表す活動には,絵や図で表したり,体の動きに置き換えて表したりするなど,広義の言語活動が含まれる。児童が,心の中に描いた様々な情景や様子,気持ちなど想像したことや感じ取ったことを,言葉や体の動き,絵や図で表すなどして教師や友達などに伝えようとすることは,友達の感じ方や考え方等のよさに気付いたり共感したり,自分の感じ方や考え方等を一層広げたりすることにもつながるものである。

指導に当たっては,感じ取ったことや思い浮かべたことを意識化し,それがどのような音楽の構造から生み出されているのかについて目を向けるようにしたり,自分が見いだしたよさなどについて,音楽的な理由と関わらせながら友達と対話を重ねるようにしたりすることが大切である。

---

(8) 各学年の〔共通事項〕に示す「音楽を形づくっている要素」については,児童の発達の段階や指導のねらいに応じて,次のア及びイから適切に選択したり関連付けたりして指導すること。
　ア　音楽を特徴付けている要素
　　　音色,リズム,速度,旋律,強弱,音の重なり,和音の響き,音階,調,拍,フレーズなど
　イ　音楽の仕組み
　　　反復,呼びかけとこたえ,変化,音楽の縦と横との関係など

この事項は,第2の各学年の内容の〔共通事項〕のうち「音楽を形づくっている要素」の取扱いについて示している。ここで言う**音楽を形づくっている要素**は,アに示す音色,リズム,速度,旋律,強弱,音の重なり,和音の響き,音階,調,拍,フレーズなどの**音楽を特徴付けている要素**,及びイに示す反復,呼びかけとこたえ,変化,音楽の縦と横との関係などの**音楽の仕組み**である。

音楽は,音楽を特徴付けている要素と音楽の仕組みとの関わり合いによって形づくられているものである。音楽を形づくっている要素を扱う際は,このことに配慮した指導を行うことが必要である。

音色とは,声や楽器などから出すことができる様々な音の特徴である。音色についての学習では,身の回りの音,声や楽器の音色,歌い方や楽器の演奏の仕方による様々な音色などを扱うことが考えられる。

リズムとは,音楽の時間的なまとまりをつくったり,音楽の時間を刻んだりするものである。小学校では,主に「リズム・パターン」を扱う。リズムについての学習では,音符や休符を組み合わせた様々なリズム・パターン,例えば,♩♩♩などの同じ長さの音符を組み合わせたものを扱うことや,♩.♪などの付点を含むもの,♪♩♪などのシンコペーションを扱うことや,言葉や身の回りの音に含まれているリズム・パターンを扱うことなどが考えられる。

　速度とは,基準となる拍が繰り返される速さのことである。楽譜に「♩＝96」と示された場合は,基準となる拍の四分音符を１分間に96回打つ速さであることを意味している。速度についての学習では,速い曲,遅い曲などの曲全体の速度,「速くなる,遅くなる」などの速度の変化を扱うことが考えられる。

　旋律とは,音の連続的な高低の変化がリズムと組み合わされ,あるまとまった表現を生み出しているものである。旋律についての学習では,上行,下行,山型,谷型,一つの音に留まるなどの音の動き方や,順次進行,跳躍進行などの音の連なり方を扱うことが考えられる。

　強弱とは,音量のように数値で表されるものや,曲の各部分で相対的に感じられるものである。音色などと関わって,力強い音,優しい音などの音の質感によって強弱が表されることもある。強弱についての学習では,音の強弱を表す「強く,少し強く,少し弱く,弱く」や,強弱の変化を表す「だんだん強く,だんだん弱く」,「特定の音を強調して」などを扱うことが考えられる。

　音の重なりとは,複数の音が同時に鳴り響いていることである。音の重なりについての学習では,複数の旋律やリズムに含まれる音,複数の高さの音が同時に鳴ることで生まれる響きなどを扱うことが考えられる。

　和音の響きとは,音の重なりのうち,長調や短調など主に調性のある音楽において音が重なることによって生まれる響きのことである。和音の響きについての学習では,長調や短調のⅠ,Ⅳ,Ⅴ及びⅤ$_7$を中心とした和音などを扱うことが考えられる。

　なお,和音の取扱いについては,第４章２(2)において説明している。

［ハ長調］　Ⅰ　Ⅳ　Ⅴ　Ⅴ$_7$　　　　　［イ短調］　Ⅰ　Ⅳ　Ⅴ　Ⅴ$_7$

　音階とは,ある音楽で用いられる基本的な音を高さの順に並べたものである。音階は,時代や地域,民族などによって様々な種類があり,それぞれの音楽を特徴付けている。音階についての学習では,長調の音階(長音階),短調の音階(短音階)をはじめ,我が国の音楽に用いられる音階などを扱うことが考えられる。

調とは，ハ長調やイ短調などの調性のことであり，音階で特定の音を中心に位置付けることで，それぞれの音楽の特徴を生み出す重要なものの一つである。西洋音楽で使われている調は，長調と短調の2種類に代表される。中学年においてはハ長調を，高学年においてはハ長調及びイ短調を取り扱うこととしている。調についての学習では，長調と短調との違い，ハ長調とイ短調の視唱や視奏などを扱うことが考えられる。また，音楽づくりなどでは，調性にとらわれない音楽などを扱うことが考えられる。

　拍とは，音楽に合わせて手拍子をしたり歩いたりすることができるような，一定の間隔をもって刻まれるものである。なお，間隔に伸び縮みが生じることもある。拍に着目した場合，「拍のある音楽」と「拍のない音楽」との二つに分けることができる。拍のある音楽についての学習では，いくつかの拍が一定のアクセントのパターンを伴って繰り返される拍子のある音楽や，拍子がない伝承の遊びうたなどを扱うことが考えられる。また，拍のない音楽についての学習では，我が国の民謡や諸外国の音楽，現代音楽などの中から，そのような特徴をもつ音楽を扱うことが考えられる。

　フレーズとは，音楽の流れの中で，自然に区切られるまとまりを示している。フレーズについての学習では，歌詞の切れ目やブレス（息継ぎ）によって区切られるまとまり，数個の音やリズムからなる小さなまとまり，これらがいくつかつながった大きなまとまりなどを扱うことが考えられる。

　反復とは，リズムや旋律などが繰り返される仕組みである。反復についての学習では，リズムや旋律などが連続して繰り返される反復，Ａ－Ｂ－Ａ－Ｃ－Ａの「Ａ」などに見られる合間をおいて繰り返される反復，Ａ－Ｂ－Ａの三部形式の「Ａ」などに見られる再現による反復などを扱うことが考えられる。

　呼びかけとこたえとは，ある音やフレーズ，旋律に対して，一方の音やフレーズ，旋律がこたえるという，呼応する関係にあるものを示している。呼びかけとこたえについての学習では，ある呼びかけに対して模倣でこたえるもの，ある呼びかけに対して性格の異なった音やフレーズまたは旋律でこたえるもの，短く合いの手を入れるもの，一人が呼びかけてそれに大勢がこたえるものなどを扱うことが考えられる。

　変化とは，音楽を形づくっている要素の表れ方や関わり合いが変わることによって起こるものである。変化についての学習では，リズムや旋律などが反復した後に異なるものが続く変化，変奏のようにリズムや旋律などが少しずつ変わる変化などを扱うことが考えられる。

　音楽の縦と横との関係とは，音の重なり方を縦，音楽における時間的な流れを横と考え，その縦と横との織りなす関係を示している。音楽の縦と横との関係に

ついての学習では，輪唱（カノン）のように同じ旋律がずれて重なったり，二つの異なる旋律が同時に重なったり，はじめは一つの旋律だったものが，途中から二つの旋律に分かれて重なったりするものなどを取り扱うことが考えられる。

　なお，これらの**音楽を形づくっている要素**を扱う場合，児童の発達の段階や教材曲に応じて，適宜，**音楽を特徴付けている要素**及び**音楽の仕組み**のうち，適切なものを選択したり関連付けたりしながら，見通しをもって繰り返し指導し，学習が深まっていくようにしていくことが重要である。

　また，同じ音楽を形づくっている要素についての学習においても，児童の発達の段階に応じて，理解が深まっていくように扱うことが重要である。

　例えば，音楽の縦と横との関係ならば，低学年では輪唱の曲などを扱い，斉唱で歌うときと輪唱で歌うときを比較し，ずれて音が重なることで音の重なりや和音が生まれる面白さを感じ取るようにすることが考えられる。そのような学習経験を土台としながら，中学年では，斉唱で始まった曲が，途中から二つの旋律に分かれて重なるものなどを扱い，斉唱の響きと合唱の響きの違いを比較しながら，響きの豊かさを感じ取るようにすることが考えられる。さらに高学年では，ある旋律の呼びかけに対して他の旋律がこたえながらずれて重なるものや，複数の旋律が同時に動いて和音を形づくったりするものなどを扱い，重なり方の多様な変化の面白さを感じ取るようにすることが考えられる。

(9) 各学年の〔共通事項〕の(1)のイに示す「音符，休符，記号や用語」については，児童の学習状況を考慮して，次に示すものを音楽における働きと関わらせて理解し，活用できるよう取り扱うこと。

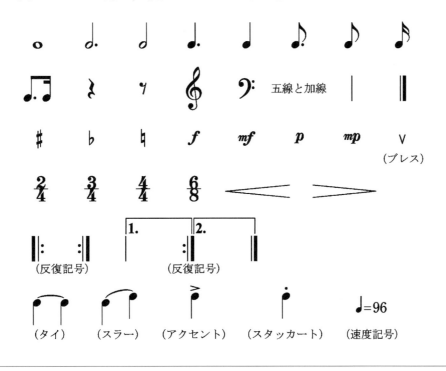

　この事項は，〔共通事項〕の(1)イに示す**音符，休符，記号や用語**の取扱いについて示している。指導に当たっては，単にその名称やその意味を知ることだけではなく，表現及び鑑賞の様々な学習活動の中で，音楽における働きと関わらせて，実感を伴ってその意味を理解できるようにするとともに，表現及び鑑賞の各活動の中で，活用できるように配慮することが大切である。

　これらについては，特に配当学年は示していないが，取り扱う教材，内容との関連で必要と考えられる時点で，その都度繰り返し指導していくようにし，6年間を見通した指導計画に沿って学習を進める中で，音楽活動を通して徐々に実感を伴って理解し，活用できる知識として身に付けていくようにすることが大切である。

付録

目次

- 付録1：学校教育法施行規則（抄）
- 付録2：小学校学習指導要領　第1章　総則
- 付録3：小学校学習指導要領　第2章　第6節　音楽
- 付録4：教科の目標，各学年の目標及び内容の系統表（小学校音楽科）
- 付録5：歌唱及び鑑賞共通教材一覧
- 付録6：中学校学習指導要領　第2章　第5節　音楽
- 付録7：教科の目標，各学年の目標及び内容の系統表（中学校音楽科）
- 付録8：小学校学習指導要領　第3章　特別の教科　道徳
- 付録9：「道徳の内容」の学年段階・学校段階の一覧表
- 付録10：幼稚園教育要領

学校教育法施行規則（抄）

昭和二十二年五月二十三日文部省令第十一号
一部改正：平成二十九年三月三十一日文部科学省令第二十号

第四章　小学校

第二節　教育課程

第五十条　小学校の教育課程は，国語，社会，算数，理科，生活，音楽，図画工作，家庭，体育及び外国語の各教科（以下この節において「各教科」という。），特別の教科である道徳，外国語活動，総合的な学習の時間並びに特別活動によつて編成するものとする。

②　私立の小学校の教育課程を編成する場合は，前項の規定にかかわらず，宗教を加えることができる。この場合においては，宗教をもつて前項の特別の教科である道徳に代えることができる。

第五十一条　小学校（第五十二条の二第二項に規定する中学校連携型小学校及び第七十九条の九第二項に規定する中学校併設型小学校を除く。）の各学年における各教科，特別の教科である道徳，外国語活動，総合的な学習の時間及び特別活動のそれぞれの授業時数並びに各学年におけるこれらの総授業時数は，別表第一に定める授業時数を標準とする。

第五十二条　小学校の教育課程については，この節に定めるもののほか，教育課程の基準として文部科学大臣が別に公示する小学校学習指導要領によるものとする。

第五十三条　小学校においては，必要がある場合には，一部の各教科について，これらを合わせて授業を行うことができる。

第五十四条　児童が心身の状況によつて履修することが困難な各教科は，その児童の心身の状況に適合するように課さなければならない。

第五十五条　小学校の教育課程に関し，その改善に資する研究を行うため特に必要があり，かつ，児童の教育上適切な配慮がなされていると文部科学大臣が認める場合においては，文部科学大臣が別に定めるところにより，第五十条第一項，第五十一条（中学校連携型小学校にあつては第五十二条の三，第七十九条の九第二項に規定する中学校併設型小学校にあつては第七十九条の十二において準用する第七十九条の五第一項）又は第五十二条の規定によらないことができる。

第五十五条の二　文部科学大臣が，小学校において，当該小学校又は当該小学校が設置されている地域の実態に照らし，より効果的な教育を実施するため，当該小学校又は当該地域の特色を生かした特別の教育課程を編成して教育を実施する必要があり，かつ，当該特別の教育課程について，教育基本法（平成十八年法律第百二十号）及び学校教育法

第三十条第一項の規定等に照らして適切であり，児童の教育上適切な配慮がなされているものとして文部科学大臣が定める基準を満たしていると認める場合においては，文部科学大臣が別に定めるところにより，第五十条第一項，第五十一条（中学校連携型小学校にあつては第五十二条の三，第七十九条の九第二項に規定する中学校併設型小学校にあつては第七十九条の十二において準用する第七十九条の五第一項）又は第五十二条の規定の全部又は一部によらないことができる。

第五十六条　小学校において，学校生活への適応が困難であるため相当の期間小学校を欠席し引き続き欠席すると認められる児童を対象として，その実態に配慮した特別の教育課程を編成して教育を実施する必要があると文部科学大臣が認める場合においては，文部科学大臣が別に定めるところにより，第五十条第一項，第五十一条（中学校連携型小学校にあつては第五十二条の三，第七十九条の九第二項に規定する中学校併設型小学校にあつては第七十九条の十二において準用する第七十九条の五第一項）又は第五十二条の規定によらないことができる。

第五十六条の二　小学校において，日本語に通じない児童のうち，当該児童の日本語を理解し，使用する能力に応じた特別の指導を行う必要があるものを教育する場合には，文部科学大臣が別に定めるところにより，第五十条第一項，第五十一条（中学校連携型小学校にあつては第五十二条の三，第七十九条の九第二項に規定する中学校併設型小学校にあつては第七十九条の十二において準用する第七十九条の五第一項）及び第五十二条の規定にかかわらず，特別の教育課程によることができる。

第五十六条の三　前条の規定により特別の教育課程による場合においては，校長は，児童が設置者の定めるところにより他の小学校，義務教育学校の前期課程又は特別支援学校の小学部において受けた授業を，当該児童の在学する小学校において受けた当該特別の教育課程に係る授業とみなすことができる。

第五十六条の四　小学校において，学齢を経過した者のうち，その者の年齢，経験又は勤労の状況その他の実情に応じた特別の指導を行う必要があるものを夜間その他特別の時間において教育する場合には，文部科学大臣が別に定めるところにより，第五十条第一項，第五十一条（中学校連携型小学校にあつては第五十二条の三，第七十九条の九第二項に規定する中学校併設型小学校にあつては第七十九条の十二において準用する第七十九条の五第一項）及び第五十二条の規定にかかわらず，特別の教育課程によることができる。

第三節　学年及び授業日

第六十一条　公立小学校における休業日は，次のとおりとする。ただし，第三号に掲げる日を除き，当該学校を設置する地方公共団体の教育委員会（公立大学法人の設置する小

学校にあつては，当該公立大学法人の理事長。第三号において同じ。）が必要と認める場合は，この限りでない。
- 一　国民の祝日に関する法律（昭和二十三年法律第百七十八号）に規定する日
- 二　日曜日及び土曜日
- 三　学校教育法施行令第二十九条第一項の規定により教育委員会が定める日

第六十二条　私立小学校における学期及び休業日は，当該学校の学則で定める。

第八章　特別支援教育

第百三十八条　小学校，中学校若しくは義務教育学校又は中等教育学校の前期課程における特別支援学級に係る教育課程については，特に必要がある場合は，第五十条第一項（第七十九条の六第一項において準用する場合を含む。），第五十一条，第五十二条（第七十九条の六第一項において準用する場合を含む。），第五十二条の三，第七十二条（第七十九条の六第二項及び第百八条第一項において準用する場合を含む。），第七十三条，第七十四条（第七十九条の六第二項及び第百八条第一項において準用する場合を含む。），第七十四条の三，第七十六条，第七十九条の五（第七十九条の十二において準用する場合を含む。）及び第百七条（第百十七条において準用する場合を含む。）の規定にかかわらず，特別の教育課程によることができる。

第百四十条　小学校，中学校若しくは義務教育学校又は中等教育学校の前期課程において，次の各号のいずれかに該当する児童又は生徒（特別支援学級の児童及び生徒を除く。）のうち当該障害に応じた特別の指導を行う必要があるものを教育する場合には，文部科学大臣が別に定めるところにより，第五十条第一項（第七十九条の六第一項において準用する場合を含む。），第五十一条，第五十二条（第七十九条の六第一項において準用する場合を含む。），第五十二条の三，第七十二条（第七十九条の六第二項及び第百八条第一項において準用する場合を含む。），第七十三条，第七十四条（第七十九条の六第二項及び第百八条第一項において準用する場合を含む。），第七十四条の三，第七十六条，第七十九条の五（第七十九条の十二において準用する場合を含む。）及び第百七条（第百十七条において準用する場合を含む。）の規定にかかわらず，特別の教育課程によることができる。
- 一　言語障害者
- 二　自閉症者
- 三　情緒障害者
- 四　弱視者
- 五　難聴者
- 六　学習障害者

七　注意欠陥多動性障害者

八　その他障害のある者で，この条の規定により特別の教育課程による教育を行うことが適当なもの

第百四十一条　前条の規定により特別の教育課程による場合においては，校長は，児童又は生徒が，当該小学校，中学校，義務教育学校又は中等教育学校の設置者の定めるところにより他の小学校，中学校，義務教育学校，中等教育学校の前期課程又は特別支援学校の小学部若しくは中学部において受けた授業を，当該小学校，中学校若しくは義務教育学校又は中等教育学校の前期課程において受けた当該特別の教育課程に係る授業とみなすことができる。

附　則

この省令は，平成三十二年四月一日から施行する。

別表第一（第五十一条関係）

区分		第1学年	第2学年	第3学年	第4学年	第5学年	第6学年
各教科の授業時数	国語	306	315	245	245	175	175
	社会			70	90	100	105
	算数	136	175	175	175	175	175
	理科			90	105	105	105
	生活	102	105				
	音楽	68	70	60	60	50	50
	図画工作	68	70	60	60	50	50
	家庭					60	55
	体育	102	105	105	105	90	90
	外国語					70	70
特別の教科である道徳の授業時数		34	35	35	35	35	35
外国語活動の授業時数				35	35		
総合的な学習の時間の授業時数				70	70	70	70
特別活動の授業時数		34	35	35	35	35	35
総授業時数		850	910	980	1015	1015	1015

備考
　一　この表の授業時数の一単位時間は，四十五分とする。
　二　特別活動の授業時数は，小学校学習指導要領で定める学級活動（学校給食に係るものを除く。）に充てるものとする。
　三　第五十条第二項の場合において，特別の教科である道徳のほかに宗教を加えるときは，宗教の授業時数をもってこの表の特別の教科である道徳の授業時数の一部に代えることができる。（別表第二及び別表第四の場合においても同様とする。）

小学校学習指導要領　第1章　総則

第1　小学校教育の基本と教育課程の役割

1　各学校においては，教育基本法及び学校教育法その他の法令並びにこの章以下に示すところに従い，児童の人間として調和のとれた育成を目指し，児童の心身の発達の段階や特性及び学校や地域の実態を十分考慮して，適切な教育課程を編成するものとし，これらに掲げる目標を達成するよう教育を行うものとする。

2　学校の教育活動を進めるに当たっては，各学校において，第3の1に示す主体的・対話的で深い学びの実現に向けた授業改善を通して，創意工夫を生かした特色ある教育活動を展開する中で，次の(1)から(3)までに掲げる事項の実現を図り，児童に生きる力を育むことを目指すものとする。

(1)　基礎的・基本的な知識及び技能を確実に習得させ，これらを活用して課題を解決するために必要な思考力，判断力，表現力等を育むとともに，主体的に学習に取り組む態度を養い，個性を生かし多様な人々との協働を促す教育の充実に努めること。その際，児童の発達の段階を考慮して，児童の言語活動など，学習の基盤をつくる活動を充実するとともに，家庭との連携を図りながら，児童の学習習慣が確立するよう配慮すること。

(2)　道徳教育や体験活動，多様な表現や鑑賞の活動等を通して，豊かな心や創造性の涵養を目指した教育の充実に努めること。

　学校における道徳教育は，特別の教科である道徳（以下「道徳科」という。）を要として学校の教育活動全体を通じて行うものであり，道徳科はもとより，各教科，外国語活動，総合的な学習の時間及び特別活動のそれぞれの特質に応じて，児童の発達の段階を考慮して，適切な指導を行うこと。

　道徳教育は，教育基本法及び学校教育法に定められた教育の根本精神に基づき，自己の生き方を考え，主体的な判断の下に行動し，自立した人間として他者と共によりよく生きるための基盤となる道徳性を養うことを目標とすること。

　道徳教育を進めるに当たっては，人間尊重の精神と生命に対する畏敬の念を家庭，学校，その他社会における具体的な生活の中に生かし，豊かな心をもち，伝統と文化を尊重し，それらを育んできた我が国と郷土を愛し，個性豊かな文化の創造を図るとともに，平和で民主的な国家及び社会の形成者として，公共の精神を尊び，社会及び国家の発展に努め，他国を尊重し，国際社会の平和と発展や環境の保全に貢献し未来を拓く主体性のある日本人の育成に資することとなるよう特に留意すること。

(3)　学校における体育・健康に関する指導を，児童の発達の段階を考慮して，学校の教育活動全体を通じて適切に行うことにより，健康で安全な生活と豊かなスポーツライフの実現を目指した教育の充実に努めること。特に，学校における食育の推進並びに体力の向上に関する指導，安全に関する指導及び心身の健康の保持増進に関する指導については，体育科，家庭科及び特別活動の時間はもとより，各教科，道徳科，外国語活動及び総合的な学習の時間などにおいてもそれぞれの特質に応じて適切に行うよう努めること。また，それらの指導を通して，家庭や地域社会との連携を図りながら，日常生活において適切な体育・健康に関する活動の実践を促し，生涯を通じて健康・安全で活力ある生活を送るための基礎が培われるよう配慮すること。

3　2の(1)から(3)までに掲げる事項の実現を図り，豊かな創造性を備え持続可能な社会の創り手となることが期待される児童に，生きる力を育むことを目指すに当たっては，学校教育全体並びに各教科，道徳科，外国語活動，総合的な学習の時間及び特別活動（以下「各教科等」とい

う。ただし，第2の3の(2)のア及びウにおいて，特別活動については学級活動（学校給食に係るものを除く。）に限る。）の指導を通してどのような資質・能力の育成を目指すのかを明確にしながら，教育活動の充実を図るものとする。その際，児童の発達の段階や特性等を踏まえつつ，次に掲げることが偏りなく実現できるようにするものとする。
- (1) 知識及び技能が習得されるようにすること。
- (2) 思考力，判断力，表現力等を育成すること。
- (3) 学びに向かう力，人間性等を涵養すること。

4　各学校においては，児童や学校，地域の実態を適切に把握し，教育の目的や目標の実現に必要な教育の内容等を教科等横断的な視点で組み立てていくこと，教育課程の実施状況を評価してその改善を図っていくこと，教育課程の実施に必要な人的又は物的な体制を確保するとともにその改善を図っていくことなどを通して，教育課程に基づき組織的かつ計画的に各学校の教育活動の質の向上を図っていくこと（以下「カリキュラム・マネジメント」という。）に努めるものとする。

●第2　教育課程の編成

1　各学校の教育目標と教育課程の編成
　教育課程の編成に当たっては，学校教育全体や各教科等における指導を通して育成を目指す資質・能力を踏まえつつ，各学校の教育目標を明確にするとともに，教育課程の編成についての基本的な方針が家庭や地域とも共有されるよう努めるものとする。その際，第5章総合的な学習の時間の第2の1に基づき定められる目標との関連を図るものとする。

2　教科等横断的な視点に立った資質・能力の育成
- (1) 各学校においては，児童の発達の段階を考慮し，言語能力，情報活用能力（情報モラルを含む。），問題発見・解決能力等の学習の基盤となる資質・能力を育成していくことができるよう，各教科等の特質を生かし，教科等横断的な視点から教育課程の編成を図るものとする。
- (2) 各学校においては，児童や学校，地域の実態及び児童の発達の段階を考慮し，豊かな人生の実現や災害等を乗り越えて次代の社会を形成することに向けた現代的な諸課題に対応して求められる資質・能力を，教科等横断的な視点で育成していくことができるよう，各学校の特色を生かした教育課程の編成を図るものとする。

3　教育課程の編成における共通的事項
- (1) 内容等の取扱い
  - ア　第2章以下に示す各教科，道徳科，外国語活動及び特別活動の内容に関する事項は，特に示す場合を除き，いずれの学校においても取り扱わなければならない。
  - イ　学校において特に必要がある場合には，第2章以下に示していない内容を加えて指導することができる。また，第2章以下に示す内容の取扱いのうち内容の範囲や程度等を示す事項は，全ての児童に対して指導するものとする内容の範囲や程度等を示したものであり，学校において特に必要がある場合には，この事項にかかわらず加えて指導することができる。ただし，これらの場合には，第2章以下に示す各教科，道徳科，外国語活動及び特別活動の目標や内容の趣旨を逸脱したり，児童の負担過重となったりすることのないようにしなければならない。
  - ウ　第2章以下に示す各教科，道徳科，外国語活動及び特別活動の内容に掲げる事項の順序は，特に示す場合を除き，指導の順序を示すものではないので，学校においては，その取扱いについて適切な工夫を加えるものとする。
  - エ　学年の内容を2学年まとめて示した教科及び外国語活動の内容は，2学年間かけて指導す

る事項を示したものである。各学校においては，これらの事項を児童や学校，地域の実態に応じ，2学年間を見通して計画的に指導することとし，特に示す場合を除き，いずれかの学年に分けて，又はいずれの学年においても指導するものとする。

オ　学校において2以上の学年の児童で編制する学級について特に必要がある場合には，各教科及び道徳科の目標の達成に支障のない範囲内で，各教科及び道徳科の目標及び内容について学年別の順序によらないことができる。

カ　道徳科を要として学校の教育活動全体を通じて行う道徳教育の内容は，第3章特別の教科道徳の第2に示す内容とし，その実施に当たっては，第6に示す道徳教育に関する配慮事項を踏まえるものとする。

(2) 授業時数等の取扱い

ア　各教科等の授業は，年間35週（第1学年については34週）以上にわたって行うよう計画し，週当たりの授業時数が児童の負担過重にならないようにするものとする。ただし，各教科等や学習活動の特質に応じ効果的な場合には，夏季，冬季，学年末等の休業日の期間に授業日を設定する場合を含め，これらの授業を特定の期間に行うことができる。

イ　特別活動の授業のうち，児童会活動，クラブ活動及び学校行事については，それらの内容に応じ，年間，学期ごと，月ごとなどに適切な授業時数を充てるものとする。

ウ　各学校の時間割については，次の事項を踏まえ適切に編成するものとする。

(ｱ)　各教科等のそれぞれの授業の1単位時間は，各学校において，各教科等の年間授業時数を確保しつつ，児童の発達の段階及び各教科等や学習活動の特質を考慮して適切に定めること。

(ｲ)　各教科等の特質に応じ，10分から15分程度の短い時間を活用して特定の教科等の指導を行う場合において，教師が，単元や題材など内容や時間のまとまりを見通した中で，その指導内容の決定や指導の成果の把握と活用等を責任をもって行う体制が整備されているときは，その時間を当該教科等の年間授業時数に含めることができること。

(ｳ)　給食，休憩などの時間については，各学校において工夫を加え，適切に定めること。

(ｴ)　各学校において，児童や学校，地域の実態，各教科等や学習活動の特質等に応じて，創意工夫を生かした時間割を弾力的に編成できること。

エ　総合的な学習の時間における学習活動により，特別活動の学校行事に掲げる各行事の実施と同様の成果が期待できる場合においては，総合的な学習の時間における学習活動をもって相当する特別活動の学校行事に掲げる各行事の実施に替えることができる。

(3) 指導計画の作成等に当たっての配慮事項

各学校においては，次の事項に配慮しながら，学校の創意工夫を生かし，全体として，調和のとれた具体的な指導計画を作成するものとする。

ア　各教科等の指導内容については，(1)のアを踏まえつつ，単元や題材など内容や時間のまとまりを見通しながら，そのまとめ方や重点の置き方に適切な工夫を加え，第3の1に示す主体的・対話的で深い学びの実現に向けた授業改善を通して資質・能力を育む効果的な指導ができるようにすること。

イ　各教科等及び各学年相互間の関連を図り，系統的，発展的な指導ができるようにすること。

ウ　学年の内容を2学年まとめて示した教科及び外国語活動については，当該学年間を見通して，児童や学校，地域の実態に応じ，児童の発達の段階を考慮しつつ，効果的，段階的に指導するようにすること。

エ　児童の実態等を考慮し，指導の効果を高めるため，児童の発達の段階や指導内容の関連性等を踏まえつつ，合科的・関連的な指導を進めること。

4 学校段階等間の接続

教育課程の編成に当たっては,次の事項に配慮しながら,学校段階等間の接続を図るものとする。

(1) 幼児期の終わりまでに育ってほしい姿を踏まえた指導を工夫することにより,幼稚園教育要領等に基づく幼児期の教育を通して育まれた資質・能力を踏まえて教育活動を実施し,児童が主体的に自己を発揮しながら学びに向かうことが可能となるようにすること。

また,低学年における教育全体において,例えば生活科において育成する自立し生活を豊かにしていくための資質・能力が,他教科等の学習においても生かされるようにするなど,教科等間の関連を積極的に図り,幼児期の教育及び中学年以降の教育との円滑な接続が図られるよう工夫すること。特に,小学校入学当初においては,幼児期において自発的な活動としての遊びを通して育まれてきたことが,各教科等における学習に円滑に接続されるよう,生活科を中心に,合科的・関連的な指導や弾力的な時間割の設定など,指導の工夫や指導計画の作成を行うこと。

(2) 中学校学習指導要領及び高等学校学習指導要領を踏まえ,中学校教育及びその後の教育との円滑な接続が図られるよう工夫すること。特に,義務教育学校,中学校連携型小学校及び中学校併設型小学校においては,義務教育9年間を見通した計画的かつ継続的な教育課程を編成すること。

● 第3 教育課程の実施と学習評価

1 主体的・対話的で深い学びの実現に向けた授業改善

各教科等の指導に当たっては,次の事項に配慮するものとする。

(1) 第1の3の(1)から(3)までに示すことが偏りなく実現されるよう,単元や題材など内容や時間のまとまりを見通しながら,児童の主体的・対話的で深い学びの実現に向けた授業改善を行うこと。

特に,各教科等において身に付けた知識及び技能を活用したり,思考力,判断力,表現力等や学びに向かう力,人間性等を発揮させたりして,学習の対象となる物事を捉え思考することにより,各教科等の特質に応じた物事を捉える視点や考え方(以下「見方・考え方」という。)が鍛えられていくことに留意し,児童が各教科等の特質に応じた見方・考え方を働かせながら,知識を相互に関連付けてより深く理解したり,情報を精査して考えを形成したり,問題を見いだして解決策を考えたり,思いや考えを基に創造したりすることに向かう過程を重視した学習の充実を図ること。

(2) 第2の2の(1)に示す言語能力の育成を図るため,各学校において必要な言語環境を整えるとともに,国語科を要としつつ各教科等の特質に応じて,児童の言語活動を充実すること。あわせて,(7)に示すとおり読書活動を充実すること。

(3) 第2の2の(1)に示す情報活用能力の育成を図るため,各学校において,コンピュータや情報通信ネットワークなどの情報手段を活用するために必要な環境を整え,これらを適切に活用した学習活動の充実を図ること。また,各種の統計資料や新聞,視聴覚教材や教育機器などの教材・教具の適切な活用を図ること。

あわせて,各教科等の特質に応じて,次の学習活動を計画的に実施すること。

ア 児童がコンピュータで文字を入力するなどの学習の基盤として必要となる情報手段の基本的な操作を習得するための学習活動

イ 児童がプログラミングを体験しながら,コンピュータに意図した処理を行わせるために必要な論理的思考力を身に付けるための学習活動

付録2

(4) 児童が学習の見通しを立てたり学習したことを振り返ったりする活動を,計画的に取り入れるように工夫すること。

(5) 児童が生命の有限性や自然の大切さ,主体的に挑戦してみることや多様な他者と協働することの重要性などを実感しながら理解することができるよう,各教科等の特質に応じた体験活動を重視し,家庭や地域社会と連携しつつ体系的・継続的に実施できるよう工夫すること。

(6) 児童が自ら学習課題や学習活動を選択する機会を設けるなど,児童の興味・関心を生かした自主的,自発的な学習が促されるよう工夫すること。

(7) 学校図書館を計画的に利用しその機能の活用を図り,児童の主体的・対話的で深い学びの実現に向けた授業改善に生かすとともに,児童の自主的,自発的な学習活動や読書活動を充実すること。また,地域の図書館や博物館,美術館,劇場,音楽堂等の施設の活用を積極的に図り,資料を活用した情報の収集や鑑賞等の学習活動を充実すること。

2 学習評価の充実

学習評価の実施に当たっては,次の事項に配慮するものとする。

(1) 児童のよい点や進歩の状況などを積極的に評価し,学習したことの意義や価値を実感できるようにすること。また,各教科等の目標の実現に向けた学習状況を把握する観点から,単元や題材など内容や時間のまとまりを見通しながら評価の場面や方法を工夫して,学習の過程や成果を評価し,指導の改善や学習意欲の向上を図り,資質・能力の育成に生かすようにすること。

(2) 創意工夫の中で学習評価の妥当性や信頼性が高められるよう,組織的かつ計画的な取組を推進するとともに,学年や学校段階を越えて児童の学習の成果が円滑に接続されるように工夫すること。

● 第4 児童の発達の支援

1 児童の発達を支える指導の充実

教育課程の編成及び実施に当たっては,次の事項に配慮するものとする。

(1) 学習や生活の基盤として,教師と児童との信頼関係及び児童相互のよりよい人間関係を育てるため,日頃から学級経営の充実を図ること。また,主に集団の場面で必要な指導や援助を行うガイダンスと,個々の児童の多様な実態を踏まえ,一人一人が抱える課題に個別に対応した指導を行うカウンセリングの双方により,児童の発達を支援すること。

あわせて,小学校の低学年,中学年,高学年の学年の時期の特長を生かした指導の工夫を行うこと。

(2) 児童が,自己の存在感を実感しながら,よりよい人間関係を形成し,有意義で充実した学校生活を送る中で,現在及び将来における自己実現を図っていくことができるよう,児童理解を深め,学習指導と関連付けながら,生徒指導の充実を図ること。

(3) 児童が,学ぶことと自己の将来とのつながりを見通しながら,社会的・職業的自立に向けて必要な基盤となる資質・能力を身に付けていくことができるよう,特別活動を要としつつ各教科等の特質に応じて,キャリア教育の充実を図ること。

(4) 児童が,基礎的・基本的な知識及び技能の習得も含め,学習内容を確実に身に付けることができるよう,児童や学校の実態に応じ,個別学習やグループ別学習,繰り返し学習,学習内容の習熟の程度に応じた学習,児童の興味・関心等に応じた課題学習,補充的な学習や発展的な学習などの学習活動を取り入れることや,教師間の協力による指導体制を確保することなど,指導方法や指導体制の工夫改善により,個に応じた指導の充実を図ること。その際,第3の1の(3)に示す情報手段や教材・教具の活用を図ること。

2 特別な配慮を必要とする児童への指導
 (1) 障害のある児童などへの指導
  ア 障害のある児童などについては，特別支援学校等の助言又は援助を活用しつつ，個々の児童の障害の状態等に応じた指導内容や指導方法の工夫を組織的かつ計画的に行うものとする。
  イ 特別支援学級において実施する特別の教育課程については，次のとおり編成するものとする。
   (ア) 障害による学習上又は生活上の困難を克服し自立を図るため，特別支援学校小学部・中学部学習指導要領第7章に示す自立活動を取り入れること。
   (イ) 児童の障害の程度や学級の実態等を考慮の上，各教科の目標や内容を下学年の教科の目標や内容に替えたり，各教科を，知的障害者である児童に対する教育を行う特別支援学校の各教科に替えたりするなどして，実態に応じた教育課程を編成すること。
  ウ 障害のある児童に対して，通級による指導を行い，特別の教育課程を編成する場合には，特別支援学校小学部・中学部学習指導要領第7章に示す自立活動の内容を参考とし，具体的な目標や内容を定め，指導を行うものとする。その際，効果的な指導が行われるよう，各教科等と通級による指導との関連を図るなど，教師間の連携に努めるものとする。
  エ 障害のある児童などについては，家庭，地域及び医療や福祉，保健，労働等の業務を行う関係機関との連携を図り，長期的な視点で児童への教育的支援を行うために，個別の教育支援計画を作成し活用することに努めるとともに，各教科等の指導に当たって，個々の児童の実態を的確に把握し，個別の指導計画を作成し活用することに努めるものとする。特に，特別支援学級に在籍する児童や通級による指導を受ける児童については，個々の児童の実態を的確に把握し，個別の教育支援計画や個別の指導計画を作成し，効果的に活用するものとする。
 (2) 海外から帰国した児童などの学校生活への適応や，日本語の習得に困難のある児童に対する日本語指導
  ア 海外から帰国した児童などについては，学校生活への適応を図るとともに，外国における生活経験を生かすなどの適切な指導を行うものとする。
  イ 日本語の習得に困難のある児童については，個々の児童の実態に応じた指導内容や指導方法の工夫を組織的かつ計画的に行うものとする。特に，通級による日本語指導については，教師間の連携に努め，指導についての計画を個別に作成することなどにより，効果的な指導に努めるものとする。
 (3) 不登校児童への配慮
  ア 不登校児童については，保護者や関係機関と連携を図り，心理や福祉の専門家の助言又は援助を得ながら，社会的自立を目指す観点から，個々の児童の実態に応じた情報の提供その他の必要な支援を行うものとする。
  イ 相当の期間小学校を欠席し引き続き欠席すると認められる児童を対象として，文部科学大臣が認める特別の教育課程を編成する場合には，児童の実態に配慮した教育課程を編成するとともに，個別学習やグループ別学習など指導方法や指導体制の工夫改善に努めるものとする。

●第5 学校運営上の留意事項

1 教育課程の改善と学校評価等
  ア 各学校においては，校長の方針の下に，校務分掌に基づき教職員が適切に役割を分担しつつ，相互に連携しながら，各学校の特色を生かしたカリキュラム・マネジメントを行うよう努めるものとする。また，各学校が行う学校評価については，教育課程の編成，実施，改善が教育活動や学校運営の中核となることを踏まえ，カリキュラム・マネジメントと関連付け

　　　　　ながら実施するよう留意するものとする。
　　　イ　教育課程の編成及び実施に当たっては，学校保健計画，学校安全計画，食に関する指導の全体計画，いじめの防止等のための対策に関する基本的な方針など，各分野における学校の全体計画等と関連付けながら，効果的な指導が行われるように留意するものとする。
2　家庭や地域社会との連携及び協働と学校間の連携
　教育課程の編成及び実施に当たっては，次の事項に配慮するものとする。
　　　ア　学校がその目的を達成するため，学校や地域の実態等に応じ，教育活動の実施に必要な人的又は物的な体制を家庭や地域の人々の協力を得ながら整えるなど，家庭や地域社会との連携及び協働を深めること。また，高齢者や異年齢の子供など，地域における世代を越えた交流の機会を設けること。
　　　イ　他の小学校や，幼稚園，認定こども園，保育所，中学校，高等学校，特別支援学校などとの間の連携や交流を図るとともに，障害のある幼児児童生徒との交流及び共同学習の機会を設け，共に尊重し合いながら協働して生活していく態度を育むようにすること。

● 第6　道徳教育に関する配慮事項

　道徳教育を進めるに当たっては，道徳教育の特質を踏まえ，前項までに示す事項に加え，次の事項に配慮するものとする。
1　各学校においては，第1の2の(2)に示す道徳教育の目標を踏まえ，道徳教育の全体計画を作成し，校長の方針の下に，道徳教育の推進を主に担当する教師（以下「道徳教育推進教師」という。）を中心に，全教師が協力して道徳教育を展開すること。なお，道徳教育の全体計画の作成に当たっては，児童や学校，地域の実態を考慮して，学校の道徳教育の重点目標を設定するとともに，道徳科の指導方針，第3章特別の教科道徳の第2に示す内容との関連を踏まえた各教科，外国語活動，総合的な学習の時間及び特別活動における指導の内容及び時期並びに家庭や地域社会との連携の方法を示すこと。
2　各学校においては，児童の発達の段階や特性等を踏まえ，指導内容の重点化を図ること。その際，各学年を通じて，自立心や自律性，生命を尊重する心や他者を思いやる心を育てることに留意すること。また，各学年段階においては，次の事項に留意すること。
　(1)　第1学年及び第2学年においては，挨拶などの基本的な生活習慣を身に付けること，善悪を判断し，してはならないことをしないこと，社会生活上のきまりを守ること。
　(2)　第3学年及び第4学年においては，善悪を判断し，正しいと判断したことを行うこと，身近な人々と協力し助け合うこと，集団や社会のきまりを守ること。
　(3)　第5学年及び第6学年においては，相手の考え方や立場を理解して支え合うこと，法やきまりの意義を理解して進んで守ること，集団生活の充実に努めること，伝統と文化を尊重し，それらを育んできた我が国と郷土を愛するとともに，他国を尊重すること。
3　学校や学級内の人間関係や環境を整えるとともに，集団宿泊活動やボランティア活動，自然体験活動，地域の行事への参加などの豊かな体験を充実すること。また，道徳教育の指導内容が，児童の日常生活に生かされるようにすること。その際，いじめの防止や安全の確保等にも資することとなるよう留意すること。
4　学校の道徳教育の全体計画や道徳教育に関する諸活動などの情報を積極的に公表したり，道徳教育の充実のために家庭や地域の人々の積極的な参加や協力を得たりするなど，家庭や地域社会との共通理解を深め，相互の連携を図ること。

小学校学習指導要領 第2章 第6節 音楽

● 第1 目標

　表現及び鑑賞の活動を通して，音楽的な見方・考え方を働かせ，生活や社会の中の音や音楽と豊かに関わる資質・能力を次のとおり育成することを目指す。
(1) 曲想と音楽の構造などとの関わりについて理解するとともに，表したい音楽表現をするために必要な技能を身に付けるようにする。
(2) 音楽表現を工夫することや，音楽を味わって聴くことができるようにする。
(3) 音楽活動の楽しさを体験することを通して，音楽を愛好する心情と音楽に対する感性を育むとともに，音楽に親しむ態度を養い，豊かな情操を培う。

● 第2 各学年の目標及び内容

〔第1学年及び第2学年〕

1 目標
(1) 曲想と音楽の構造などとの関わりについて気付くとともに，音楽表現を楽しむために必要な歌唱，器楽，音楽づくりの技能を身に付けるようにする。
(2) 音楽表現を考えて表現に対する思いをもつことや，曲や演奏の楽しさを見いだしながら音楽を味わって聴くことができるようにする。
(3) 楽しく音楽に関わり，協働して音楽活動をする楽しさを感じながら，身の回りの様々な音楽に親しむとともに，音楽経験を生かして生活を明るく潤いのあるものにしようとする態度を養う。

2 内容

A 表現

(1) 歌唱の活動を通して，次の事項を身に付けることができるよう指導する。
　ア　歌唱表現についての知識や技能を得たり生かしたりしながら，曲想を感じ取って表現を工夫し，どのように歌うかについて思いをもつこと。
　イ　曲想と音楽の構造との関わり，曲想と歌詞の表す情景や気持ちとの関わりについて気付くこと。
　ウ　思いに合った表現をするために必要な次の(ｱ)から(ｳ)までの技能を身に付けること。
　　(ｱ) 範唱を聴いて歌ったり，階名で模唱したり暗唱したりする技能
　　(ｲ) 自分の歌声及び発音に気を付けて歌う技能
　　(ｳ) 互いの歌声や伴奏を聴いて，声を合わせて歌う技能
(2) 器楽の活動を通して，次の事項を身に付けることができるよう指導する。
　ア　器楽表現についての知識や技能を得たり生かしたりしながら，曲想を感じ取って表現を工夫し，どのように演奏するかについて思いをもつこと。
　イ　次の(ｱ)及び(ｲ)について気付くこと。
　　(ｱ) 曲想と音楽の構造との関わり
　　(ｲ) 楽器の音色と演奏の仕方との関わり
　ウ　思いに合った表現をするために必要な次の(ｱ)から(ｳ)までの技能を身に付けること。
　　(ｱ) 範奏を聴いたり，リズム譜などを見たりして演奏する技能
　　(ｲ) 音色に気を付けて，旋律楽器及び打楽器を演奏する技能

付録3

(ｳ) 互いの楽器の音や伴奏を聴いて，音を合わせて演奏する技能
(3) 音楽づくりの活動を通して，次の事項を身に付けることができるよう指導する。
ア 音楽づくりについての知識や技能を得たり生かしたりしながら，次の(ｱ)及び(ｲ)をできるようにすること。
(ｱ) 音遊びを通して，音楽づくりの発想を得ること。
(ｲ) どのように音を音楽にしていくかについて思いをもつこと。
イ 次の(ｱ)及び(ｲ)について，それらが生み出す面白さなどと関わらせて気付くこと。
(ｱ) 声や身の回りの様々な音の特徴
(ｲ) 音やフレーズのつなげ方の特徴
ウ 発想を生かした表現や，思いに合った表現をするために必要な次の(ｱ)及び(ｲ)の技能を身に付けること。
(ｱ) 設定した条件に基づいて，即興的に音を選んだりつなげたりして表現する技能
(ｲ) 音楽の仕組みを用いて，簡単な音楽をつくる技能

B 鑑 賞
(1) 鑑賞の活動を通して，次の事項を身に付けることができるよう指導する。
ア 鑑賞についての知識を得たり生かしたりしながら，曲や演奏の楽しさを見いだし，曲全体を味わって聴くこと。
イ 曲想と音楽の構造との関わりについて気付くこと。

〔共通事項〕
(1) 「A表現」及び「B鑑賞」の指導を通して，次の事項を身に付けることができるよう指導する。
ア 音楽を形づくっている要素を聴き取り，それらの働きが生み出すよさや面白さ，美しさを感じ取りながら，聴き取ったことと感じ取ったこととの関わりについて考えること。
イ 音楽を形づくっている要素及びそれらに関わる身近な音符，休符，記号や用語について，音楽における働きと関わらせて理解すること。

3 内容の取扱い
(1) 歌唱教材は次に示すものを取り扱う。
ア 主となる歌唱教材については，各学年ともイの共通教材を含めて，斉唱及び輪唱で歌う曲
イ 共通教材

〔第1学年〕

「うみ」	（文部省唱歌）	林 柳波作詞	井上武士作曲
「かたつむり」	（文部省唱歌）		
「日のまる」	（文部省唱歌）	高野辰之作詞	岡野貞一作曲
「ひらいたひらいた」	（わらべうた）		

〔第2学年〕

「かくれんぼ」	（文部省唱歌）	林 柳波作詞	下総皖一作曲
「春がきた」	（文部省唱歌）	高野辰之作詞	岡野貞一作曲
「虫のこえ」	（文部省唱歌）		
「夕やけこやけ」		中村雨紅作詞	草川 信作曲

(2) 主となる器楽教材については，既習の歌唱教材を含め，主旋律に簡単なリズム伴奏や低声部などを加えた曲を取り扱う。
(3) 鑑賞教材は次に示すものを取り扱う。
ア 我が国及び諸外国のわらべうたや遊びうた，行進曲や踊りの音楽など体を動かすことの快

さを感じ取りやすい音楽，日常の生活に関連して情景を思い浮かべやすい音楽など，いろいろな種類の曲
  イ 音楽を形づくっている要素の働きを感じ取りやすく，親しみやすい曲
  ウ 楽器の音色や人の声の特徴を捉えやすく親しみやすい，いろいろな演奏形態による曲

〔第3学年及び第4学年〕
1 目 標
 (1) 曲想と音楽の構造などとの関わりについて気付くとともに，表したい音楽表現をするために必要な歌唱，器楽，音楽づくりの技能を身に付けるようにする。
 (2) 音楽表現を考えて表現に対する思いや意図をもつことや，曲や演奏のよさなどを見いだしながら音楽を味わって聴くことができるようにする。
 (3) 進んで音楽に関わり，協働して音楽活動をする楽しさを感じながら，様々な音楽に親しむとともに，音楽経験を生かして生活を明るく潤いのあるものにしようとする態度を養う。
2 内 容
A 表 現
 (1) 歌唱の活動を通して，次の事項を身に付けることができるよう指導する。
  ア 歌唱表現についての知識や技能を得たり生かしたりしながら，曲の特徴を捉えた表現を工夫し，どのように歌うかについて思いや意図をもつこと。
  イ 曲想と音楽の構造や歌詞の内容との関わりについて気付くこと。
  ウ 思いや意図に合った表現をするために必要な次の(ア)から(ウ)までの技能を身に付けること。
   (ア) 範唱を聴いたり，ハ長調の楽譜を見たりして歌う技能
   (イ) 呼吸及び発音の仕方に気を付けて，自然で無理のない歌い方で歌う技能
   (ウ) 互いの歌声や副次的な旋律，伴奏を聴いて，声を合わせて歌う技能
 (2) 器楽の活動を通して，次の事項を身に付けることができるよう指導する。
  ア 器楽表現についての知識や技能を得たり生かしたりしながら，曲の特徴を捉えた表現を工夫し，どのように演奏するかについて思いや意図をもつこと。
  イ 次の(ア)及び(イ)について気付くこと。
   (ア) 曲想と音楽の構造との関わり
   (イ) 楽器の音色や響きと演奏の仕方との関わり
  ウ 思いや意図に合った表現をするために必要な次の(ア)から(ウ)までの技能を身に付けること。
   (ア) 範奏を聴いたり，ハ長調の楽譜を見たりして演奏する技能
   (イ) 音色や響きに気を付けて，旋律楽器及び打楽器を演奏する技能
   (ウ) 互いの楽器の音や副次的な旋律，伴奏を聴いて，音を合わせて演奏する技能
 (3) 音楽づくりの活動を通して，次の事項を身に付けることができるよう指導する。
  ア 音楽づくりについての知識や技能を得たり生かしたりしながら，次の(ア)及び(イ)をできるようにすること。
   (ア) 即興的に表現することを通して，音楽づくりの発想を得ること。
   (イ) 音を音楽へと構成することを通して，どのようにまとまりを意識した音楽をつくるかについて思いや意図をもつこと。
  イ 次の(ア)及び(イ)について，それらが生み出すよさや面白さなどと関わらせて気付くこと。
   (ア) いろいろな音の響きやそれらの組合せの特徴

(イ) 音やフレーズのつなげ方や重ね方の特徴
　ウ　発想を生かした表現や，思いや意図に合った表現をするために必要な次の(ア)及び(イ)の技能を身に付けること。
　　　(ア) 設定した条件に基づいて，即興的に音を選択したり組み合わせたりして表現する技能
　　　(イ) 音楽の仕組みを用いて，音楽をつくる技能

B　鑑　賞
(1) 鑑賞の活動を通して，次の事項を身に付けることができるよう指導する。
　ア　鑑賞についての知識を得たり生かしたりしながら，曲や演奏のよさなどを見いだし，曲全体を味わって聴くこと。
　イ　曲想及びその変化と，音楽の構造との関わりについて気付くこと。

〔共通事項〕
(1) 「A表現」及び「B鑑賞」の指導を通して，次の事項を身に付けることができるよう指導する。
　ア　音楽を形づくっている要素を聴き取り，それらの働きが生み出すよさや面白さ，美しさを感じ取りながら，聴き取ったことと感じ取ったこととの関わりについて考えること。
　イ　音楽を形づくっている要素及びそれらに関わる音符，休符，記号や用語について，音楽における働きと関わらせて理解すること。

3　内容の取扱い
(1) 歌唱教材は次に示すものを取り扱う。
　ア　主となる歌唱教材については，各学年ともイの共通教材を含めて，斉唱及び簡単な合唱で歌う曲
　イ　共通教材

〔第3学年〕

「うさぎ」	（日本古謡）	
「茶つみ」	（文部省唱歌）	
「春の小川」	（文部省唱歌）	高野辰之作詞　岡野貞一作曲
「ふじ山」	（文部省唱歌）	巖谷小波作詞

〔第4学年〕

「さくらさくら」	（日本古謡）	
「とんび」		葛原しげる作詞　梁田貞作曲
「まきばの朝」	（文部省唱歌）	船橋栄吉作曲
「もみじ」	（文部省唱歌）	高野辰之作詞　岡野貞一作曲

(2) 主となる器楽教材については，既習の歌唱教材を含め，簡単な重奏や合奏などの曲を取り扱う。
(3) 鑑賞教材は次に示すものを取り扱う。
　ア　和楽器の音楽を含めた我が国の音楽，郷土の音楽，諸外国に伝わる民謡など生活との関わりを捉えやすい音楽，劇の音楽，人々に長く親しまれている音楽など，いろいろな種類の曲
　イ　音楽を形づくっている要素の働きを感じ取りやすく，聴く楽しさを得やすい曲
　ウ　楽器や人の声による演奏表現の違いを聴き取りやすい，独奏，重奏，独唱，重唱を含めたいろいろな演奏形態による曲

付録3

〔第5学年及び第6学年〕

1 目 標

(1) 曲想と音楽の構造などとの関わりについて理解するとともに,表したい音楽表現をするために必要な歌唱,器楽,音楽づくりの技能を身に付けるようにする。

(2) 音楽表現を考えて表現に対する思いや意図をもつことや,曲や演奏のよさなどを見いだしながら音楽を味わって聴くことができるようにする。

(3) 主体的に音楽に関わり,協働して音楽活動をする楽しさを味わいながら,様々な音楽に親しむとともに,音楽経験を生かして生活を明るく潤いのあるものにしようとする態度を養う。

2 内 容

A 表 現

(1) 歌唱の活動を通して,次の事項を身に付けることができるよう指導する。

　ア 歌唱表現についての知識や技能を得たり生かしたりしながら,曲の特徴にふさわしい表現を工夫し,どのように歌うかについて思いや意図をもつこと。

　イ 曲想と音楽の構造や歌詞の内容との関わりについて理解すること。

　ウ 思いや意図に合った表現をするために必要な次の(ア)から(ウ)までの技能を身に付けること。

　　(ア) 範唱を聴いたり,ハ長調及びイ短調の楽譜を見たりして歌う技能

　　(イ) 呼吸及び発音の仕方に気を付けて,自然で無理のない,響きのある歌い方で歌う技能

　　(ウ) 各声部の歌声や全体の響き,伴奏を聴いて,声を合わせて歌う技能

(2) 器楽の活動を通して,次の事項を身に付けることができるよう指導する。

　ア 器楽表現についての知識や技能を得たり生かしたりしながら,曲の特徴にふさわしい表現を工夫し,どのように演奏するかについて思いや意図をもつこと。

　イ 次の(ア)及び(イ)について理解すること。

　　(ア) 曲想と音楽の構造との関わり

　　(イ) 多様な楽器の音色や響きと演奏の仕方との関わり

　ウ 思いや意図に合った表現をするために必要な次の(ア)から(ウ)までの技能を身に付けること。

　　(ア) 範奏を聴いたり,ハ長調及びイ短調の楽譜を見たりして演奏する技能

　　(イ) 音色や響きに気を付けて,旋律楽器及び打楽器を演奏する技能

　　(ウ) 各声部の楽器の音や全体の響き,伴奏を聴いて,音を合わせて演奏する技能

(3) 音楽づくりの活動を通して,次の事項を身に付けることができるよう指導する。

　ア 音楽づくりについての知識や技能を得たり生かしたりしながら,次の(ア)及び(イ)をできるようにすること。

　　(ア) 即興的に表現することを通して,音楽づくりの様々な発想を得ること。

　　(イ) 音を音楽へと構成することを通して,どのように全体のまとまりを意識した音楽をつくるかについて思いや意図をもつこと。

　イ 次の(ア)及び(イ)について,それらが生み出すよさや面白さなどと関わらせて理解すること。

　　(ア) いろいろな音の響きやそれらの組合せの特徴

　　(イ) 音やフレーズのつなげ方や重ね方の特徴

　ウ 発想を生かした表現や,思いや意図に合った表現をするために必要な次の(ア)及び(イ)の技能を身に付けること。

　　(ア) 設定した条件に基づいて,即興的に音を選択したり組み合わせたりして表現する技能

付録3

(イ) 音楽の仕組みを用いて，音楽をつくる技能

B 鑑賞

(1) 鑑賞の活動を通して，次の事項を身に付けることができるよう指導する。

ア 鑑賞についての知識を得たり生かしたりしながら，曲や演奏のよさなどを見いだし，曲全体を味わって聴くこと。

イ 曲想及びその変化と，音楽の構造との関わりについて理解すること。

〔共通事項〕

(1) 「A表現」及び「B鑑賞」の指導を通して，次の事項を身に付けることができるよう指導する。

ア 音楽を形づくっている要素を聴き取り，それらの働きが生み出すよさや面白さ，美しさを感じ取りながら，聴き取ったことと感じ取ったこととの関わりについて考えること。

イ 音楽を形づくっている要素及びそれらに関わる音符，休符，記号や用語について，音楽における働きと関わらせて理解すること。

3 内容の取扱い

(1) 歌唱教材は次に示すものを取り扱う。

ア 主となる歌唱教材については，各学年ともイの共通教材の中の3曲を含めて，斉唱及び合唱で歌う曲

イ 共通教材

〔第5学年〕

「こいのぼり」　　　（文部省唱歌）

「子もり歌」　　　　（日本古謡）

「スキーの歌」　　　（文部省唱歌）　　林 柳波作詞　橋本国彦作曲

「冬げしき」　　　　（文部省唱歌）

〔第6学年〕

「越天楽今様（歌詞は第2節まで）」（日本古謡）　慈鎮和尚作歌

「おぼろ月夜」　　　（文部省唱歌）　　高野辰之作詞　岡野貞一作曲

「ふるさと」　　　　（文部省唱歌）　　高野辰之作詞　岡野貞一作曲

「われは海の子（歌詞は第3節まで）」（文部省唱歌）

(2) 主となる器楽教材については，楽器の演奏効果を考慮し，簡単な重奏や合奏などの曲を取り扱う。

(3) 鑑賞教材は次に示すものを取り扱う。

ア 和楽器の音楽を含めた我が国の音楽や諸外国の音楽など文化との関わりを捉えやすい音楽，人々に長く親しまれている音楽など，いろいろな種類の曲

イ 音楽を形づくっている要素の働きを感じ取りやすく，聴く喜びを深めやすい曲

ウ 楽器の音や人の声が重なり合う響きを味わうことができる，合奏，合唱を含めたいろいろな演奏形態による曲

● 第3 指導計画の作成と内容の取扱い

1 指導計画の作成に当たっては，次の事項に配慮するものとする。

(1) 題材など内容や時間のまとまりを見通して，その中で育む資質・能力の育成に向けて，児童の主体的・対話的で深い学びの実現を図るようにすること。その際，音楽的な見方・考え方を働かせ，他者と協働しながら，音楽表現を生み出したり音楽を聴いてそのよさなどを見いだし

たりするなど，思考，判断し，表現する一連の過程を大切にした学習の充実を図ること。
(2) 第2の各学年の内容の「A表現」の(1)，(2)及び(3)の指導については，ア，イ及びウの各事項を，「B鑑賞」の(1)の指導については，ア及びイの各事項を適切に関連させて指導すること。
(3) 第2の各学年の内容の〔共通事項〕は，表現及び鑑賞の学習において共通に必要となる資質・能力であり，「A表現」及び「B鑑賞」の指導と併せて，十分な指導が行われるよう工夫すること。
(4) 第2の各学年の内容の「A表現」の(1)，(2)及び(3)並びに「B鑑賞」の(1)の指導については，適宜，〔共通事項〕を要として各領域や分野の関連を図るようにすること。
(5) 国歌「君が代」は，いずれの学年においても歌えるよう指導すること。
(6) 低学年においては，第1章総則の第2の4の(1)を踏まえ，他教科等との関連を積極的に図り，指導の効果を高めるようにするとともに，幼稚園教育要領等に示す幼児期の終わりまでに育ってほしい姿との関連を考慮すること。特に，小学校入学当初においては，生活科を中心とした合科的・関連的な指導や，弾力的な時間割の設定を行うなどの工夫をすること。
(7) 障害のある児童などについては，学習活動を行う場合に生じる困難さに応じた指導内容や指導方法の工夫を計画的，組織的に行うこと。
(8) 第1章総則の第1の2の(2)に示す道徳教育の目標に基づき，道徳科などとの関連を考慮しながら，第3章特別の教科道徳の第2に示す内容について，音楽科の特質に応じて適切な指導をすること。

2　第2の内容の取扱いについては，次の事項に配慮するものとする。
(1) 各学年の「A表現」及び「B鑑賞」の指導に当たっては，次のとおり取り扱うこと。
　ア　音楽によって喚起されたイメージや感情，音楽表現に対する思いや意図，音楽を聴いて感じ取ったことや想像したことなどを伝え合い共感するなど，音や音楽及び言葉によるコミュニケーションを図り，音楽科の特質に応じた言語活動を適切に位置付けられるよう指導を工夫すること。
　イ　音楽との一体感を味わい，想像力を働かせて音楽と関わることができるよう，指導のねらいに即して体を動かす活動を取り入れること。
　ウ　児童が様々な感覚を働かせて音楽への理解を深めたり，主体的に学習に取り組んだりすることができるようにするため，コンピュータや教育機器を効果的に活用できるよう指導を工夫すること。
　エ　児童が学校内及び公共施設などの学校外における音楽活動とのつながりを意識できるようにするなど，児童や学校，地域の実態に応じ，生活や社会の中の音や音楽と主体的に関わっていくことができるよう配慮すること。
　オ　表現したり鑑賞したりする多くの曲について，それらを創作した著作者がいることに気付き，学習した曲や自分たちのつくった曲を大切にする態度を養うようにするとともに，それらの著作者の創造性を尊重する意識をもてるようにすること。また，このことが，音楽文化の継承，発展，創造を支えていることについて理解する素地となるよう配慮すること。
(2) 和音の指導に当たっては，合唱や合奏などの活動を通して和音のもつ表情を感じ取ることができるようにすること。また，長調及び短調の曲においては，Ⅰ，Ⅳ，Ⅴ及びⅤ$_7$などの和音を中心に指導すること。
(3) 我が国や郷土の音楽の指導に当たっては，そのよさなどを感じ取って表現したり鑑賞したりできるよう，音源や楽譜等の示し方，伴奏の仕方，曲に合った歌い方や楽器の演奏の仕方などの指導方法を工夫すること。

(4) 各学年の「A表現」の(1)の歌唱の指導に当たっては,次のとおり取り扱うこと。
　ア　歌唱教材については,我が国や郷土の音楽に愛着がもてるよう,共通教材のほか,長い間親しまれてきた唱歌,それぞれの地方に伝承されているわらべうたや民謡など日本のうたを含めて取り上げるようにすること。
　イ　相対的な音程感覚を育てるために,適宜,移動ド唱法を用いること。
　ウ　変声以前から自分の声の特徴に関心をもたせるとともに,変声期の児童に対して適切に配慮すること。

(5) 各学年の「A表現」の(2)の楽器については,次のとおり取り扱うこと。
　ア　各学年で取り上げる打楽器は,木琴,鉄琴,和楽器,諸外国に伝わる様々な楽器を含めて,演奏の効果,児童や学校の実態を考慮して選択すること。
　イ　第1学年及び第2学年で取り上げる旋律楽器は,オルガン,鍵盤ハーモニカなどの中から児童や学校の実態を考慮して選択すること。
　ウ　第3学年及び第4学年で取り上げる旋律楽器は,既習の楽器を含めて,リコーダーや鍵盤楽器,和楽器などの中から児童や学校の実態を考慮して選択すること。
　エ　第5学年及び第6学年で取り上げる旋律楽器は,既習の楽器を含めて,電子楽器,和楽器,諸外国に伝わる楽器などの中から児童や学校の実態を考慮して選択すること。
　オ　合奏で扱う楽器については,各声部の役割を生かした演奏ができるよう,楽器の特性を生かして選択すること。

(6) 各学年の「A表現」の(3)の音楽づくりの指導に当たっては,次のとおり取り扱うこと。
　ア　音遊びや即興的な表現では,身近なものから多様な音を探したり,リズムや旋律を模倣したりして,音楽づくりのための発想を得ることができるよう指導すること。その際,適切な条件を設定するなど,児童が無理なく音を選択したり組み合わせたりすることができるよう指導を工夫すること。
　イ　どのような音楽を,どのようにしてつくるかなどについて,児童の実態に応じて具体的な例を示しながら指導するなど,見通しをもって音楽づくりの活動ができるよう指導を工夫すること。
　ウ　つくった音楽については,指導のねらいに即し,必要に応じて作品を記録させること。作品を記録する方法については,図や絵によるもの,五線譜など柔軟に指導すること。
　エ　拍のないリズム,我が国の音楽に使われている音階や調性にとらわれない音階などを児童の実態に応じて取り上げるようにすること。

(7) 各学年の「B鑑賞」の指導に当たっては,言葉などで表す活動を取り入れ,曲想と音楽の構造との関わりについて気付いたり理解したり,曲や演奏の楽しさやよさなどを見いだしたりすることができるよう指導を工夫すること。

(8) 各学年の〔共通事項〕に示す「音楽を形づくっている要素」については,児童の発達の段階や指導のねらいに応じて,次のア及びイから適切に選択したり関連付けたりして指導すること。
　ア　音楽を特徴付けている要素
　　音色,リズム,速度,旋律,強弱,音の重なり,和音の響き,音階,調,拍,フレーズなど
　イ　音楽の仕組み
　　反復,呼びかけとこたえ,変化,音楽の縦と横との関係など

(9) 各学年の〔共通事項〕の(1)のイに示す「音符,休符,記号や用語」については,児童の学習状況を考慮して,次に示すものを音楽における働きと関わらせて理解し,活用できるよう取り扱うこと。

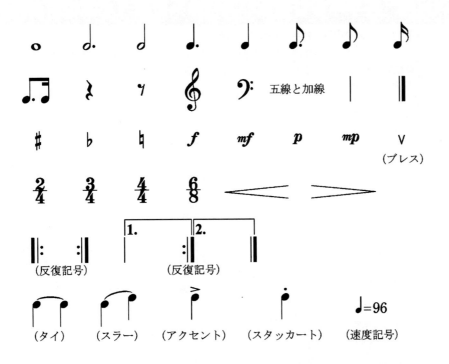

教科の目標，各学年の目標及び内容の系統表（小学校音楽科）

教科の目標，各学年の目標及び内容と各学年の内容の取扱い

第1目標			表現及び鑑賞の活動を通して，音楽的な見方・考え方を働かせ，生活や社会の中の音や音楽	
		「知識及び技能」	(1) 曲想と音楽の構造などとの関わりについて理解するとともに，表したい音楽表現をする	
		「思考力，判断力，表現力等」	(2) 音楽表現を工夫することや，音楽を味わって聴くことができるようにする。	
		「学びに向かう力，人間性等」	(3) 音楽活動の楽しさを体験することを通して，音楽を愛好する心情と音楽に対する感性を	
第2 各学年の目標及び内容	1 目標		〔第1学年及び第2学年〕	〔第
		「知識及び技能」	(1) 曲想と音楽の構造などとの関わりについて気付くとともに，音楽表現を楽しむために必要な歌唱，器楽，音楽づくりの技能を身に付けるようにする。	(1) 曲想と音楽の したい音楽表現 を身に付けるよ
		「思考力，判断力，表現力等」	(2) 音楽表現を考えて表現に対する思いをもつことや，曲や演奏の楽しさを見いだしながら音楽を味わって聴くことができるようにする。	(2) 音楽表現を考 演奏のよさなど ようにする。
		「学びに向かう力，人間性等」	(3) 楽しく音楽に関わり，協働して音楽活動をする楽しさを感じながら，身の回りの様々な音楽に親しむとともに，音楽経験を生かして生活を明るく潤いのあるものにしようとする態度を養う。	(3) 進んで音楽に がら，様々な音 るく潤いのある
	2 内容	A 表現	(1) 歌唱の活動を通して，次の事項を身に付けることができるよう指導する。	(1) 歌唱の活動を 指導する。
		「思考力，判断力，表現力等」	ア 歌唱表現についての知識や技能を得たり生かしたりしながら，曲想を感じ取って表現を工夫し，どのように歌うかについて思いをもつこと。	ア 歌唱表現につ 曲の特徴を捉え 意図をもつこと
		「知識」	イ 曲想と音楽の構造との関わり，曲想と歌詞の表す情景や気持ちとの関わりについて気付くこと。	イ 曲想と音楽の
		「技能」	ウ 思いに合った表現をするために必要な次の (ア) から (ウ) までの技能を身に付けること。 (ア) 範唱を聴いて歌ったり，階名で模唱したり暗唱したりする技能 (イ) 自分の歌声及び発音に気を付けて歌う技能 (ウ) 互いの歌声や伴奏を聴いて，声を合わせて歌う技能	ウ 思いや意図に での技能を身に (ア) 範唱を聴いた (イ) 呼吸及び発音 う技能 (ウ) 互いの歌声や 能
			(2) 器楽の活動を通して，次の事項を身に付けることができるよう指導する。	(2) 器楽の活動を う指導する。
		「思考力，判断力，表現力等」	ア 器楽表現についての知識や技能を得たり生かしたりしながら，曲想を感じ取って表現を工夫し，どのように演奏するかについて思いをもつこと。	ア 器楽表現につ 曲の特徴を捉え いや意図をもつ
		「知識」	イ 次の (ア) 及び (イ) について気付くこと。 (ア) 曲想と音楽の構造との関わり (イ) 楽器の音色と演奏の仕方との関わり	イ 次の (ア) 及び (ア) 曲想と音楽 (イ) 楽器の音色
		「技能」	ウ 思いに合った表現をするために必要な次の (ア) から (ウ) までの技能を身に付けること。 (ア) 範奏を聴いたり，リズム譜などを見たりして演奏する技能 (イ) 音色に気を付けて，旋律楽器及び打楽器を演奏する技能 (ウ) 互いの楽器の音や伴奏を聴いて，音を合わせて演奏する技能	ウ 思いや意図に の技能を身に付 (ア) 範奏を聴いた (イ) 音色や響きに (ウ) 互いの楽器の 奏する技能
			(3) 音楽づくりの活動を通して，次の事項を身に付けることができるよう指導する。	(3) 音楽づくりの う指導する。
		「思考力，判断力，表現力等」	ア 音楽づくりについての知識や技能を得たり生かしたりしながら，次の (ア) 及び (イ) をできるようにすること。 (ア) 音遊びを通して，音楽づくりの発想を得ること。 (イ) どのように音を音楽にしていくかについて思いをもつこと。	ア 音楽づくりにつ の (ア) 及び (イ) (ア) 即興的に表現 (イ) 音を音楽へと た音楽をつく
		「知識」	イ 次の (ア) 及び (イ) について，それらが生み出す面白さなどと関わらせて気付くこと。 (ア) 声や身の回りの様々な音の特徴 (イ) 音やフレーズのつなげ方の特徴	イ 次の (ア) 及び と関わらせて気 (ア) いろいろな音 (イ) 音やフレーズ
		「技能」	ウ 発想を生かした表現や，思いに合った表現をするために必要な次の (ア) 及び (イ) の技能を身に付けること。 (ア) 設定した条件に基づいて，即興的に音を選んだりつなげたりして表現する技能 (イ) 音楽の仕組みを用いて，簡単な音楽をつくる技能	ウ 発想を生かし な次の (ア) 及び (ア) 設定した条件 して表現する (イ) 音楽の仕組み

と豊かに関わる資質・能力を次のとおり育成することを目指す。
ために必要な技能を身に付けるようにする。

育むとともに，音楽に親しむ態度を養い，豊かな情操を培う。

〔第3学年及び第4学年〕	〔第5学年及び第6学年〕
構造などとの関わりについて気付くとともに，表するために必要な歌唱，器楽，音楽づくりの技能にする。	(1) 曲想と音楽の構造などとの関わりについて理解するとともに，表したい音楽表現をするために必要な歌唱，器楽，音楽づくりの技能を身に付けるようにする。
えて表現に対する思いや意図をもつことや，曲や見いだしながら音楽を味わって聴くことができる	(2) 音楽表現を考えて表現に対する思いや意図をもつことや，曲や演奏のよさなどを見いだしながら音楽を味わって聴くことができるようにする。
関わり，協働して音楽活動をする楽しさを感じなに親しむとともに，音楽経験を生かして生活を明のにしようとする態度を養う。	(3) 主体的に音楽に関わり，協働して音楽活動をする楽しさを味わいながら，様々な音楽に親しむとともに，音楽経験を生かして生活を明るく潤いのあるものにしようとする態度を養う。
通して，次の事項を身に付けることができるよう	(1) 歌唱の活動を通して，次の事項を身に付けることができるよう指導する。
いての知識や技能を得たり生かしたりしながら，表現を工夫し，どのように歌うかについて思いや	ア 歌唱表現についての知識や技能を得たり生かしたりしながら，曲の特徴にふさわしい表現を工夫し，どのように歌うかについて思いや意図をもつこと。
構造や歌詞の内容との関わりについて気付くこと。	イ 曲想と音楽の構造や歌詞の内容との関わりについて理解すること。
合った表現をするために必要な次の (ｱ) から (ｳ) まで付けること。 り，ハ長調の楽譜を見たりして歌う技能 の仕方に気を付けて，自然で無理のない歌い方で歌 副次的な旋律，伴奏を聴いて，声を合わせて歌う技	ウ 思いや意図に合った表現をするために必要な次の (ｱ) から (ｳ) までの技能を身に付けること。 (ｱ) 範唱を聴いたり，ハ長調及びイ短調の楽譜を見たりして歌う技能 (ｲ) 呼吸及び発音の仕方に気を付けて，自然で無理のない，響きのある歌い方で歌う技能 (ｳ) 各声部の歌声や全体の響き，伴奏を聴いて，声を合わせて歌う技能
通して，次の事項を身に付けることができるよ	(2) 器楽の活動を通して，次の事項を身に付けることができるよう指導する。
いての知識や技能を得たり生かしたりしながら，表現を工夫し，どのように演奏するかについて思いこと。	ア 器楽表現についての知識や技能を得たり生かしたりしながら，曲の特徴にふさわしい表現を工夫し，どのように演奏するかについて思いや意図をもつこと。
(ｲ) について気付くこと。 の構造との関わり や響きと演奏の仕方との関わり	イ 次の (ｱ) 及び (ｲ) について理解すること。 (ｱ) 曲想と音楽の構造との関わり (ｲ) 多様な楽器の音色や響きと演奏の仕方との関わり
合った表現をするために必要な次の(ｱ)から(ｳ)までけること。 り，ハ長調の楽譜を見たりして演奏する技能 気を付けて，旋律楽器及び打楽器を演奏する技能 音や副次的な旋律，伴奏を聴いて，音を合わせて演	ウ 思いや意図に合った表現をするために必要な次の (ｱ) から (ｳ) までの技能を身に付けること。 (ｱ) 範奏を聴いたり，ハ長調及びイ短調の楽譜を見たりして演奏する技能 (ｲ) 音色や響きに気を付けて，旋律楽器及び打楽器を演奏する技能 (ｳ) 各声部の楽器の音や全体の響き，伴奏を聴いて，音を合わせて演奏する技能
活動を通して，次の事項を身に付けることができるよ	(3) 音楽づくりの活動を通して，次の事項を身に付けることができるよう指導する。
いての知識や技能を得たり生かしたりしながら，次をできるようにすること。 することを通して，音楽づくりの発想を得ること。 構成することを通して，どのようにまとまりを意識しるかについて思いや意図をもつこと。	ア 音楽づくりについての知識や技能を得たり生かしたりしながら，次の (ｱ) 及び (ｲ) をできるようにすること。 (ｱ) 即興的に表現することを通して，音楽づくりの様々な発想を得ること。 (ｲ) 音を音楽へと構成することを通して，どのように全体のまとまりを意識した音楽をつくるかについて思いや意図をもつこと。
(ｲ) について，それらが生み出すよさや面白さな付くこと。 の響きやそれらの組合せの特徴 のつなげ方や重ね方の特徴	イ 次の (ｱ) 及び (ｲ) について，それらが生み出すよさや面白さなどと関わらせて理解すること。 (ｱ) いろいろな音の響きやそれらの組合せの特徴 (ｲ) 音やフレーズのつなげ方や重ね方の特徴
た表現や，思いや意図に合った表現をするために必要(ｲ) の技能を身に付けること。 に基づいて，即興的に音を選択したり組み合わせたり を用いて，音楽をつくる技能	ウ 発想を生かした表現や，思いや意図に合った表現をするために必要な次の (ｱ) 及び (ｲ) の技能を身に付けること。 (ｱ) 設定した条件に基づいて，即興的に音を選択したり組み合わせたりして表現する技能 (ｲ) 音楽の仕組みを用いて，音楽をつくる技能

付録4

	B 鑑賞		(1) 鑑賞の活動を通して，次の事項を身に付けることができるよう指導する。	(1) 鑑賞の活動を する。
		「思考力，判断力，表現力等」	ア　鑑賞についての知識を得たり生かしたりしながら，曲や演奏の楽しさを見いだし，曲全体を味わって聴くこと。	ア　鑑賞について どを見いだし，
		「知識」	イ　曲想と音楽の構造との関わりについて気付くこと。	イ　曲想及びその
〔共通事項〕			(1)　「A表現」及び「B鑑賞」の指導を通して，次の事項を身に付けることができるよう指導する。	(1)　「A表現」及び とができるよう指
		「思考力，判断力，表現力等」	ア　音楽を形づくっている要素を聴き取り，それらの働きが生み出すよさや面白さ，美しさを感じ取りながら，聴き取ったことと感じ取ったこととの関わりについて考えること。	ア　音楽を形づく すよさや面白さ 取ったこととの
		「知識」	イ　音楽を形づくっている要素及びそれらに関わる身近な音符，休符，記号や用語について，音楽における働きと関わらせて理解すること。	イ　音楽を形づく 号や用語につい
3　内容の取扱い			(1) 歌唱教材は次に示すものを取り扱う。	(1)　歌唱教材は次
			ア　主となる歌唱教材については，各学年ともイの共通教材を含めて，斉唱及び輪唱で歌う曲	ア　主となる歌唱 斉唱及び簡単な
			イ　共通教材	イ　共通教材
			〔第1学年〕 「うみ」（文部省唱歌）林柳波作詞　井上武士作曲 「かたつむり」（文部省唱歌） 「日のまる」（文部省唱歌）高野辰之作詞　岡野貞一作曲 「ひらいたひらいた」（わらべうた）	〔第2学年〕 「かくれんぼ」（文部省唱歌）林柳波作詞　下総皖一作曲 「春がきた」（文部省唱歌）高野辰之作詞　岡野貞一作曲 「虫のこえ」（文部省唱歌） 「夕やけこやけ」中村雨紅作詞　草川信作曲	〔第3学年〕 「うさぎ」（日本古 「茶つみ」（文部省 「春の小川」（文部 之作詞　岡野貞一 「ふじ山」（文部省 作詞
			(2) 主となる器楽教材については，既習の歌唱教材を含め，主旋律に簡単なリズム伴奏や低声部などを加えた曲を取り扱う。	(2) 主となる器楽教 合奏などの曲を
			(3) 鑑賞教材は次に示すものを取り扱う。	(3) 鑑賞教材は次に
			ア　我が国及び諸外国のわらべうたや遊びうた，行進曲や踊りの音楽など体を動かすことの快さを感じ取りやすい音楽，日常の生活に関連して情景を思い浮かべやすい音楽など，いろいろな種類の曲	ア　和楽器の音楽 る民謡など生活 親しまれている音
			イ　音楽を形づくっている要素の働きを感じ取りやすく，親しみやすい曲	イ　音楽を形づく を得やすい曲
			ウ　楽器の音色や人の声の特徴を捉えやすく親しみやすい，いろいろな演奏形態による曲	ウ　楽器や人の声 重奏，独唱，重

通して，次の事項を身に付けることができるよう指導	(1) 鑑賞の活動を通して，次の事項を身に付けることができるよう指導する。
の知識を得たり生かしたりしながら，曲や演奏のよさな曲全体を味わって聴くこと。	ア 鑑賞についての知識を得たり生かしたりしながら，曲や演奏のよさなどを見いだし，曲全体を味わって聴くこと。
変化と，音楽の構造との関わりについて気付くこと。	イ 曲想及びその変化と，音楽の構造との関わりについて理解すること。
「B鑑賞」の指導を通して，次の事項を身に付けるこ導する。	(1) 「A表現」及び「B鑑賞」の指導を通して，次の事項を身に付けることができるよう指導する。
っている要素を聴き取り，それらの働きが生み出美しさを感じ取りながら，聴き取ったことと感じ関わりについて考えること。	ア 音楽を形づくっている要素を聴き取り，それらの働きが生み出すよさや面白さ，美しさを感じ取りながら，聴き取ったことと感じ取ったこととの関わりについて考えること。
っている要素及びそれらに関わる音符，休符，記て，音楽における働きと関わらせて理解すること。	イ 音楽を形づくっている要素及びそれらに関わる音符，休符，記号や用語について，音楽における働きと関わらせて理解すること。
に示すものを取り扱う。	(1) 歌唱教材は次に示すものを取り扱う。
教材については，各学年ともイの共通教材を含めて，合唱で歌う曲	ア 主となる歌唱教材については，各学年ともイの共通教材の中の3曲を含めて，斉唱及び合唱で歌う曲
	イ 共通教材

〔第4学年〕	〔第5学年〕	〔第6学年〕
「さくらさくら」（日本古謡） 「とんび」葛原しげる作詞 梁田貞作曲 省唱歌）高野辰 作曲 唱歌）巌谷小波 「まきばの朝」（文部省唱歌）船橋栄吉作曲 「もみじ」（文部省唱歌）高野辰之作詞 岡野貞一作曲	「こいのぼり」（文部省唱歌） 「子もり歌」（日本古謡） 「スキーの歌」（文部省唱歌）林柳波作詞 橋本国彦作曲 「冬げしき」（文部省唱歌）	「越天楽今様（歌詞は第2節まで）」（日本古謡）慈鎮和尚作歌 「おぼろ月夜」（文部省唱歌）高野辰之作詞 岡野貞一作曲 「ふるさと」（文部省唱歌）高野辰之作詞 岡野貞一作曲 「われは海の子（歌詞は第3節まで）」（文部省唱歌）

材については，既習の歌唱教材を含め，簡単な重奏や取り扱う。	(2) 主となる器楽教材については，楽器の演奏効果を考慮し，簡単な重奏や合奏などの曲を取り扱う。
示すものを取り扱う。	(3) 鑑賞教材は次に示すものを取り扱う。
を含めた我が国の音楽，郷土の音楽，諸外国に伝わとの関わりを捉えやすい音楽，劇の音楽，人々に長く楽など，いろいろな種類の曲	ア 和楽器の音楽を含めた我が国の音楽や諸外国の音楽など文化との関わりを捉えやすい音楽，人々に長く親しまれている音楽など，いろいろな種類の曲
っている要素の働きを感じ取りやすく，聴く楽しさ	イ 音楽を形づくっている要素の働きを感じ取りやすく，聴く喜びを深めやすい曲
による演奏表現の違いを聴き取りやすい，独奏，を含めたいろいろな演奏形態による曲	ウ 楽器の音や人の声が重なり合う響きを味わうことができる，合奏，合唱を含めたいろいろな演奏形態による曲

指導計画の作成と内容の取扱い

第3　指導計画の作成と内容の取扱い
1　指導計画の作成に当たっては，次の事項に配慮するものとする。
(1) 題材など内容や時間のまとまりを見通して，その中で育む資質・能力の育成に向けて，児童の主体的・対話的で深い学びの実現を図るようにすること。その際，音楽的な見方・考え方を働かせ，他者と協働しながら，音楽表現を生み出したり音楽を聴いてそのよさなどを見いだしたりするなど，思考，判断し，表現する一連の過程を大切にした学習の充実を図ること。
(2) 第2の各学年の内容の「A表現」の (1)，(2) 及び (3) の指導については，ア，イ及びウの各事項を，「B鑑賞」の (1) の指導については，ア及びイの各事項を適切に関連させて指導すること。
(3) 第2の各学年の内容の〔共通事項〕は，表現及び鑑賞の学習において共通に必要となる資質・能力であり，「A表現」及び「B鑑賞」の指導と併せて，十分な指導が行われるよう工夫すること。
(4) 第2の各学年の内容の「A表現」の (1)，(2) 及び (3) 並びに「B鑑賞」の (1) の指導については，適宜，〔共通事項〕を要として各領域や分野の関連を図るようにすること。
(5) 国歌「君が代」は，いずれの学年においても歌えるよう指導すること。
(6) 低学年においては，第1章総則の第2の4の (1) を踏まえ，他教科等との関連を積極的に図り，指導の効果を高めるようにするとともに，幼稚園教育要領等に示す幼児期の終わりまでに育ってほしい姿との関連を考慮すること。特に，小学校入学当初においては，生活科を中心とした合科的・関連的な指導や，弾力的な時間割の設定を行うなどの工夫をすること。
(7) 障害のある児童などについては，学習活動を行う場合に生じる困難さに応じた指導内容や指導方法の工夫を計画的，組織的に行うこと。
(8) 第1章総則の第1の2の (2) に示す道徳教育の目標に基づき，道徳科などとの関連を考慮しながら，第3章特別の教科道徳の第2に示す内容について，音楽科の特質に応じて適切な指導をすること。
2　第2の内容の取扱いについては，次の事項に配慮するものとする。
(1) 各学年の「A表現」及び「B鑑賞」の指導に当たっては，次のとおり取り扱うこと。 　ア　音楽によって喚起されたイメージや感情，音楽表現に対する思いや意図，音楽を聴いて感じ取ったことや想像したことなどを伝え合い共感するなど，音や音楽及び言葉によるコミュニケーションを図り，音楽科の特質に応じた言語活動を適切に位置付けられるよう指導を工夫すること。 　イ　音楽との一体感を味わい，想像力を働かせて音楽と関わることができるよう，指導のねらいに即して体を動かす活動を取り入れること。 　ウ　児童が様々な感覚を働かせて音楽への理解を深めたり，主体的に学習に取り組んだりすることができるようにするため，コンピュータや教育機器を効果的に活用できるよう指導を工夫すること。 　エ　児童が学校内及び公共施設などの学校外における音楽活動とのつながりを意識できるようにするなど，児童や学校，地域の実態に応じ，生活や社会の中の音や音楽と主体的に関わっていくことができるよう配慮すること。 　オ　表現したり鑑賞したりする多くの曲について，それらを創作した著作者がいることに気付き，学習した曲や自分たちのつくった曲を大切にする態度を養うようにするとともに，それらの著作者の創造性を尊重する意識をもてるようにすること。また，このことが，音楽文化の継承，発展，創造を支えていることについて理解する素地となるよう配慮すること。
(2) 和音の指導に当たっては，合唱や合奏などの活動を通して和音のもつ表情を感じ取ることができるようにすること。また，長調及び短調の曲においては，Ⅰ，Ⅳ，Ⅴ及びⅤ₇などの和音を中心に指導すること。
(3) 我が国や郷土の音楽の指導に当たっては，そのよさなどを感じ取って表現したり鑑賞したりできるよう，音源や楽譜等の示し方，伴奏の仕方，曲に合った歌い方や楽器の演奏の仕方などの指導方法を工夫すること。
(4) 各学年の「A表現」の (1) の歌唱の指導に当たっては，次のとおり取り扱うこと。 　ア　歌唱教材については，我が国や郷土の音楽に愛着がもてるよう，共通教材のほか，長い間親しまれてきた唱歌，それぞれの地方に伝承されているわらべうたや民謡など日本のうたを含めて取り上げるようにすること。 　イ　相対的な音程感覚を育てるために，適宜，移動ド唱法を用いること。 　ウ　変声以前から自分の声の特徴に関心をもたせるとともに，変声期の児童に対して適切に配慮すること。
(5) 各学年の「A表現」の (2) の楽器については，次のとおり取り扱うこと。 　ア　各学年で取り上げる打楽器は，木琴，鉄琴，和楽器，諸外国に伝わる様々な楽器を含めて，演奏の効果，児童や学校の実態を考慮して選択すること。 　イ　第1学年及び第2学年で取り上げる旋律楽器は，オルガン，鍵盤ハーモニカなどの中から児童や学校の実態を考慮して選択すること。

付録4

ウ 第3学年及び第4学年で取り上げる旋律楽器は，既習の楽器を含めて，リコーダーや鍵盤楽器，和楽器などの中から児童や学校の実態を考慮して選択すること。
エ 第5学年及び第6学年で取り上げる旋律楽器は，既習の楽器を含めて，電子楽器，和楽器，諸外国に伝わる楽器などの中から児童や学校の実態を考慮して選択すること。
オ 合奏で扱う楽器については，各声部の役割を生かした演奏ができるよう，楽器の特性を生かして選択すること。

(6) 各学年の「A表現」の(3)の音楽づくりの指導に当たっては，次のとおり取り扱うこと。
ア 音遊びや即興的な表現では，身近なものから多様な音を探したり，リズムや旋律を模倣したりして，音楽づくりのための発想を得ることができるよう指導すること。その際，適切な条件を設定するなど，児童が無理なく音を選択したり組み合わせたりすることができるよう指導を工夫すること。
イ どのような音楽を，どのようにしてつくるかなどについて，児童の実態に応じて具体的な例を示しながら指導するなど，見通しをもって音楽づくりの活動ができるよう指導を工夫すること。
ウ つくった音楽については，指導のねらいに即し，必要に応じて作品を記録させること。作品を記録する方法については，図や絵によるもの，五線譜など柔軟に指導すること。
エ 拍のないリズム，我が国の音楽に使われている音階や調性にとらわれない音階などを児童の実態に応じて取り上げるようにすること。

(7) 各学年の「B鑑賞」の指導に当たっては，言葉などで表す活動を取り入れ，曲想と音楽の構造との関わりについて気付いたり理解したり，曲や演奏の楽しさやよさなどを見いだしたりすることができるよう指導を工夫すること。

(8) 各学年の〔共通事項〕に示す「音楽を形づくっている要素」については，児童の発達の段階や指導のねらいに応じて，次のア及びイから適切に選択したり関連付けたりして指導すること。
ア 音楽を特徴付けている要素
音色，リズム，速度，旋律，強弱，音の重なり，和音の響き，音階，調，拍，フレーズなど
イ 音楽の仕組み
反復，呼びかけとこたえ，変化，音楽の縦と横との関係など

(9) 各学年の〔共通事項〕の(1)のイに示す「音符，休符，記号や用語」については，児童の学習状況を考慮して，次に示すものを音楽における働きと関わらせて理解し，活用できるよう取り扱うこと。

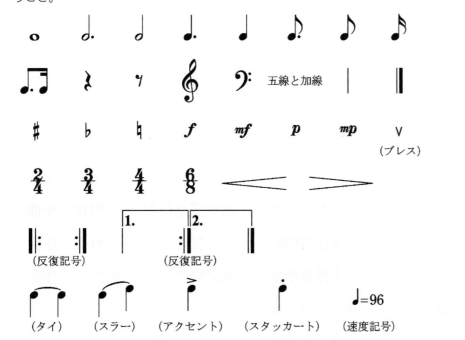

歌唱及び鑑賞共通教材一覧

〔小学校学習指導要領（音楽）で示してきた歌唱共通教材〕
（アイウエオ順）

「赤とんぼ」	（文部省唱歌）		
「うさぎ」	（日本古謡）		
「うみ」	（文部省唱歌）	林柳波作詞	井上武士作曲
「海」	（文部省唱歌）		
「越天楽今様」	（日本古謡）	慈鎮和尚作歌	
「おぼろ月夜」	（文部省唱歌）	高野辰之作詞	岡野貞一作曲
「かたつむり」	（文部省唱歌）		
「かくれんぼ」	（文部省唱歌）	林柳波作詞	下総皖一作曲
「かりがわたる」	（文部省唱歌）		
「汽車」	（文部省唱歌）		大和田愛羅作曲
「こいのぼり」	（文部省唱歌）		
「子もり歌」	（日本古謡）		
「さくらさくら」	（日本古謡）		
「スキーの歌」	（文部省唱歌）	林柳波作詞	橋本国彦作曲
「茶つみ」	（文部省唱歌）		
「月」	（文部省唱歌）		
「とんび」		葛原しげる作詞	梁田貞作曲
「春がきた」	（文部省唱歌）	高野辰之作詞	岡野貞一作曲
「春の小川」	（文部省唱歌）	高野辰之作詞	岡野貞一作曲
「日のまる」	（文部省唱歌）	高野辰之作詞	岡野貞一作曲
「ひらいたひらいた」	（わらべうた）		
「ふじ山」	（文部省唱歌）	厳谷小波作詞	
「冬げしき」	（文部省唱歌）		
「ふるさと」	（文部省唱歌）	高野辰之作詞	岡野貞一作曲

「まきばの朝」	（文部省唱歌）		船橋栄吉作曲
「虫のこえ」	（文部省唱歌）		
「村のかじや」	（文部省唱歌）		
「村まつり」	（文部省唱歌）		
「もみじ」	（文部省唱歌）	高野辰之作詞	岡野貞一作曲
「夕やけこやけ」		中村雨紅作詞	草川信作曲
「雪」	（文部省唱歌）		
「われは海の子」	（文部省唱歌）		

〔小学校学習指導要領(音楽)で示してきた鑑賞共通教材(※)〕

※鑑賞共通共通教材は,昭和33年,昭和43年,昭和52年,平成元年告示の小学校学習指導要領(音楽)に示していたものである。平成10年告示の小学校学習指導要領(音楽)からは示してしない。

〔第1学年〕

「アメリカン・パトロール」	ミーチャム作曲
「おどる子ねこ」	アンダソン作曲
「おもちゃの兵隊」	イェッセル作曲
「ガボット」	ゴセック作曲
「森のかじや」	ミヒャエリス作曲

〔第2学年〕

「おどる人形」	ポルディーニ作曲
「かじやのポルカ」	ヨーゼフ・シュトラウス作曲
「かっこうワルツ」	ヨナッソン作曲
「出発」(組曲「冬のかがり火」から)	プロコフィエフ作曲
「トルコ行進曲」	ベートーベン作曲
「メヌエット」(歌劇「アルチーナ」から)	ヘンデル作曲
「ユーモレスク」	ドボルザーク作曲

〔第3学年〕

「おもちゃのシンフォニー」	ハイドン作曲
「金婚式」	マリー作曲
「金と銀」	レハール作曲
歌劇「軽騎兵」序曲	スッペ作曲
「メヌエット」(組曲「アルルの女」より)	ビゼー作曲
「メヌエット」ト長調	ベートーベン作曲
「ポロネーズ」(管弦楽組曲第2番から)	J.S.バッハ作曲

付録5

〔第4学年〕

「ガボット」	ラモー作曲
「軍隊行進曲」	シューベルト作曲
「スケーターズワルツ」	ワルトトイフェル作曲
「ノルウェー舞曲」第2番 イ長調	グリーグ作曲
「白鳥」	サン・サーンス作曲
ホルン協奏曲 第1番 ニ長調 第1楽章	モーツァルト作曲

〔第5学年〕

歌劇「ウィリアム・テル」序曲	ロッシーニ作曲
「管弦楽のための木挽歌」	小山清茂作曲
組曲「くるみ割り人形」	チャイコフスキー作曲
「荒城の月」,「箱根八里」,「花」のうち1曲	滝廉太郎作曲
「タンホイザー行進曲（合唱の部分を含む）」	ワーグナー作曲
ピアノ五重奏曲「ます」第4楽章	シューベルト作曲

〔第6学年〕

「赤とんぼ」,「この道」,「待ちぼうけ」のうち1曲	山田耕筰作曲
第9交響曲から合唱の部分	ベートーベン作曲
組曲「道化師」	カバレフスキー作曲
「春の海」	宮城道雄作曲
組曲「ペール・ギュント」	グリーグ作曲
「流浪の民」	シューマン作曲
「六段」	八橋検校作曲

中学校学習指導要領 第2章 第5節 音楽

● 第1 目標

表現及び鑑賞の幅広い活動を通して,音楽的な見方・考え方を働かせ,生活や社会の中の音や音楽,音楽文化と豊かに関わる資質・能力を次のとおり育成することを目指す。

(1) 曲想と音楽の構造や背景などとの関わり及び音楽の多様性について理解するとともに,創意工夫を生かした音楽表現をするために必要な技能を身に付けるようにする。

(2) 音楽表現を創意工夫することや,音楽のよさや美しさを味わって聴くことができるようにする。

(3) 音楽活動の楽しさを体験することを通して,音楽を愛好する心情を育むとともに,音楽に対する感性を豊かにし,音楽に親しんでいく態度を養い,豊かな情操を培う。

● 第2 各学年の目標及び内容

〔第1学年〕

1 目標

(1) 曲想と音楽の構造などとの関わり及び音楽の多様性について理解するとともに,創意工夫を生かした音楽表現をするために必要な歌唱,器楽,創作の技能を身に付けるようにする。

(2) 音楽表現を創意工夫することや,音楽を自分なりに評価しながらよさや美しさを味わって聴くことができるようにする。

(3) 主体的・協働的に表現及び鑑賞の学習に取り組み,音楽活動の楽しさを体験することを通して,音楽文化に親しむとともに,音楽によって生活を明るく豊かなものにしていく態度を養う。

2 内容

A 表現

(1) 歌唱の活動を通して,次の事項を身に付けることができるよう指導する。

　ア 歌唱表現に関わる知識や技能を得たり生かしたりしながら,歌唱表現を創意工夫すること。

　イ 次の(ア)及び(イ)について理解すること。

　　(ア) 曲想と音楽の構造や歌詞の内容との関わり

　　(イ) 声の音色や響き及び言葉の特性と曲種に応じた発声との関わり

　ウ 次の(ア)及び(イ)の技能を身に付けること。

　　(ア) 創意工夫を生かした表現で歌うために必要な発声,言葉の発音,身体の使い方などの技能

　　(イ) 創意工夫を生かし,全体の響きや各声部の声などを聴きながら他者と合わせて歌う技能

(2) 器楽の活動を通して,次の事項を身に付けることができるよう指導する。

　ア 器楽表現に関わる知識や技能を得たり生かしたりしながら,器楽表現を創意工夫すること。

　イ 次の(ア)及び(イ)について理解すること。

　　(ア) 曲想と音楽の構造との関わり

　　(イ) 楽器の音色や響きと奏法との関わり

　ウ 次の(ア)及び(イ)の技能を身に付けること。

(ｱ) 創意工夫を生かした表現で演奏するために必要な奏法，身体の使い方などの技能
(ｲ) 創意工夫を生かし，全体の響きや各声部の音などを聴きながら他者と合わせて演奏する技能
(3) 創作の活動を通して，次の事項を身に付けることができるよう指導する。
　ア　創作表現に関わる知識や技能を得たり生かしたりしながら，創作表現を創意工夫すること。
　イ　次の(ｱ)及び(ｲ)について，表したいイメージと関わらせて理解すること。
　　(ｱ) 音のつながり方の特徴
　　(ｲ) 音素材の特徴及び音の重なり方や反復，変化，対照などの構成上の特徴
　ウ　創意工夫を生かした表現で旋律や音楽をつくるために必要な，課題や条件に沿った音の選択や組合せなどの技能を身に付けること。

B　鑑　賞
(1) 鑑賞の活動を通して，次の事項を身に付けることができるよう指導する。
　ア　鑑賞に関わる知識を得たり生かしたりしながら，次の(ｱ)から(ｳ)までについて自分なりに考え，音楽のよさや美しさを味わって聴くこと。
　　(ｱ) 曲や演奏に対する評価とその根拠
　　(ｲ) 生活や社会における音楽の意味や役割
　　(ｳ) 音楽表現の共通性や固有性
　イ　次の(ｱ)から(ｳ)までについて理解すること。
　　(ｱ) 曲想と音楽の構造との関わり
　　(ｲ) 音楽の特徴とその背景となる文化や歴史，他の芸術との関わり
　　(ｳ) 我が国や郷土の伝統音楽及びアジア地域の諸民族の音楽の特徴と，その特徴から生まれる音楽の多様性

〔共通事項〕
(1) 「A表現」及び「B鑑賞」の指導を通して，次の事項を身に付けることができるよう指導する。
　ア　音楽を形づくっている要素や要素同士の関連を知覚し，それらの働きが生み出す特質や雰囲気を感受しながら，知覚したことと感受したこととの関わりについて考えること。
　イ　音楽を形づくっている要素及びそれらに関わる用語や記号などについて，音楽における働きと関わらせて理解すること。

〔第2学年及び第3学年〕
1　目　標
(1) 曲想と音楽の構造や背景などとの関わり及び音楽の多様性について理解するとともに，創意工夫を生かした音楽表現をするために必要な歌唱，器楽，創作の技能を身に付けるようにする。
(2) 曲にふさわしい音楽表現を創意工夫することや，音楽を評価しながらよさや美しさを味わって聴くことができるようにする。
(3) 主体的・協働的に表現及び鑑賞の学習に取り組み，音楽活動の楽しさを体験することを通して，音楽文化に親しむとともに，音楽によって生活を明るく豊かなものにし，音楽に親しんでいく態度を養う。

付録6

2 内容
A 表現
(1) 歌唱の活動を通して，次の事項を身に付けることができるよう指導する。
　ア　歌唱表現に関わる知識や技能を得たり生かしたりしながら，曲にふさわしい歌唱表現を創意工夫すること。
　イ　次の(ア)及び(イ)について理解すること。
　　(ア) 曲想と音楽の構造や歌詞の内容及び曲の背景との関わり
　　(イ) 声の音色や響き及び言葉の特性と曲種に応じた発声との関わり
　ウ　次の(ア)及び(イ)の技能を身に付けること。
　　(ア) 創意工夫を生かした表現で歌うために必要な発声，言葉の発音，身体の使い方などの技能
　　(イ) 創意工夫を生かし，全体の響きや各声部の声などを聴きながら他者と合わせて歌う技能
(2) 器楽の活動を通して，次の事項を身に付けることができるよう指導する。
　ア　器楽表現に関わる知識や技能を得たり生かしたりしながら，曲にふさわしい器楽表現を創意工夫すること。
　イ　次の(ア)及び(イ)について理解すること。
　　(ア) 曲想と音楽の構造や曲の背景との関わり
　　(イ) 楽器の音色や響きと奏法との関わり
　ウ　次の(ア)及び(イ)の技能を身に付けること。
　　(ア) 創意工夫を生かした表現で演奏するために必要な奏法，身体の使い方などの技能
　　(イ) 創意工夫を生かし，全体の響きや各声部の音などを聴きながら他者と合わせて演奏する技能
(3) 創作の活動を通して，次の事項を身に付けることができるよう指導する。
　ア　創作表現に関わる知識や技能を得たり生かしたりしながら，まとまりのある創作表現を創意工夫すること。
　イ　次の(ア)及び(イ)について，表したいイメージと関わらせて理解すること。
　　(ア) 音階や言葉などの特徴及び音のつながり方の特徴
　　(イ) 音素材の特徴及び音の重なり方や反復，変化，対照などの構成上の特徴
　ウ　創意工夫を生かした表現で旋律や音楽をつくるために必要な，課題や条件に沿った音の選択や組合せなどの技能を身に付けること。
B 鑑賞
(1) 鑑賞の活動を通して，次の事項を身に付けることができるよう指導する。
　ア　鑑賞に関わる知識を得たり生かしたりしながら，次の(ア)から(ウ)までについて考え，音楽のよさや美しさを味わって聴くこと。
　　(ア) 曲や演奏に対する評価とその根拠
　　(イ) 生活や社会における音楽の意味や役割
　　(ウ) 音楽表現の共通性や固有性
　イ　次の(ア)から(ウ)までについて理解すること。
　　(ア) 曲想と音楽の構造との関わり
　　(イ) 音楽の特徴とその背景となる文化や歴史，他の芸術との関わり
　　(ウ) 我が国や郷土の伝統音楽及び諸外国の様々な音楽の特徴と，その特徴から生まれる音楽の多様性

付録6

〔共通事項〕
(1) 「A表現」及び「B鑑賞」の指導を通して，次の事項を身に付けることができるよう指導する。
　ア　音楽を形づくっている要素や要素同士の関連を知覚し，それらの働きが生み出す特質や雰囲気を感受しながら，知覚したことと感受したこととの関わりについて考えること。
　イ　音楽を形づくっている要素及びそれらに関わる用語や記号などについて，音楽における働きと関わらせて理解すること。

第3　指導計画の作成と内容の取扱い

1　指導計画の作成に当たっては，次の事項に配慮するものとする。
(1) 題材など内容や時間のまとまりを見通して，その中で育む資質・能力の育成に向けて，生徒の主体的・対話的で深い学びの実現を図るようにすること。その際，音楽的な見方・考え方を働かせ，他者と協働しながら，音楽表現を生み出したり音楽を聴いてそのよさや美しさなどを見いだしたりするなど，思考，判断し，表現する一連の過程を大切にした学習の充実を図ること。
(2) 第2の各学年の内容の「A表現」の(1)，(2)及び(3)の指導については，ア，イ及びウの各事項を，「B鑑賞」の(1)の指導については，ア及びイの各事項を適切に関連させて指導すること。
(3) 第2の各学年の内容の〔共通事項〕は，表現及び鑑賞の学習において共通に必要となる資質・能力であり，「A表現」及び「B鑑賞」の指導と併せて，十分な指導が行われるよう工夫すること。
(4) 第2の各学年の内容の「A表現」の(1)，(2)及び(3)並びに「B鑑賞」の(1)の指導については，それぞれ特定の活動のみに偏らないようにするとともに，必要に応じて，〔共通事項〕を要として各領域や分野の関連を図るようにすること。
(5) 障害のある生徒などについては，学習活動を行う場合に生じる困難さに応じた指導内容や指導方法の工夫を計画的，組織的に行うこと。
(6) 第1章総則の第1の2の(2)に示す道徳教育の目標に基づき，道徳科などとの関連を考慮しながら，第3章特別の教科道徳の第2に示す内容について，音楽科の特質に応じて適切な指導をすること。

2　第2の内容の取扱いについては，次の事項に配慮するものとする。
(1) 各学年の「A表現」及び「B鑑賞」の指導に当たっては，次のとおり取り扱うこと。
　ア　音楽活動を通して，それぞれの教材等に応じ，音や音楽が生活に果たす役割を考えさせるなどして，生徒が音や音楽と生活や社会との関わりを実感できるよう指導を工夫すること。なお，適宜，自然音や環境音などについても取り扱い，音環境への関心を高めることができるよう指導を工夫すること。
　イ　音楽によって喚起された自己のイメージや感情，音楽表現に対する思いや意図，音楽に対する評価などを伝え合い共感するなど，音や音楽及び言葉によるコミュニケーションを図り，音楽科の特質に応じた言語活動を適切に位置付けられるよう指導を工夫すること。
　ウ　知覚したことと感受したこととの関わりを基に音楽の特徴を捉えたり，思考，判断の過程や結果を表したり，それらについて他者と共有，共感したりする際には，適宜，体を動かす活動も取り入れるようにすること。
　エ　生徒が様々な感覚を関連付けて音楽への理解を深めたり，主体的に学習に取り組んだりす

ることができるようにするため，コンピュータや教育機器を効果的に活用できるよう指導を工夫すること。

オ　生徒が学校内及び公共施設などの学校外における音楽活動とのつながりを意識できるようにするなど，生徒や学校，地域の実態に応じ，生活や社会の中の音や音楽，音楽文化と主体的に関わっていくことができるよう配慮すること。

カ　自己や他者の著作物及びそれらの著作者の創造性を尊重する態度の形成を図るとともに，必要に応じて，音楽に関する知的財産権について触れるようにすること。また，こうした態度の形成が，音楽文化の継承，発展，創造を支えていることへの理解につながるよう配慮すること。

(2) 各学年の「A表現」の(1)の歌唱の指導に当たっては，次のとおり取り扱うこと。

ア　歌唱教材は，次に示すものを取り扱うこと。

(ｱ)　我が国及び諸外国の様々な音楽のうち，指導のねらいに照らして適切で，生徒にとって親しみがもてたり意欲が高められたり，生活や社会において音楽が果たしている役割が感じ取れたりできるもの。

(ｲ)　民謡，長唄などの我が国の伝統的な歌唱のうち，生徒や学校，地域の実態を考慮して，伝統的な声や歌い方の特徴を感じ取れるもの。なお，これらを取り扱う際は，その表現活動を通して，生徒が我が国や郷土の伝統音楽のよさを味わい，愛着をもつことができるよう工夫すること。

(ｳ)　我が国で長く歌われ親しまれている歌曲のうち，我が国の自然や四季の美しさを感じ取れるもの又は我が国の文化や日本語のもつ美しさを味わえるもの。なお，各学年において，以下の共通教材の中から1曲以上を含めること。

　　「赤とんぼ」　　三木露風作詞　　山田耕筰作曲
　　「荒城の月」　　土井晩翠作詞　　滝廉太郎作曲
　　「早春賦」　　　吉丸一昌作詞　　中田　章作曲
　　「夏の思い出」　江間章子作詞　　中田喜直作曲
　　「花」　　　　　武島羽衣作詞　　滝廉太郎作曲
　　「花の街」　　　江間章子作詞　　團伊玖磨作曲
　　「浜辺の歌」　　林　古溪作詞　　成田為三作曲

イ　変声期及び変声前後の声の変化について気付かせ，変声期の生徒を含む全ての生徒の心理的な面についても配慮するとともに，変声期の生徒については適切な声域と声量によって歌わせるようにすること。

ウ　相対的な音程感覚などを育てるために，適宜，移動ド唱法を用いること。

(3) 各学年の「A表現」の(2)の器楽の指導に当たっては，次のとおり取り扱うこと。

ア　器楽教材は，次に示すものを取り扱うこと。

(ｱ)　我が国及び諸外国の様々な音楽のうち，指導のねらいに照らして適切で，生徒にとって親しみがもてたり意欲が高められたり，生活や社会において音楽が果たしている役割が感じ取れたりできるもの。

イ　生徒や学校，地域の実態などを考慮した上で，指導上の必要に応じて和楽器，弦楽器，管楽器，打楽器，鍵盤楽器，電子楽器及び世界の諸民族の楽器を適宜用いること。なお，3学年間を通じて1種類以上の和楽器を取り扱い，その表現活動を通して，生徒が我が国や郷土の伝統音楽のよさを味わい，愛着をもつことができるよう工夫すること。

(4) 歌唱及び器楽の指導における合わせて歌ったり演奏したりする表現形態では，他者と共に一つの音楽表現をつくる過程を大切にするとともに，生徒一人一人が，担当する声部の役割と全

体の響きについて考え，主体的に創意工夫できるよう指導を工夫すること。
(5) 読譜の指導に当たっては，小学校における学習を踏まえ，♯や♭の調号としての意味を理解させるとともに，3学年間を通じて，1♯，1♭程度をもった調号の楽譜の視唱や視奏に慣れさせるようにすること。
(6) 我が国の伝統的な歌唱や和楽器の指導に当たっては，言葉と音楽との関係，姿勢や身体の使い方についても配慮するとともに，適宜，口唱歌（くちしょうが）を用いること。
(7) 各学年の「A表現」の(3)の創作の指導に当たっては，即興的に音を出しながら音のつながり方を試すなど，音を音楽へと構成していく体験を重視すること。その際，理論に偏らないようにするとともに，必要に応じて作品を記録する方法を工夫させること。
(8) 各学年の「B鑑賞」の指導に当たっては，次のとおり取り扱うこと。
　ア　鑑賞教材は，我が国や郷土の伝統音楽を含む我が国及び諸外国の様々な音楽のうち，指導のねらいに照らして適切なものを取り扱うこと。
　イ　第1学年では言葉で説明したり，第2学年及び第3学年では批評したりする活動を取り入れ，曲や演奏に対する評価やその根拠を明らかにできるよう指導を工夫すること。
(9) 各学年の〔共通事項〕に示す「音楽を形づくっている要素」については，指導のねらいに応じて，音色，リズム，速度，旋律，テクスチュア，強弱，形式，構成などから，適切に選択したり関連付けたりして指導すること。
(10) 各学年の〔共通事項〕の(1)のイに示す「用語や記号など」については，小学校学習指導要領第2章第6節音楽の第3の2の(9)に示すものに加え，生徒の学習状況を考慮して，次に示すものを音楽における働きと関わらせて理解し，活用できるよう取り扱うこと。

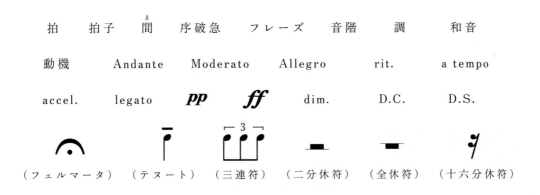

教科の目標，各学年の目標及び内容の系統表（中学校音楽科）

教科の目標，各学年の目標及び内容

第1目標			表現及び鑑賞の幅広い活動を通して，音楽的な見方・考え方を働かせ，生活や社会の中の音
		「知識及び技能」	(1) 曲想と音楽の構造や背景などとの関わり及び音楽の多様性について理解するとともに，
		「思考力，判断力，表現力等」	(2) 音楽表現を創意工夫することや，音楽のよさや美しさを味わって聴くことができるよ
		「学びに向かう力，人間性等」	(3) 音楽活動の楽しさを体験することを通して，音楽を愛好する心情を育むとともに，音
第2 各学年の目標及び内容	1 目標		（第1学年）
		「知識及び技能」	(1) 曲想と音楽の構造などとの関わり及び音楽の多様性について理解するとともに，創意工夫を生かした音楽表現をするために必要な歌唱，器楽，創作の技能を身に付けるようにする。
		「思考力，判断力，表現力等」	(2) 音楽表現を創意工夫することや，音楽を自分なりに評価しながらよさや美しさを味わって聴くことができるようにする。
		「学びに向かう力，人間性等」	(3) 主体的・協働的に表現及び鑑賞の学習に取り組み，音楽活動の楽しさを体験することを通して，音楽文化に親しむとともに，音楽によって生活を明るく豊かなものにしていく態度を養う。
	2 内容	A 表現	(1) 歌唱の活動を通して，次の事項を身に付けることができるよう指導する。
		「思考力，判断力，表現力等」	ア 歌唱表現に関わる知識や技能を得たり生かしたりしながら，歌唱表現を創意工夫すること。
		「知識」	イ 次の (ｱ) 及び (ｲ) について理解すること。 (ｱ) 曲想と音楽の構造や歌詞の内容との関わり (ｲ) 声の音色や響き及び言葉の特性と曲種に応じた発声との関わり
		「技能」	ウ 次の (ｱ) 及び (ｲ) の技能を身に付けること。 (ｱ) 創意工夫を生かした表現で歌うために必要な発声，言葉の発音，身体の使い方などの技能 (ｲ) 創意工夫を生かし，全体の響きや各声部の声などを聴きながら他者と合わせて歌う技能
			(2) 器楽の活動を通して，次の事項を身に付けることができるよう指導する。
		「思考力，判断力，表現力等」	ア 器楽表現に関わる知識や技能を得たり生かしたりしながら，器楽表現を創意工夫すること。
		「知識」	イ 次の (ｱ) 及び (ｲ) について理解すること。 (ｱ) 曲想と音楽の構造との関わり (ｲ) 楽器の音色や響きと奏法との関わり
		「技能」	ウ 次の (ｱ) 及び (ｲ) の技能を身に付けること。 (ｱ) 創意工夫を生かした表現で演奏するために必要な奏法，身体の使い方などの技能 (ｲ) 創意工夫を生かし，全体の響きや各声部の音などを聴きながら他者と合わせて演奏する技能
			(3) 創作の活動を通して，次の事項を身に付けることができるよう指導する。
		「思考力，判断力，表現力等」	ア 創作表現に関わる知識や技能を得たり生かしたりしながら，創作表現を創意工夫すること。
		「知識」	イ 次の (ｱ) 及び (ｲ) について，表したいイメージと関わらせて理解すること。 (ｱ) 音のつながり方の特徴 (ｲ) 音素材の特徴及び音の重なり方や反復，変化，対照などの構成上の特徴
		「技能」	ウ 創意工夫を生かした表現で旋律や音楽をつくるために必要な，課題や条件に沿った音の選択や組合せなどの技能を身に付けること。
		B 鑑賞	(1) 鑑賞の活動を通して，次の事項を身に付けることができるよう指導する。
		「思考力，判断力，表現力等」	ア 鑑賞に関わる知識を得たり生かしたりしながら，次の (ｱ) から (ｳ) までについて自分なりに考え，音楽のよさや美しさを味わって聴くこと。 (ｱ) 曲や演奏に対する評価とその根拠 (ｲ) 生活や社会における音楽の意味や役割 (ｳ) 音楽表現の共通性や固有性
		「知識」	イ 次の (ｱ) から (ｳ) までについて理解すること。 (ｱ) 曲想と音楽の構造との関わり (ｲ) 音楽の特徴とその背景となる文化や歴史，他の芸術との関わり (ｳ) 我が国や郷土の伝統音楽及びアジア地域の諸民族の音楽の特徴と，その特徴から生まれる音楽の多様性
		〔共通事項〕	(1) 「A表現」及び「B鑑賞」の指導を通して，次の事項を身に付けることができるよう指導する。
		「思考力，判断力，表現力等」	ア 音楽を形づくっている要素や要素同士の関連を知覚し，それらの働きが生み出す特質や雰囲気を感受しながら，知覚したことと感受したこととの関わりについて考えること。
		「知識」	イ 音楽を形づくっている要素及びそれらに関わる用語や記号などについて，音楽における働きと関わらせて理解すること。

付録7

音楽,音楽文化と豊かに関わる資質・能力を次のとおり育成することを目指す。
創意工夫を生かした音楽表現をするために必要な技能を身に付けるようにする。
にする。

に対する感性を豊かにし,音楽に親しんでいく態度を養い,豊かな情操を培う。

〔第2学年及び第3学年〕

(1) 曲想と音楽の構造や背景などとの関わり及び音楽の多様性について理解するとともに,創意工夫を生かした音楽表現をするために必要な歌唱,器楽,創作の技能を身に付けるようにする。

(2) 曲にふさわしい音楽表現を創意工夫することや,音楽を評価しながらよさや美しさを味わって聴くことができるようにする。

(3) 主体的・協働的に表現及び鑑賞の学習に取り組み,音楽活動の楽しさを体験することを通して,音楽文化に親しむとともに,音楽によって生活を明るく豊かなものにし,音楽に親しんでいく態度を養う。

(1) 歌唱の活動を通して,次の事項を身に付けることができるよう指導する。
ア 歌唱表現に関わる知識や技能を得たり生かしたりしながら,曲にふさわしい歌唱表現を創意工夫すること。

イ 次の(ア)及び(イ)について理解すること。
 (ア) 曲想と音楽の構造や歌詞の内容及び曲の背景との関わり
 (イ) 声の音色や響き及び言葉の特性と曲種に応じた発声との関わり
ウ 次の(ア)及び(イ)の技能を身に付けること。
 (ア) 創意工夫を生かした表現で歌うために必要な発声,言葉の発音,身体の使い方などの技能
 (イ) 創意工夫を生かし,全体の響きや各声部の声などを聴きながら他者と合わせて歌う技能

(2) 器楽の活動を通して,次の事項を身に付けることができるよう指導する。
ア 器楽表現に関わる知識や技能を得たり生かしたりしながら,曲にふさわしい器楽表現を創意工夫すること。

イ 次の(ア)及び(イ)について理解すること。
 (ア) 曲想と音楽の構造や曲の背景との関わり
 (イ) 楽器の音色や響きと奏法との関わり
ウ 次の(ア)及び(イ)の技能を身に付けること。
 (ア) 創意工夫を生かした表現で演奏するために必要な奏法,身体の使い方などの技能
 (イ) 創意工夫を生かし,全体の響きや各声部の音などを聴きながら他者と合わせて演奏する技能

(3) 創作の活動を通して,次の事項を身に付けることができるよう指導する。
ア 創作表現に関わる知識や技能を得たり生かしたりしながら,まとまりのある創作表現を創意工夫すること。

イ 次の(ア)及び(イ)について,表したいイメージと関わらせて理解すること。
 (ア) 音階や言葉などの特徴及び音のつながり方の特徴
 (イ) 音素材の特徴及び音の重なり方や反復,変化,対照などの構成上の特徴
ウ 創意工夫を生かした表現で旋律や音楽をつくるために必要な,課題や条件に沿った音の選択や組合せなどの技能を身に付けること。

(1) 鑑賞の活動を通して,次の事項を身に付けることができるよう指導する。
ア 鑑賞に関わる知識を得たり生かしたりしながら,次の(ア)から(ウ)までについて考え,音楽のよさや美しさを味わって聴くこと。
 (ア) 曲や演奏に対する評価とその根拠
 (イ) 生活や社会における音楽の意味や役割
 (ウ) 音楽表現の共通性や固有性
イ 次の(ア)から(ウ)までについて理解すること。
 (ア) 曲想と音楽の構造との関わり
 (イ) 音楽の特徴とその背景となる文化や歴史,他の芸術との関わり
 (ウ) 我が国や郷土の伝統音楽及び諸外国の様々な音楽の特徴と,その特徴から生まれる音楽の多様性

(1) 「A表現」及び「B鑑賞」の指導を通して,次の事項を身に付けることができるよう指導する。

ア 音楽を形づくっている要素や要素同士の関連を知覚し,それらの働きが生み出す特質や雰囲気を感受しながら,知覚したことと感受したこととの関わりについて考えること。
イ 音楽を形づくっている要素及びそれらに関わる用語や記号などについて,音楽における働きと関わらせて理解すること。

付録7

指導計画の作成と内容の取扱い

第3　指導計画の作成と内容の取扱い
1　指導計画の作成に当たっては，次の事項に配慮するものとする。
(1) 題材など内容や時間のまとまりを見通して，その中で育む資質・能力の育成に向けて，生徒の主体的・対話的で深い学びの実現を図るようにすること。その際，音楽的な見方・考え方を働かせ，他者と協働しながら，音楽表現を生み出したり音楽を聴いてそのよさや美しさなどを見いだしたりするなど，思考，判断し，表現する一連の過程を大切にした学習の充実を図ること。
(2) 第2の各学年の内容の「A表現」の(1)，(2)及び(3)の指導については，ア，イ及びウの各事項を，「B鑑賞」の(1)の指導については，ア及びイの各事項を適切に関連させて指導すること。
(3) 第2の各学年の内容の〔共通事項〕は，表現及び鑑賞の学習において共通に必要となる資質・能力であり，「A表現」及び「B鑑賞」の指導と併せて，十分な指導が行われるよう工夫すること。
(4) 第2の各学年の内容の「A表現」の(1)，(2)及び(3)並びに「B鑑賞」の(1)の指導については，それぞれ特定の活動のみに偏らないようにするとともに，必要に応じて，〔共通事項〕を要として各領域や分野の関連を図るようにすること。
(5) 障害のある生徒などについては，学習活動を行う場合に生じる困難さに応じた指導内容や指導方法の工夫を計画的，組織的に行うこと。
(6) 第1章総則の第1の2の(2)に示す道徳教育の目標に基づき，道徳科などとの関連を考慮しながら，第3章特別の教科道徳の第2に示す内容について，音楽科の特質に応じて適切な指導をすること。
2　第2の内容の取扱いについては，次の事項に配慮するものとする。
(1) 各学年の「A表現」及び「B鑑賞」の指導に当たっては，次のとおり取り扱うこと。 　ア　音楽活動を通して，それぞれの教材等に応じ，音や音楽が生活に果たす役割を考えさせるなどとして，生徒が音や音楽と生活や社会との関わりを実感できるよう指導を工夫すること。なお，適宜，自然音や環境音などについても取り扱い，音環境への関心を高めることができるよう指導を工夫すること。 　イ　音楽によって喚起された自己のイメージや感情，音楽表現に対する思いや意図，音楽に対する評価などを伝え合い共感するなど，音や音楽及び言葉によるコミュニケーションを図り，音楽科の特質に応じた言語活動を適切に位置付けられるよう指導を工夫すること。 　ウ　知覚したことと感受したこととの関わりを基に音楽の特徴を捉えたり，思考，判断の過程や結果を表したり，それらについて他者と共有，共感したりする際には，適宜，体を動かす活動も取り入れるようにすること。 　エ　生徒が様々な感覚を関連付けて音楽への理解を深めたり，主体的に学習に取り組んだりすることができるようにするため，コンピュータや教育機器を効果的に活用できるよう指導を工夫すること。 　オ　生徒が学校内及び公共施設などの学校外における音楽活動とのつながりを意識できるようにするなど，生徒や学校，地域の実態に応じ，生活や社会の中の音や音楽，音楽文化と主体的に関わっていくことができるよう配慮すること。 　カ　自己や他者の著作物及びそれらの著作者の創造性を尊重する態度の形成を図るとともに，必要に応じて，音楽に関する知的財産権について触れるようにすること。また，こうした態度の形成が，音楽文化の継承，発展，創造を支えていることへの理解につながるよう配慮すること。
(2) 各学年の「A表現」の(1)の歌唱の指導に当たっては，次のとおり取り扱うこと。 　ア　歌唱教材は，次に示すものを取り扱うこと。 　　(ｱ) 我が国及び諸外国の様々な音楽のうち，指導のねらいに照らして適切で，生徒にとって親しみがもてたり意欲が高められたり，生活や社会において音楽が果たしている役割が感じ取れたりできるもの。 　　(ｲ) 民謡，長唄などの我が国の伝統的な歌唱のうち，生徒や学校，地域の実態を考慮して，伝統的な声や歌い方の特徴を感じ取れるもの。なお，これらを取り扱う際は，その表現活動を通して，生徒が我が国や郷土の伝統音楽のよさを味わい，愛着をもつことができるよう工夫すること。 　　(ｳ) 我が国で長く歌われ親しまれている歌曲のうち，我が国の自然や四季の美しさを感じ取れるもの又は我が国の文化や日本語のもつ美しさを味わえるもの。なお，各学年において，以下の共通教材の中から1曲以上を含めること。 　　　　「赤とんぼ」　　三木露風作詞　山田耕筰作曲 　　　　「荒城の月」　　土井晩翠作詞　滝廉太郎作曲 　　　　「早春賦」　　　吉丸一昌作詞　中田　章作曲 　　　　「夏の思い出」　江間章子作詞　中田喜直作曲 　　　　「花」　　　　　武島羽衣作詞　滝廉太郎作曲 　　　　「花の街」　　　江間章子作詞　團伊玖磨作曲 　　　　「浜辺の歌」　　林　古渓作詞　成田為三作曲

イ　変声期及び変声前後の声の変化について気付かせ，変声期の生徒を含む全ての生徒の心理的な面についても配慮するとともに，変声期の生徒については適切な声域と声量によって歌わせるようにすること。
　　ウ　相対的な音程感覚などを育てるために，適宜，移動ド唱法を用いること。
(3) 各学年の「A表現」の(2)の器楽の指導に当たっては，次のとおり取り扱うこと。
　ア　器楽教材は，次に示すものを取り扱うこと。
　　(ｱ)　我が国及び諸外国の様々な音楽のうち，指導のねらいに照らして適切で，生徒にとって親しみがもてたり意欲が高められたり，生活や社会において音楽が果たしている役割が感じ取れたりできるもの。
　イ　生徒や学校，地域の実態などを考慮した上で，指導上の必要に応じて和楽器，弦楽器，管楽器，打楽器，鍵盤楽器，電子楽器及び世界の諸民族の楽器を適宜用いること。なお，3学年間を通じて1種類以上の和楽器を取り扱い，その表現活動を通して，生徒が我が国や郷土の伝統音楽のよさを味わい，愛着をもつことができるよう工夫すること。
(4) 歌唱及び器楽の指導における合わせて歌ったり演奏したりする表現形態では，他者と共に一つの音楽表現をつくる過程を大切にするとともに，生徒一人一人が，担当する声部の役割と全体の響きについて考え，主体的に創意工夫できるよう指導を工夫すること。
(5) 読譜の指導に当たっては，小学校における学習を踏まえ，♯や♭の調号としての意味を理解させるとともに，3学年間を通じて，1♯，1♭程度をもった調号の楽譜の視唱や視奏に慣れさせるようにすること。
(6) 我が国の伝統的な歌唱や和楽器の指導に当たっては，言葉と音楽との関係，姿勢や身体の使い方についても配慮するとともに，適宜，口唱歌を用いること。
(7) 各学年の「A表現」の(3)の創作の指導に当たっては，即興的に音を出しながら音のつながり方を試すなど，音を音楽へと構成していく体験を重視すること。その際，理論に偏らないようにするとともに，必要に応じて作品を記録する方法を工夫させること。
(8) 各学年の「B鑑賞」の指導に当たっては，次のとおり取り扱うこと。
　ア　鑑賞教材は，我が国や郷土の伝統音楽を含む我が国及び諸外国の様々な音楽のうち，指導のねらいに照らして適切なものを取り扱うこと。
　イ　第1学年では言葉で説明したり，第2学年及び第3学年では批評したりする活動を取り入れ，曲や演奏に対する評価やその根拠を明らかにできるよう指導を工夫すること。
(9) 各学年の〔共通事項〕に示す「音楽を形づくっている要素」については，指導のねらいに応じて，音色，リズム，速度，旋律，テクスチュア，強弱，形式，構成などから，適切に選択したり関連付けたりして指導すること。
(10) 各学年の〔共通事項〕の(1)のイに示す「用語や記号など」については，小学校学習指導要領第2章第6節音楽の第3の2の(9)に示すものに加え，生徒の学習状況を考慮して，次に示すものを音楽における働きと関わらせて理解し，活用できるよう取り扱うこと。

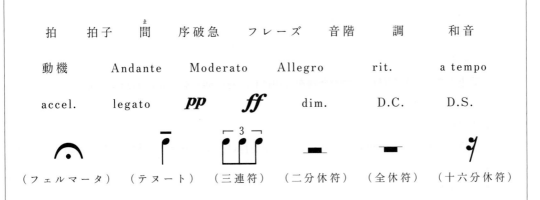

小学校学習指導要領　第3章　特別の教科　道徳

● 第1　目　標

第1章総則の第1の2の(2)に示す道徳教育の目標に基づき，よりよく生きるための基盤となる道徳性を養うため，道徳的諸価値についての理解を基に，自己を見つめ，物事を多面的・多角的に考え，自己の生き方についての考えを深める学習を通して，道徳的な判断力，心情，実践意欲と態度を育てる。

● 第2　内　容

学校の教育活動全体を通じて行う道徳教育の要である道徳科においては，以下に示す項目について扱う。

A　主として自分自身に関すること

〔善悪の判断，自律，自由と責任〕

〔第1学年及び第2学年〕
　よいことと悪いこととの区別をし，よいと思うことを進んで行うこと。

〔第3学年及び第4学年〕
　正しいと判断したことは，自信をもって行うこと。

〔第5学年及び第6学年〕
　自由を大切にし，自律的に判断し，責任のある行動をすること。

〔正直，誠実〕

〔第1学年及び第2学年〕
　うそをついたりごまかしをしたりしないで，素直に伸び伸びと生活すること。

〔第3学年及び第4学年〕
　過ちは素直に改め，正直に明るい心で生活すること。

〔第5学年及び第6学年〕
　誠実に，明るい心で生活すること。

〔節度，節制〕

〔第1学年及び第2学年〕
　健康や安全に気を付け，物や金銭を大切にし，身の回りを整え，わがままをしないで，規則正しい生活をすること。

〔第3学年及び第4学年〕
　自分でできることは自分でやり，安全に気を付け，よく考えて行動し，節度のある生活をすること。

〔第5学年及び第6学年〕
　安全に気を付けることや，生活習慣の大切さについて理解し，自分の生活を見直し，節度を守り節制に心掛けること。

〔個性の伸長〕

〔第1学年及び第2学年〕
　自分の特徴に気付くこと。

〔第3学年及び第4学年〕
　自分の特徴に気付き，長所を伸ばすこと。

〔第5学年及び第6学年〕
　　自分の特徴を知って，短所を改め長所を伸ばすこと。
［希望と勇気，努力と強い意志］
　〔第1学年及び第2学年〕
　　自分のやるべき勉強や仕事をしっかりと行うこと。
　〔第3学年及び第4学年〕
　　自分でやろうと決めた目標に向かって，強い意志をもち，粘り強くやり抜くこと。
　〔第5学年及び第6学年〕
　　より高い目標を立て，希望と勇気をもち，困難があってもくじけずに努力して物事をやり抜くこと。
［真理の探究］
　〔第5学年及び第6学年〕
　　真理を大切にし，物事を探究しようとする心をもつこと。

B　主として人との関わりに関すること

［親切，思いやり］
　〔第1学年及び第2学年〕
　　身近にいる人に温かい心で接し，親切にすること。
　〔第3学年及び第4学年〕
　　相手のことを思いやり，進んで親切にすること。
　〔第5学年及び第6学年〕
　　誰に対しても思いやりの心をもち，相手の立場に立って親切にすること。
［感謝］
　〔第1学年及び第2学年〕
　　家族など日頃世話になっている人々に感謝すること。
　〔第3学年及び第4学年〕
　　家族など生活を支えてくれている人々や現在の生活を築いてくれた高齢者に，尊敬と感謝の気持ちをもって接すること。
　〔第5学年及び第6学年〕
　　日々の生活が家族や過去からの多くの人々の支え合いや助け合いで成り立っていることに感謝し，それに応えること。
［礼儀］
　〔第1学年及び第2学年〕
　　気持ちのよい挨拶，言葉遣い，動作などに心掛けて，明るく接すること。
　〔第3学年及び第4学年〕
　　礼儀の大切さを知り，誰に対しても真心をもって接すること。
　〔第5学年及び第6学年〕
　　時と場をわきまえて，礼儀正しく真心をもって接すること。
［友情，信頼］
　〔第1学年及び第2学年〕
　　友達と仲よくし，助け合うこと。
　〔第3学年及び第4学年〕
　　友達と互いに理解し，信頼し，助け合うこと。

〔第5学年及び第6学年〕
　　友達と互いに信頼し，学び合って友情を深め，異性についても理解しながら，人間関係を築いていくこと。

［相互理解，寛容］
〔第3学年及び第4学年〕
　　自分の考えや意見を相手に伝えるとともに，相手のことを理解し，自分と異なる意見も大切にすること。
〔第5学年及び第6学年〕
　　自分の考えや意見を相手に伝えるとともに，謙虚な心をもち，広い心で自分と異なる意見や立場を尊重すること。

C　主として集団や社会との関わりに関すること

［規則の尊重］
〔第1学年及び第2学年〕
　　約束やきまりを守り，みんなが使う物を大切にすること。
〔第3学年及び第4学年〕
　　約束や社会のきまりの意義を理解し，それらを守ること。
〔第5学年及び第6学年〕
　　法やきまりの意義を理解した上で進んでそれらを守り，自他の権利を大切にし，義務を果たすこと。

［公正，公平，社会正義］
〔第1学年及び第2学年〕
　　自分の好き嫌いにとらわれないで接すること。
〔第3学年及び第4学年〕
　　誰に対しても分け隔てをせず，公正，公平な態度で接すること。
〔第5学年及び第6学年〕
　　誰に対しても差別をすることや偏見をもつことなく，公正，公平な態度で接し，正義の実現に努めること。

［勤労，公共の精神］
〔第1学年及び第2学年〕
　　働くことのよさを知り，みんなのために働くこと。
〔第3学年及び第4学年〕
　　働くことの大切さを知り，進んでみんなのために働くこと。
〔第5学年及び第6学年〕
　　働くことや社会に奉仕することの充実感を味わうとともに，その意義を理解し，公共のために役に立つことをすること。

［家族愛，家庭生活の充実］
〔第1学年及び第2学年〕
　　父母，祖父母を敬愛し，進んで家の手伝いなどをして，家族の役に立つこと。
〔第3学年及び第4学年〕
　　父母，祖父母を敬愛し，家族みんなで協力し合って楽しい家庭をつくること。
〔第5学年及び第6学年〕
　　父母，祖父母を敬愛し，家族の幸せを求めて，進んで役に立つことをすること。

[よりよい学校生活,集団生活の充実]
〔第1学年及び第2学年〕
先生を敬愛し,学校の人々に親しんで,学級や学校の生活を楽しくすること。
〔第3学年及び第4学年〕
先生や学校の人々を敬愛し,みんなで協力し合って楽しい学級や学校をつくること。
〔第5学年及び第6学年〕
先生や学校の人々を敬愛し,みんなで協力し合ってよりよい学級や学校をつくるとともに,様々な集団の中での自分の役割を自覚して集団生活の充実に努めること。

[伝統と文化の尊重,国や郷土を愛する態度]
〔第1学年及び第2学年〕
我が国や郷土の文化と生活に親しみ,愛着をもつこと。
〔第3学年及び第4学年〕
我が国や郷土の伝統と文化を大切にし,国や郷土を愛する心をもつこと。
〔第5学年及び第6学年〕
我が国や郷土の伝統と文化を大切にし,先人の努力を知り,国や郷土を愛する心をもつこと。

[国際理解,国際親善]
〔第1学年及び第2学年〕
他国の人々や文化に親しむこと。
〔第3学年及び第4学年〕
他国の人々や文化に親しみ,関心をもつこと。
〔第5学年及び第6学年〕
他国の人々や文化について理解し,日本人としての自覚をもって国際親善に努めること。

D 主として生命や自然,崇高なものとの関わりに関すること

[生命の尊さ]
〔第1学年及び第2学年〕
生きることのすばらしさを知り,生命を大切にすること。
〔第3学年及び第4学年〕
生命の尊さを知り,生命あるものを大切にすること。
〔第5学年及び第6学年〕
生命が多くの生命のつながりの中にあるかけがえのないものであることを理解し,生命を尊重すること。

[自然愛護]
〔第1学年及び第2学年〕
身近な自然に親しみ,動植物に優しい心で接すること。
〔第3学年及び第4学年〕
自然のすばらしさや不思議さを感じ取り,自然や動植物を大切にすること。
〔第5学年及び第6学年〕
自然の偉大さを知り,自然環境を大切にすること。

[感動,畏敬の念]
〔第1学年及び第2学年〕
美しいものに触れ,すがすがしい心をもつこと。

付録8

〔第3学年及び第4学年〕
　　美しいものや気高いものに感動する心をもつこと。
〔第5学年及び第6学年〕
　　美しいものや気高いものに感動する心や人間の力を超えたものに対する畏敬の念をもつこと。
［よりよく生きる喜び］
〔第5学年及び第6学年〕
　　よりよく生きようとする人間の強さや気高さを理解し，人間として生きる喜びを感じること。

●第3　指導計画の作成と内容の取扱い

1　各学校においては，道徳教育の全体計画に基づき，各教科，外国語活動，総合的な学習の時間及び特別活動との関連を考慮しながら，道徳科の年間指導計画を作成するものとする。なお，作成に当たっては，第2に示す各学年段階の内容項目について，相当する各学年において全て取り上げることとする。その際，児童や学校の実態に応じ，2学年間を見通した重点的な指導や内容項目間の関連を密にした指導，一つの内容項目を複数の時間で扱う指導を取り入れるなどの工夫を行うものとする。

2　第2の内容の指導に当たっては，次の事項に配慮するものとする。
　(1)　校長や教頭などの参加，他の教師との協力的な指導などについて工夫し，道徳教育推進教師を中心とした指導体制を充実すること。
　(2)　道徳科が学校の教育活動全体を通じて行う道徳教育の要としての役割を果たすことができるよう，計画的・発展的な指導を行うこと。特に，各教科，外国語活動，総合的な学習の時間及び特別活動における道徳教育としては取り扱う機会が十分でない内容項目に関わる指導を補うことや，児童や学校の実態等を踏まえて指導をより一層深めること，内容項目の相互の関連を捉え直したり発展させたりすることに留意すること。
　(3)　児童が自ら道徳性を養う中で，自らを振り返って成長を実感したり，これからの課題や目標を見付けたりすることができるよう工夫すること。その際，道徳性を養うことの意義について，児童自らが考え，理解し，主体的に学習に取り組むことができるようにすること。
　(4)　児童が多様な感じ方や考え方に接する中で，考えを深め，判断し，表現する力などを育むことができるよう，自分の考えを基に話し合ったり書いたりするなどの言語活動を充実すること。
　(5)　児童の発達の段階や特性等を考慮し，指導のねらいに即して，問題解決的な学習，道徳的行為に関する体験的な学習等を適切に取り入れるなど，指導方法を工夫すること。その際，それらの活動を通じて学んだ内容の意義などについて考えることができるようにすること。また，特別活動等における多様な実践活動や体験活動も道徳科の授業に生かすようにすること。
　(6)　児童の発達の段階や特性等を考慮し，第2に示す内容との関連を踏まえつつ，情報モラルに関する指導を充実すること。また，児童の発達の段階や特性等を考慮し，例えば，社会の持続可能な発展などの現代的な課題の取扱いにも留意し，身近な社会的課題を自分との関係において考え，それらの解決に寄与しようとする意欲や態度を育てるよう努めること。なお，多様な見方や考え方のできる事柄について，特定の見方や考え方に偏った指導を行うことのないようにすること。
　(7)　道徳科の授業を公開したり，授業の実施や地域教材の開発や活用などに家庭や地域の人々，

各分野の専門家等の積極的な参加や協力を得たりするなど，家庭や地域社会との共通理解を深め，相互の連携を図ること。
3 教材については，次の事項に留意するものとする。
 (1) 児童の発達の段階や特性，地域の実情等を考慮し，多様な教材の活用に努めること。特に，生命の尊厳，自然，伝統と文化，先人の伝記，スポーツ，情報化への対応等の現代的な課題などを題材とし，児童が問題意識をもって多面的・多角的に考えたり，感動を覚えたりするような充実した教材の開発や活用を行うこと。
 (2) 教材については，教育基本法や学校教育法その他の法令に従い，次の観点に照らし適切と判断されるものであること。
  ア 児童の発達の段階に即し，ねらいを達成するのにふさわしいものであること。
  イ 人間尊重の精神にかなうものであって，悩みや葛藤等の心の揺れ，人間関係の理解等の課題も含め，児童が深く考えることができ，人間としてよりよく生きる喜びや勇気を与えられるものであること。
  ウ 多様な見方や考え方のできる事柄を取り扱う場合には，特定の見方や考え方に偏った取扱いがなされていないものであること。
4 児童の学習状況や道徳性に係る成長の様子を継続的に把握し，指導に生かすよう努める必要がある。ただし，数値などによる評価は行わないものとする。

「道徳の内容」の学年段階・学校段階の一覧表

		小学校第1学年及び第2学年（19）	小学校第3学年及び第4学年（20）
A 主として自分自身に関すること			
	善悪の判断, 自律, 自由と責任	(1) よいことと悪いこととの区別をし, よいと思うことを進んで行うこと。	(1) 正しいと判断したことは, 自信をもって行うこと。
	正直, 誠実	(2) うそをついたりごまかしをしたりしないで, 素直に伸び伸びと生活すること。	(2) 過ちは素直に改め, 正直に明るい心で生活すること。
	節度, 節制	(3) 健康や安全に気を付け, 物や金銭を大切にし, 身の回りを整え, わがままをしないで, 規則正しい生活をすること。	(3) 自分でできることは自分でやり, 安全に気を付け, よく考えて行動し, 節度のある生活をすること。
	個性の伸長	(4) 自分の特徴に気付くこと。	(4) 自分の特徴に気付き, 長所を伸ばすこと。
	希望と勇気, 努力と強い意志	(5) 自分のやるべき勉強や仕事をしっかりと行うこと。	(5) 自分でやろうと決めた目標に向かって, 強い意志をもち, 粘り強くやり抜くこと。
	真理の探究		
B 主として人との関わりに関すること			
	親切, 思いやり	(6) 身近にいる人に温かい心で接し, 親切にすること。	(6) 相手のことを思いやり, 進んで親切にすること。
	感謝	(7) 家族など日頃世話になっている人々に感謝すること。	(7) 家族など生活を支えてくれている人々や現在の生活を築いてくれた高齢者に, 尊敬と感謝の気持ちをもって接すること。
	礼儀	(8) 気持ちのよい挨拶, 言葉遣い, 動作などに心掛けて, 明るく接すること。	(8) 礼儀の大切さを知り, 誰に対しても真心をもって接すること。
	友情, 信頼	(9) 友達と仲よくし, 助け合うこと。	(9) 友達と互いに理解し, 信頼し, 助け合うこと。
	相互理解, 寛容		(10) 自分の考えや意見を相手に伝えるとともに, 相手のことを理解し, 自分と異なる意見も大切にすること。
C 主として集団や社会との関わりに関すること			
	規則の尊重	(10) 約束やきまりを守り, みんなが使う物を大切にすること。	(11) 約束や社会のきまりの意義を理解し, それらを守ること。
	公正, 公平, 社会正義	(11) 自分の好き嫌いにとらわれないで接すること。	(12) 誰に対しても分け隔てをせず, 公正, 公平な態度で接すること。
	勤労, 公共の精神	(12) 働くことのよさを知り, みんなのために働くこと。	(13) 働くことの大切さを知り, 進んでみんなのために働くこと。
	家族愛, 家庭生活の充実	(13) 父母, 祖父母を敬愛し, 進んで家の手伝いなどをして, 家族の役に立つこと。	(14) 父母, 祖父母を敬愛し, 家族みんなで協力し合って楽しい家庭をつくること。
	よりよい学校生活, 集団生活の充実	(14) 先生を敬愛し, 学校の人々に親しんで, 学級や学校の生活を楽しくすること。	(15) 先生や学校の人々を敬愛し, みんなで協力し合って楽しい学級や学校をつくること。
	伝統と文化の尊重, 国や郷土を愛する態度	(15) 我が国や郷土の文化と生活に親しみ, 愛着をもつこと。	(16) 我が国や郷土の伝統と文化を大切にし, 国や郷土を愛する心をもつこと。
	国際理解, 国際親善	(16) 他国の人々や文化に親しむこと。	(17) 他国の人々や文化に親しみ, 関心をもつこと。
D 主として生命や自然, 崇高なものとの関わりに関すること			
	生命の尊さ	(17) 生きることのすばらしさを知り, 生命を大切にすること。	(18) 生命の尊さを知り, 生命あるものを大切にすること。
	自然愛護	(18) 身近な自然に親しみ, 動植物に優しい心で接すること。	(19) 自然のすばらしさや不思議さを感じ取り, 自然や動植物を大切にすること。
	感動, 畏敬の念	(19) 美しいものに触れ, すがすがしい心をもつこと。	(20) 美しいものや気高いものに感動する心をもつこと。
	よりよく生きる喜び		

小学校第5学年及び第6学年（22）	中学校（22）	
(1) 自由を大切にし，自律的に判断し，責任のある行動をすること。 (2) 誠実に，明るい心で生活すること。	(1) 自律の精神を重んじ，自主的に考え，判断し，誠実に実行してその結果に責任をもつこと。	自主，自律， 自由と責任
(3) 安全に気を付けることや，生活習慣の大切さについて理解し，自分の生活を見直し，節度を守り節制に心掛けること。	(2) 望ましい生活習慣を身に付け，心身の健康の増進を図り，節度を守り節制に心掛け，安全で調和のある生活をすること。	節度，節制
(4) 自分の特徴を知って，短所を改め長所を伸ばすこと。	(3) 自己を見つめ，自己の向上を図るとともに，個性を伸ばして充実した生き方を追求すること。	向上心，個性の伸長
(5) より高い目標を立て，希望と勇気をもち，困難があってもくじけずに努力して物事をやり抜くこと。	(4) より高い目標を設定し，その達成を目指し，希望と勇気をもち，困難や失敗を乗り越えて着実にやり遂げること。	希望と勇気， 克己と強い意志
(6) 真理を大切にし，物事を探究しようとする心をもつこと。	(5) 真実を大切にし，真理を探究して新しいものを生み出そうと努めること。	真理の探究，創造
(7) 誰に対しても思いやりの心をもち，相手の立場に立って親切にすること。 (8) 日々の生活が家族や過去からの多くの人々の支え合いや助け合いで成り立っていることに感謝し，それに応えること。	(6) 思いやりの心をもって人と接するとともに，家族などの支えや多くの人々の善意により日々の生活や現在の自分があることに感謝し，進んでそれに応え，人間愛の精神を深めること。	思いやり，感謝
(9) 時と場をわきまえて，礼儀正しく真心をもって接すること。	(7) 礼儀の意義を理解し，時と場に応じた適切な言動をとること。	礼儀
(10) 友達と互いに信頼し，学び合って友情を深め，異性についても理解しながら，人間関係を築いていくこと。	(8) 友情の尊さを理解して心から信頼できる友達をもち，互いに励まし合い，高め合うとともに，異性についての理解を深め，悩みや葛藤も経験しながら人間関係を深めていくこと。	友情，信頼
(11) 自分の考えや意見を相手に伝えるとともに，謙虚な心をもち，広い心で自分と異なる意見や立場を尊重すること。	(9) 自分の考えや意見を相手に伝えるとともに，それぞれの個性や立場を尊重し，いろいろなものの見方や考え方があることを理解し，寛容の心をもって謙虚に他に学び，自らを高めていくこと。	相互理解，寛容
(12) 法やきまりの意義を理解した上で進んでそれらを守り，自他の権利を大切にし，義務を果たすこと。	(10) 法やきまりの意義を理解し，それらを進んで守るとともに，そのよりよい在り方について考え，自他の権利を大切にし，義務を果たして，規律ある安定した社会の実現に努めること。	遵法精神，公徳心
(13) 誰に対しても差別をすることや偏見をもつことなく，公正，公平な態度で接し，正義の実現に努めること。	(11) 正義と公正さを重んじ，誰に対しても公平に接し，差別や偏見のない社会の実現に努めること。	公正，公平， 社会正義
(14) 働くことや社会に奉仕することの充実感を味わうとともに，その意義を理解し，公共のために役に立つことをすること。	(12) 社会参画の意識と社会連帯の自覚を高め，公共の精神をもってよりよい社会の実現に努めること。	社会参画， 公共の精神
	(13) 勤労の尊さや意義を理解し，将来の生き方について考えを深め，勤労を通じて社会に貢献すること。	勤労
(15) 父母，祖父母を敬愛し，家族の幸せを求めて，進んで役に立つことをすること。	(14) 父母，祖父母を敬愛し，家族の一員としての自覚をもって充実した家庭生活を築くこと。	家族愛， 家庭生活の充実
(16) 先生や学校の人々を敬愛し，みんなで協力し合ってよりよい学級や学校をつくるとともに，様々な集団の中での自分の役割を自覚して集団生活の充実に努めること。	(15) 教師や学校の人々を敬愛し，学級や学校の一員としての自覚をもち，協力し合ってよりよい校風をつくるとともに，様々な集団の意義や集団の中での自分の役割と責任を自覚して集団生活の充実に努めること。	よりよい学校生活， 集団生活の充実
(17) 我が国や郷土の伝統と文化を大切にし，先人の努力を知り，国や郷土を愛する心をもつこと。	(16) 郷土の伝統と文化を大切にし，社会に尽くした先人や高齢者に尊敬の念を深め，地域社会の一員としての自覚をもって郷土を愛し，進んで郷土の発展に努めること。	郷土の伝統と 文化の尊重， 郷土を愛する態度
	(17) 優れた伝統の継承と新しい文化の創造に貢献するとともに，日本人としての自覚をもって国を愛し，国家及び社会の形成者として，その発展に努めること。	我が国の伝統と 文化の尊重， 国を愛する態度
(18) 他国の人々や文化について理解し，日本人としての自覚をもって国際親善に努めること。	(18) 世界の中の日本人としての自覚をもち，他国を尊重し，国際的視野に立って，世界の平和と人類の発展に寄与すること。	国際理解， 国際貢献
(19) 生命が多くの生命のつながりの中にあるかけがえのないものであることを理解し，生命を尊重すること。	(19) 生命の尊さについて，その連続性や有限性なども含めて理解し，かけがえのない生命を尊重すること。	生命の尊さ
(20) 自然の偉大さを知り，自然環境を大切にすること。	(20) 自然の崇高さを知り，自然環境を大切にすることの意義を理解し，進んで自然の愛護に努めること。	自然愛護
(21) 美しいものや気高いものに感動する心や人間の力を超えたものに対する畏敬の念をもつこと。	(21) 美しいものや気高いものに感動する心をもち，人間の力を超えたものに対する畏敬の念を深めること。	感動，畏敬の念
(22) よりよく生きようとする人間の強さや気高さを理解し，人間として生きる喜びを感じること。	(22) 人間には自らの弱さや醜さを克服する強さや気高く生きようとする心があることを理解し，人間として生きることに喜びを見いだすこと。	よりよく生きる喜び

付録9

幼稚園教育要領

　教育は，教育基本法第1条に定めるとおり，人格の完成を目指し，平和で民主的な国家及び社会の形成者として必要な資質を備えた心身ともに健康な国民の育成を期すという目的のもと，同法第2条に掲げる次の目標を達成するよう行われなければならない。

1　幅広い知識と教養を身に付け，真理を求める態度を養い，豊かな情操と道徳心を培うとともに，健やかな身体を養うこと。
2　個人の価値を尊重して，その能力を伸ばし，創造性を培い，自主及び自律の精神を養うとともに，職業及び生活との関連を重視し，勤労を重んずる態度を養うこと。
3　正義と責任，男女の平等，自他の敬愛と協力を重んずるとともに，公共の精神に基づき，主体的に社会の形成に参画し，その発展に寄与する態度を養うこと。
4　生命を尊び，自然を大切にし，環境の保全に寄与する態度を養うこと。
5　伝統と文化を尊重し，それらをはぐくんできた我が国と郷土を愛するとともに，他国を尊重し，国際社会の平和と発展に寄与する態度を養うこと。

　また，幼児期の教育については，同法第11条に掲げるとおり，生涯にわたる人格形成の基礎を培う重要なものであることにかんがみ，国及び地方公共団体は，幼児の健やかな成長に資する良好な環境の整備その他適当な方法によって，その振興に努めなければならないこととされている。

　これからの幼稚園には，学校教育の始まりとして，こうした教育の目的及び目標の達成を目指しつつ，一人一人の幼児が，将来，自分のよさや可能性を認識するとともに，あらゆる他者を価値のある存在として尊重し，多様な人々と協働しながら様々な社会的変化を乗り越え，豊かな人生を切り拓き，持続可能な社会の創り手となることができるようにするための基礎を培うことが求められる。このために必要な教育の在り方を具体化するのが，各幼稚園において教育の内容等を組織的かつ計画的に組み立てた教育課程である。

　教育課程を通して，これからの時代に求められる教育を実現していくためには，よりよい学校教育を通してよりよい社会を創るという理念を学校と社会とが共有し，それぞれの幼稚園において，幼児期にふさわしい生活をどのように展開し，どのような資質・能力を育むようにするのかを教育課程において明確にしながら，社会との連携及び協働によりその実現を図っていくという，社会に開かれた教育課程の実現が重要となる。

　幼稚園教育要領とは，こうした理念の実現に向けて必要となる教育課程の基準を大綱的に定めるものである。幼稚園教育要領が果たす役割の一つは，公の性質を有する幼稚園における教育水準を全国的に確保することである。また，各幼稚園がその特色を生かして創意工夫を重ね，長年にわたり積み重ねられてきた教育実践や学術研究の蓄積を生かしながら，幼児や地域の現状や課題を捉え，家庭や地域社会と協力して，幼稚園教育要領を踏まえた教育活動の更なる充実を図っていくことも重要である。

　幼児の自発的な活動としての遊びを生み出すために必要な環境を整え，一人一人の資質・能力を育んでいくことは，教職員をはじめとする幼稚園関係者はもとより，家庭や地域の人々も含め，様々な立場から幼児や幼稚園に関わる全ての大人に期待される役割である。家庭との緊密な連携の下，小学校以降の教育や生涯にわたる学習とのつながりを見通しながら，幼児の自発的な活動としての遊びを通しての総合的な指導をする際に広く活用されるものとなることを期待して，ここに幼稚園教育要領を定める。

第1章 総則

第1　幼稚園教育の基本

　幼児期の教育は，生涯にわたる人格形成の基礎を培う重要なものであり，幼稚園教育は，学校教育法に規定する目的及び目標を達成するため，幼児期の特性を踏まえ，環境を通して行うものであることを基本とする。

　このため教師は，幼児との信頼関係を十分に築き，幼児が身近な環境に主体的に関わり，環境との関わり方や意味に気付き，これらを取り込もうとして，試行錯誤したり，考えたりするようになる幼児期の教育における見方・考え方を生かし，幼児と共によりよい教育環境を創造するように努めるものとする。これらを踏まえ，次に示す事項を重視して教育を行わなければならない。

　1　幼児は安定した情緒の下で自己を十分に発揮することにより発達に必要な体験を得ていくものであることを考慮して，幼児の主体的な活動を促し，幼児期にふさわしい生活が展開されるようにすること。

　2　幼児の自発的な活動としての遊びは，心身の調和のとれた発達の基礎を培う重要な学習であることを考慮して，遊びを通しての指導を中心として第2章に示すねらいが総合的に達成されるようにすること。

　3　幼児の発達は，心身の諸側面が相互に関連し合い，多様な経過をたどって成し遂げられていくものであること，また，幼児の生活経験がそれぞれ異なることなどを考慮して，幼児一人一人の特性に応じ，発達の課題に即した指導を行うようにすること。

　その際，教師は，幼児の主体的な活動が確保されるよう幼児一人一人の行動の理解と予想に基づき，計画的に環境を構成しなければならない。この場合において，教師は，幼児と人やものとの関わりが重要であることを踏まえ，教材を工夫し，物的・空間的環境を構成しなければならない。また，幼児一人一人の活動の場面に応じて，様々な役割を果たし，その活動を豊かにしなければならない。

第2　幼稚園教育において育みたい資質・能力及び「幼児期の終わりまでに育ってほしい姿」

　1　幼稚園においては，生きる力の基礎を育むため，この章の第1に示す幼稚園教育の基本を踏まえ，次に掲げる資質・能力を一体的に育むよう努めるものとする。

　　(1) 豊かな体験を通じて，感じたり，気付いたり，分かったり，できるようになったりする「知識及び技能の基礎」

　　(2) 気付いたことや，できるようになったことなどを使い，考えたり，試したり，工夫したり，表現したりする「思考力，判断力，表現力等の基礎」

　　(3) 心情，意欲，態度が育つ中で，よりよい生活を営もうとする「学びに向かう力，人間性等」

　2　1に示す資質・能力は，第2章に示すねらい及び内容に基づく活動全体によって育むものである。

　3　次に示す「幼児期の終わりまでに育ってほしい姿」は，第2章に示すねらい及び内容に基づく活動全体を通して資質・能力が育まれている幼児の幼稚園修了時の具体的な姿であり，教師が指導を行う際に考慮するものである。

　　(1) 健康な心と体

　　　　幼稚園生活の中で，充実感をもって自分のやりたいことに向かって心と体を十分に働かせ，見通しをもって行動し，自ら健康で安全な生活をつくり出すようになる。

　　(2) 自立心

　　　　身近な環境に主体的に関わり様々な活動を楽しむ中で，しなければならないことを自覚し，

自分の力で行うために考えたり，工夫したりしながら，諦めずにやり遂げることで達成感を味わい，自信をもって行動するようになる。

(3) 協同性

友達と関わる中で，互いの思いや考えなどを共有し，共通の目的の実現に向けて，考えたり，工夫したり，協力したりし，充実感をもってやり遂げるようになる。

(4) 道徳性・規範意識の芽生え

友達と様々な体験を重ねる中で，してよいことや悪いことが分かり，自分の行動を振り返ったり，友達の気持ちに共感したりし，相手の立場に立って行動するようになる。また，きまりを守る必要性が分かり，自分の気持ちを調整し，友達と折り合いを付けながら，きまりをつくったり，守ったりするようになる。

(5) 社会生活との関わり

家族を大切にしようとする気持ちをもつとともに，地域の身近な人と触れ合う中で，人との様々な関わり方に気付き，相手の気持ちを考えて関わり，自分が役に立つ喜びを感じ，地域に親しみをもつようになる。また，幼稚園内外の様々な環境に関わる中で，遊びや生活に必要な情報を取り入れ，情報に基づき判断したり，情報を伝え合ったり，活用したりするなど，情報を役立てながら活動するようになるとともに，公共の施設を大切に利用するなどして，社会とのつながりなどを意識するようになる。

(6) 思考力の芽生え

身近な事象に積極的に関わる中で，物の性質や仕組みなどを感じ取ったり，気付いたりし，考えたり，予想したり，工夫したりするなど，多様な関わりを楽しむようになる。また，友達の様々な考えに触れる中で，自分と異なる考えがあることに気付き，自ら判断したり，考え直したりするなど，新しい考えを生み出す喜びを味わいながら，自分の考えをよりよいものにするようになる。

(7) 自然との関わり・生命尊重

自然に触れて感動する体験を通して，自然の変化などを感じ取り，好奇心や探究心をもって考え言葉などで表現しながら，身近な事象への関心が高まるとともに，自然への愛情や畏敬の念をもつようになる。また，身近な動植物に心を動かされる中で，生命の不思議さや尊さに気付き，身近な動植物への接し方を考え，命あるものとしていたわり，大切にする気持ちをもって関わるようになる。

(8) 数量や図形，標識や文字などへの関心・感覚

遊びや生活の中で，数量や図形，標識や文字などに親しむ体験を重ねたり，標識や文字の役割に気付いたりし，自らの必要感に基づきこれらを活用し，興味や関心，感覚をもつようになる。

(9) 言葉による伝え合い

先生や友達と心を通わせる中で，絵本や物語などに親しみながら，豊かな言葉や表現を身に付け，経験したことや考えたことなどを言葉で伝えたり，相手の話を注意して聞いたりし，言葉による伝え合いを楽しむようになる。

(10) 豊かな感性と表現

心を動かす出来事などに触れ感性を働かせる中で，様々な素材の特徴や表現の仕方などに気付き，感じたことや考えたことを自分で表現したり，友達同士で表現する過程を楽しんだりし，表現する喜びを味わい，意欲をもつようになる。

第3　教育課程の役割と編成等

1　教育課程の役割

　　各幼稚園においては，教育基本法及び学校教育法その他の法令並びにこの幼稚園教育要領の示すところに従い，創意工夫を生かし，幼児の心身の発達と幼稚園及び地域の実態に即応した適切な教育課程を編成するものとする。

　　また，各幼稚園においては，6に示す全体的な計画にも留意しながら，「幼児期の終わりまでに育ってほしい姿」を踏まえ教育課程を編成すること，教育課程の実施状況を評価してその改善を図っていくこと，教育課程の実施に必要な人的又は物的な体制を確保するとともにその改善を図っていくことなどを通して，教育課程に基づき組織的かつ計画的に各幼稚園の教育活動の質の向上を図っていくこと（以下「カリキュラム・マネジメント」という。）に努めるものとする。

2　各幼稚園の教育目標と教育課程の編成

　　教育課程の編成に当たっては，幼稚園教育において育みたい資質・能力を踏まえつつ，各幼稚園の教育目標を明確にするとともに，教育課程の編成についての基本的な方針が家庭や地域とも共有されるよう努めるものとする。

3　教育課程の編成上の基本的事項

(1)　幼稚園生活の全体を通して第2章に示すねらいが総合的に達成されるよう，教育課程に係る教育期間や幼児の生活経験や発達の過程などを考慮して具体的なねらいと内容を組織するものとする。この場合においては，特に，自我が芽生え，他者の存在を意識し，自己を抑制しようとする気持ちが生まれる幼児期の発達の特性を踏まえ，入園から修了に至るまでの長期的な視野をもって充実した生活が展開できるように配慮するものとする。

(2)　幼稚園の毎学年の教育課程に係る教育週数は，特別の事情のある場合を除き，39週を下ってはならない。

(3)　幼稚園の1日の教育課程に係る教育時間は，4時間を標準とする。ただし，幼児の心身の発達の程度や季節などに適切に配慮するものとする。

4　教育課程の編成上の留意事項

　　教育課程の編成に当たっては，次の事項に留意するものとする。

(1)　幼児の生活は，入園当初の一人一人の遊びや教師との触れ合いを通して幼稚園生活に親しみ，安定していく時期から，他の幼児との関わりの中で幼児の主体的な活動が深まり，幼児が互いに必要な存在であることを認識するようになり，やがて幼児同士や学級全体で目的をもって協同して幼稚園生活を展開し，深めていく時期などに至るまでの過程を様々に経ながら広げられていくものであることを考慮し，活動がそれぞれの時期にふさわしく展開されるようにすること。

(2)　入園当初，特に，3歳児の入園については，家庭との連携を緊密にし，生活のリズムや安全面に十分配慮すること。また，満3歳児については，学年の途中から入園することを考慮し，幼児が安心して幼稚園生活を過ごすことができるよう配慮すること。

(3)　幼稚園生活が幼児にとって安全なものとなるよう，教職員による協力体制の下，幼児の主体的な活動を大切にしつつ，園庭や園舎などの環境の配慮や指導の工夫を行うこと。

5　小学校教育との接続に当たっての留意事項

(1)　幼稚園においては，幼稚園教育が，小学校以降の生活や学習の基盤の育成につながることに配慮し，幼児期にふさわしい生活を通して，創造的な思考や主体的な生活態度などの基礎を培うようにするものとする。

(2)　幼稚園教育において育まれた資質・能力を踏まえ，小学校教育が円滑に行われるよう，小学校の教師との意見交換や合同の研究の機会などを設け，「幼児期の終わりまでに育ってほしい

姿」を共有するなど連携を図り，幼稚園教育と小学校教育との円滑な接続を図るよう努めるものとする。
6 全体的な計画の作成

各幼稚園においては，教育課程を中心に，第3章に示す教育課程に係る教育時間の終了後等に行う教育活動の計画，学校保健計画，学校安全計画などを関連させ，一体的に教育活動が展開されるよう全体的な計画を作成するものとする。

第4 指導計画の作成と幼児理解に基づいた評価
1 指導計画の考え方

幼稚園教育は，幼児が自ら意欲をもって環境と関わることによりつくり出される具体的な活動を通して，その目標の達成を図るものである。

幼稚園においてはこのことを踏まえ，幼児期にふさわしい生活が展開され，適切な指導が行われるよう，それぞれの幼稚園の教育課程に基づき，調和のとれた組織的，発展的な指導計画を作成し，幼児の活動に沿った柔軟な指導を行わなければならない。

2 指導計画の作成上の基本的事項
 (1) 指導計画は，幼児の発達に即して一人一人の幼児が幼児期にふさわしい生活を展開し，必要な体験を得られるようにするために，具体的に作成するものとする。
 (2) 指導計画の作成に当たっては，次に示すところにより，具体的なねらい及び内容を明確に設定し，適切な環境を構成することなどにより活動が選択・展開されるようにするものとする。
　ア　具体的なねらい及び内容は，幼稚園生活における幼児の発達の過程を見通し，幼児の生活の連続性，季節の変化などを考慮して，幼児の興味や関心，発達の実情などに応じて設定すること。
　イ　環境は，具体的なねらいを達成するために適切なものとなるように構成し，幼児が自らその環境に関わることにより様々な活動を展開しつつ必要な体験を得られるようにすること。その際，幼児の生活する姿や発想を大切にし，常にその環境が適切なものとなるようにすること。
　ウ　幼児の行う具体的な活動は，生活の流れの中で様々に変化するものであることに留意し，幼児が望ましい方向に向かって自ら活動を展開していくことができるよう必要な援助をすること。

　　その際，幼児の実態及び幼児を取り巻く状況の変化などに即して指導の過程についての評価を適切に行い，常に指導計画の改善を図るものとする。
3 指導計画の作成上の留意事項

指導計画の作成に当たっては，次の事項に留意するものとする。
 (1) 長期的に発達を見通した年，学期，月などにわたる長期の指導計画やこれとの関連を保ちながらより具体的な幼児の生活に即した週，日などの短期の指導計画を作成し，適切な指導が行われるようにすること。特に，週，日などの短期の指導計画については，幼児の生活のリズムに配慮し，幼児の意識や興味の連続性のある活動が相互に関連して幼稚園生活の自然な流れの中に組み込まれるようにすること。
 (2) 幼児が様々な人やものとの関わりを通して，多様な体験をし，心身の調和のとれた発達を促すようにしていくこと。その際，幼児の発達に即して主体的・対話的で深い学びが実現するようにするとともに，心を動かされる体験が次の活動を生み出すことを考慮し，一つ一つの体験が相互に結び付き，幼稚園生活が充実するようにすること。

(3) 言語に関する能力の発達と思考力等の発達が関連していることを踏まえ，幼稚園生活全体を通して，幼児の発達を踏まえた言語環境を整え，言語活動の充実を図ること。

(4) 幼児が次の活動への期待や意欲をもつことができるよう，幼児の実態を踏まえながら，教師や他の幼児と共に遊びや生活の中で見通しをもったり，振り返ったりするよう工夫すること。

(5) 行事の指導に当たっては，幼稚園生活の自然の流れの中で生活に変化や潤いを与え，幼児が主体的に楽しく活動できるようにすること。なお，それぞれの行事についてはその教育的価値を十分検討し，適切なものを精選し，幼児の負担にならないようにすること。

(6) 幼児期は直接的な体験が重要であることを踏まえ，視聴覚教材やコンピュータなど情報機器を活用する際には，幼稚園生活では得難い体験を補完するなど，幼児の体験との関連を考慮すること。

(7) 幼児の主体的な活動を促すためには，教師が多様な関わりをもつことが重要であることを踏まえ，教師は，理解者，共同作業者など様々な役割を果たし，幼児の発達に必要な豊かな体験が得られるよう，活動の場面に応じて，適切な指導を行うようにすること。

(8) 幼児の行う活動は，個人，グループ，学級全体などで多様に展開されるものであることを踏まえ，幼稚園全体の教師による協力体制を作りながら，一人一人の幼児が興味や欲求を十分に満足させるよう適切な援助を行うようにすること。

4 幼児理解に基づいた評価の実施

幼児一人一人の発達の理解に基づいた評価の実施に当たっては，次の事項に配慮するものとする。

(1) 指導の過程を振り返りながら幼児の理解を進め，幼児一人一人のよさや可能性などを把握し，指導の改善に生かすようにすること。その際，他の幼児との比較や一定の基準に対する達成度についての評定によって捉えるものではないことに留意すること。

(2) 評価の妥当性や信頼性が高められるよう創意工夫を行い，組織的かつ計画的な取組を推進するとともに，次年度又は小学校等にその内容が適切に引き継がれるようにすること。

第5 特別な配慮を必要とする幼児への指導

1 障害のある幼児などへの指導

障害のある幼児などへの指導に当たっては，集団の中で生活することを通して全体的な発達を促していくことに配慮し，特別支援学校などの助言又は援助を活用しつつ，個々の幼児の障害の状態などに応じた指導内容や指導方法の工夫を組織的かつ計画的に行うものとする。また，家庭，地域及び医療や福祉，保健等の業務を行う関係機関との連携を図り，長期的な視点で幼児への教育的支援を行うために，個別の教育支援計画を作成し活用することに努めるとともに，個々の幼児の実態を的確に把握し，個別の指導計画を作成し活用することに努めるものとする。

2 海外から帰国した幼児や生活に必要な日本語の習得に困難のある幼児の幼稚園生活への適応

海外から帰国した幼児や生活に必要な日本語の習得に困難のある幼児については，安心して自己を発揮できるよう配慮するなど個々の幼児の実態に応じ，指導内容や指導方法の工夫を組織的かつ計画的に行うものとする。

第6 幼稚園運営上の留意事項

1 各幼稚園においては，園長の方針の下に，園務分掌に基づき教職員が適切に役割を分担しつつ，相互に連携しながら，教育課程や指導の改善を図るものとする。また，各幼稚園が行う学校評価については，教育課程の編成，実施，改善が教育活動や幼稚園運営の中核となることを踏まえ，カリキュラム・マネジメントと関連付けながら実施するよう留意するものとする。

付録10

2 幼児の生活は，家庭を基盤として地域社会を通じて次第に広がりをもつものであることに留意し，家庭との連携を十分に図るなど，幼稚園における生活が家庭や地域社会と連続性を保ちつつ展開されるようにするものとする。その際，地域の自然，高齢者や異年齢の子供などを含む人材，行事や公共施設などの地域の資源を積極的に活用し，幼児が豊かな生活体験を得られるように工夫するものとする。また，家庭との連携に当たっては，保護者との情報交換の機会を設けたり，保護者と幼児との活動の機会を設けたりなどすることを通じて，保護者の幼児期の教育に関する理解が深まるよう配慮するものとする。

3 地域や幼稚園の実態等により，幼稚園間に加え，保育所，幼保連携型認定こども園，小学校，中学校，高等学校及び特別支援学校などとの間の連携や交流を図るものとする。特に，幼稚園教育と小学校教育の円滑な接続のため，幼稚園の幼児と小学校の児童との交流の機会を積極的に設けるようにするものとする。また，障害のある幼児児童生徒との交流及び共同学習の機会を設け，共に尊重し合いながら協働して生活していく態度を育むよう努めるものとする。

第7 教育課程に係る教育時間終了後等に行う教育活動など

　幼稚園は，第3章に示す教育課程に係る教育時間の終了後等に行う教育活動について，学校教育法に規定する目的及び目標並びにこの章の第1に示す幼稚園教育の基本を踏まえ実施するものとする。また，幼稚園の目的の達成に資するため，幼児の生活全体が豊かなものとなるよう家庭や地域における幼児期の教育の支援に努めるものとする。

第2章　ねらい及び内容

　この章に示すねらいは，幼稚園教育において育みたい資質・能力を幼児の生活する姿から捉えたものであり，内容は，ねらいを達成するために指導する事項である。各領域は，これらを幼児の発達の側面から，心身の健康に関する領域「健康」，人との関わりに関する領域「人間関係」，身近な環境との関わりに関する領域「環境」，言葉の獲得に関する領域「言葉」及び感性と表現に関する領域「表現」としてまとめ，示したものである。内容の取扱いは，幼児の発達を踏まえた指導を行うに当たって留意すべき事項である。

　各領域に示すねらいは，幼稚園における生活の全体を通じ，幼児が様々な体験を積み重ねる中で相互に関連をもちながら次第に達成に向かうものであること，内容は，幼児が環境に関わって展開する具体的な活動を通して総合的に指導されるものであることに留意しなければならない。

　また，「幼児期の終わりまでに育ってほしい姿」が，ねらい及び内容に基づく活動全体を通して資質・能力が育まれている幼児の幼稚園修了時の具体的な姿であることを踏まえ，指導を行う際に考慮するものとする。

　なお，特に必要な場合には，各領域に示すねらいの趣旨に基づいて適切な，具体的な内容を工夫し，それを加えても差し支えないが，その場合には，それが第1章の第1に示す幼稚園教育の基本を逸脱しないよう慎重に配慮する必要がある。

健　康
〔健康な心と体を育て，自ら健康で安全な生活をつくり出す力を養う。〕

1　ねらい
(1)　明るく伸び伸びと行動し，充実感を味わう。
(2)　自分の体を十分に動かし，進んで運動しようとする。
(3)　健康，安全な生活に必要な習慣や態度を身に付け，見通しをもって行動する。

2　内　容
(1)　先生や友達と触れ合い，安定感をもって行動する。
(2)　いろいろな遊びの中で十分に体を動かす。
(3)　進んで戸外で遊ぶ。
(4)　様々な活動に親しみ，楽しんで取り組む。
(5)　先生や友達と食べることを楽しみ，食べ物への興味や関心をもつ。
(6)　健康な生活のリズムを身に付ける。
(7)　身の回りを清潔にし，衣服の着脱，食事，排泄などの生活に必要な活動を自分でする。
(8)　幼稚園における生活の仕方を知り，自分たちで生活の場を整えながら見通しをもって行動する。
(9)　自分の健康に関心をもち，病気の予防などに必要な活動を進んで行う。
(10)　危険な場所，危険な遊び方，災害時などの行動の仕方が分かり，安全に気を付けて行動する。

3　内容の取扱い
　上記の取扱いに当たっては，次の事項に留意する必要がある。
(1)　心と体の健康は，相互に密接な関連があるものであることを踏まえ，幼児が教師や他の幼児との温かい触れ合いの中で自己の存在感や充実感を味わうことなどを基盤として，しなやかな心と体の発達を促すこと。特に，十分に体を動かす気持ちよさを体験し，自ら体を動かそうとする意欲が育つようにすること。
(2)　様々な遊びの中で，幼児が興味や関心，能力に応じて全身を使って活動することにより，体を

動かす楽しさを味わい，自分の体を大切にしようとする気持ちが育つようにすること。その際，多様な動きを経験する中で，体の動きを調整するようにすること。
(3) 自然の中で伸び伸びと体を動かして遊ぶことにより，体の諸機能の発達が促されることに留意し，幼児の興味や関心が戸外にも向くようにすること。その際，幼児の動線に配慮した園庭や遊具の配置などを工夫すること。
(4) 健康な心と体を育てるためには食育を通じた望ましい食習慣の形成が大切であることを踏まえ，幼児の食生活の実情に配慮し，和やかな雰囲気の中で教師や他の幼児と食べる喜びや楽しさを味わったり，様々な食べ物への興味や関心をもったりするなどし，食の大切さに気付き，進んで食べようとする気持ちが育つようにすること。
(5) 基本的な生活習慣の形成に当たっては，家庭での生活経験に配慮し，幼児の自立心を育て，幼児が他の幼児と関わりながら主体的な活動を展開する中で，生活に必要な習慣を身に付け，次第に見通しをもって行動できるようにすること。
(6) 安全に関する指導に当たっては，情緒の安定を図り，遊びを通して安全についての構えを身に付け，危険な場所や事物などが分かり，安全についての理解を深めるようにすること。また，交通安全の習慣を身に付けるようにするとともに，避難訓練などを通して，災害などの緊急時に適切な行動がとれるようにすること。

人間関係
〔他の人々と親しみ，支え合って生活するために，自立心を育て，人と関わる力を養う。〕
1 ねらい
(1) 幼稚園生活を楽しみ，自分の力で行動することの充実感を味わう。
(2) 身近な人と親しみ，関わりを深め，工夫したり，協力したりして一緒に活動する楽しさを味わい，愛情や信頼感をもつ。
(3) 社会生活における望ましい習慣や態度を身に付ける。
2 内 容
(1) 先生や友達と共に過ごすことの喜びを味わう。
(2) 自分で考え，自分で行動する。
(3) 自分でできることは自分でする。
(4) いろいろな遊びを楽しみながら物事をやり遂げようとする気持ちをもつ。
(5) 友達と積極的に関わりながら喜びや悲しみを共感し合う。
(6) 自分の思ったことを相手に伝え，相手の思っていることに気付く。
(7) 友達のよさに気付き，一緒に活動する楽しさを味わう。
(8) 友達と楽しく活動する中で，共通の目的を見いだし，工夫したり，協力したりなどする。
(9) よいことや悪いことがあることに気付き，考えながら行動する。
(10) 友達との関わりを深め，思いやりをもつ。
(11) 友達と楽しく生活する中できまりの大切さに気付き，守ろうとする。
(12) 共同の遊具や用具を大切にし，皆で使う。
(13) 高齢者をはじめ地域の人々などの自分の生活に関係の深いいろいろな人に親しみをもつ。
3 内容の取扱い
上記の取扱いに当たっては，次の事項に留意する必要がある。
(1) 教師との信頼関係に支えられて自分自身の生活を確立していくことが人と関わる基盤となることを考慮し，幼児が自ら周囲に働き掛けることにより多様な感情を体験し，試行錯誤しながら諦めずにやり遂げることの達成感や，前向きな見通しをもって自分の力で行うことの充実感を味わ

うことができるよう，幼児の行動を見守りながら適切な援助を行うようにすること。
(2) 一人一人を生かした集団を形成しながら人と関わる力を育てていくようにすること。その際，集団の生活の中で，幼児が自己を発揮し，教師や他の幼児に認められる体験をし，自分のよさや特徴に気付き，自信をもって行動できるようにすること。
(3) 幼児が互いに関わりを深め，協同して遊ぶようになるため，自ら行動する力を育てるようにするとともに，他の幼児と試行錯誤しながら活動を展開する楽しさや共通の目的が実現する喜びを味わうことができるようにすること。
(4) 道徳性の芽生えを培うに当たっては，基本的な生活習慣の形成を図るとともに，幼児が他の幼児との関わりの中で他人の存在に気付き，相手を尊重する気持ちをもって行動できるようにし，また，自然や身近な動植物に親しむことなどを通して豊かな心情が育つようにすること。特に，人に対する信頼感や思いやりの気持ちは，葛藤やつまずきをも体験し，それらを乗り越えることにより次第に芽生えてくることに配慮すること。
(5) 集団の生活を通して，幼児が人との関わりを深め，規範意識の芽生えが培われることを考慮し，幼児が教師との信頼関係に支えられて自己を発揮する中で，互いに思いを主張し，折り合いを付ける体験をし，きまりの必要性などに気付き，自分の気持ちを調整する力が育つようにすること。
(6) 高齢者をはじめ地域の人々などの自分の生活に関係の深いいろいろな人と触れ合い，自分の感情や意志を表現しながら共に楽しみ，共感し合う体験を通して，これらの人々などに親しみをもち，人と関わることの楽しさや人の役に立つ喜びを味わうことができるようにすること。また，生活を通して親や祖父母などの家族の愛情に気付き，家族を大切にしようとする気持ちが育つようにすること。

環　境
〔周囲の様々な環境に好奇心や探究心をもって関わり，それらを生活に取り入れていこうとする力を養う。〕

1　ねらい
(1) 身近な環境に親しみ，自然と触れ合う中で様々な事象に興味や関心をもつ。
(2) 身近な環境に自分から関わり，発見を楽しんだり，考えたりし，それを生活に取り入れようとする。
(3) 身近な事象を見たり，考えたり，扱ったりする中で，物の性質や数量，文字などに対する感覚を豊かにする。

2　内　容
(1) 自然に触れて生活し，その大きさ，美しさ，不思議さなどに気付く。
(2) 生活の中で，様々な物に触れ，その性質や仕組みに興味や関心をもつ。
(3) 季節により自然や人間の生活に変化のあることに気付く。
(4) 自然などの身近な事象に関心をもち，取り入れて遊ぶ。
(5) 身近な動植物に親しみをもって接し，生命の尊さに気付き，いたわったり，大切にしたりする。
(6) 日常生活の中で，我が国や地域社会における様々な文化や伝統に親しむ。
(7) 身近な物を大切にする。
(8) 身近な物や遊具に興味をもって関わり，自分なりに比べたり，関連付けたりしながら考えたり，試したりして工夫して遊ぶ。
(9) 日常生活の中で数量や図形などに関心をもつ。
(10) 日常生活の中で簡単な標識や文字などに関心をもつ。

(11) 生活に関係の深い情報や施設などに興味や関心をもつ。

(12) 幼稚園内外の行事において国旗に親しむ。

3　内容の取扱い

上記の取扱いに当たっては，次の事項に留意する必要がある。

(1) 幼児が，遊びの中で周囲の環境と関わり，次第に周囲の世界に好奇心を抱き，その意味や操作の仕方に関心をもち，物事の法則性に気付き，自分なりに考えることができるようになる過程を大切にすること。また，他の幼児の考えなどに触れて新しい考えを生み出す喜びや楽しさを味わい，自分の考えをよりよいものにしようとする気持ちが育つようにすること。

(2) 幼児期において自然のもつ意味は大きく，自然の大きさ，美しさ，不思議さなどに直接触れる体験を通して，幼児の心が安らぎ，豊かな感情，好奇心，思考力，表現力の基礎が培われることを踏まえ，幼児が自然との関わりを深めることができるよう工夫すること。

(3) 身近な事象や動植物に対する感動を伝え合い，共感し合うことなどを通して自分から関わろうとする意欲を育てるとともに，様々な関わり方を通してそれらに対する親しみや畏敬の念，生命を大切にする気持ち，公共心，探究心などが養われるようにすること。

(4) 文化や伝統に親しむ際には，正月や節句など我が国の伝統的な行事，国歌，唱歌，わらべうたや我が国の伝統的な遊びに親しんだり，異なる文化に触れる活動に親しんだりすることを通じて，社会とのつながりの意識や国際理解の意識の芽生えなどが養われるようにすること。

(5) 数量や文字などに関しては，日常生活の中で幼児自身の必要感に基づく体験を大切にし，数量や文字などに関する興味や関心，感覚が養われるようにすること。

言葉

〔経験したことや考えたことなどを自分なりの言葉で表現し，相手の話す言葉を聞こうとする意欲や態度を育て，言葉に対する感覚や言葉で表現する力を養う。〕

1　ねらい

(1) 自分の気持ちを言葉で表現する楽しさを味わう。

(2) 人の言葉や話などをよく聞き，自分の経験したことや考えたことを話し，伝え合う喜びを味わう。

(3) 日常生活に必要な言葉が分かるようになるとともに，絵本や物語などに親しみ，言葉に対する感覚を豊かにし，先生や友達と心を通わせる。

2　内容

(1) 先生や友達の言葉や話に興味や関心をもち，親しみをもって聞いたり，話したりする。

(2) したり，見たり，聞いたり，感じたり，考えたりなどしたことを自分なりに言葉で表現する。

(3) したいこと，してほしいことを言葉で表現したり，分からないことを尋ねたりする。

(4) 人の話を注意して聞き，相手に分かるように話す。

(5) 生活の中で必要な言葉が分かり，使う。

(6) 親しみをもって日常の挨拶をする。

(7) 生活の中で言葉の楽しさや美しさに気付く。

(8) いろいろな体験を通じてイメージや言葉を豊かにする。

(9) 絵本や物語などに親しみ，興味をもって聞き，想像をする楽しさを味わう。

(10) 日常生活の中で，文字などで伝える楽しさを味わう。

3　内容の取扱い

上記の取扱いに当たっては，次の事項に留意する必要がある。

(1) 言葉は，身近な人に親しみをもって接し，自分の感情や意志などを伝え，それに相手が応答

し，その言葉を聞くことを通して次第に獲得されていくものであることを考慮して，幼児が教師や他の幼児と関わることにより心を動かされるような体験をし，言葉を交わす喜びを味わえるようにすること。
(2) 幼児が自分の思いを言葉で伝えるとともに，教師や他の幼児などの話を興味をもって注意して聞くことを通して次第に話を理解するようになっていき，言葉による伝え合いができるようにすること。
(3) 絵本や物語などで，その内容と自分の経験とを結び付けたり，想像を巡らせたりするなど，楽しみを十分に味わうことによって，次第に豊かなイメージをもち，言葉に対する感覚が養われるようにすること。
(4) 幼児が生活の中で，言葉の響きやリズム，新しい言葉や表現などに触れ，これらを使う楽しさを味わえるようにすること。その際，絵本や物語に親しんだり，言葉遊びなどをしたりすることを通して，言葉が豊かになるようにすること。
(5) 幼児が日常生活の中で，文字などを使いながら思ったことや考えたことを伝える喜びや楽しさを味わい，文字に対する興味や関心をもつようにすること。

表現

感じたことや考えたことを自分なりに表現することを通して，豊かな感性や表現する力を養い，創造性を豊かにする。

1 ねらい
(1) いろいろなものの美しさなどに対する豊かな感性をもつ。
(2) 感じたことや考えたことを自分なりに表現して楽しむ。
(3) 生活の中でイメージを豊かにし，様々な表現を楽しむ。

2 内容
(1) 生活の中で様々な音，形，色，手触り，動きなどに気付いたり，感じたりするなどして楽しむ。
(2) 生活の中で美しいものや心を動かす出来事に触れ，イメージを豊かにする。
(3) 様々な出来事の中で，感動したことを伝え合う楽しさを味わう。
(4) 感じたこと，考えたことなどを音や動きなどで表現したり，自由にかいたり，つくったりなどする。
(5) いろいろな素材に親しみ，工夫して遊ぶ。
(6) 音楽に親しみ，歌を歌ったり，簡単なリズム楽器を使ったりなどする楽しさを味わう。
(7) かいたり，つくったりすることを楽しみ，遊びに使ったり，飾ったりなどする。
(8) 自分のイメージを動きや言葉などで表現したり，演じて遊んだりするなどの楽しさを味わう。

3 内容の取扱い
上記の取扱いに当たっては，次の事項に留意する必要がある。
(1) 豊かな感性は，身近な環境と十分に関わる中で美しいもの，優れたもの，心を動かす出来事などに出会い，そこから得た感動を他の幼児や教師と共有し，様々に表現することなどを通して養われるようにすること。その際，風の音や雨の音，身近にある草や花の形や色など自然の中にある音，形，色などに気付くようにすること。
(2) 幼児の自己表現は素朴な形で行われることが多いので，教師はそのような表現を受容し，幼児自身の表現しようとする意欲を受け止めて，幼児が生活の中で幼児らしい様々な表現を楽しむことができるようにすること。
(3) 生活経験や発達に応じ，自ら様々な表現を楽しみ，表現する意欲を十分に発揮させることができるように，遊具や用具などを整えたり，様々な素材や表現の仕方に親しんだり，他の幼児の表

付録10

現に触れられるよう配慮したりし，表現する過程を大切にして自己表現を楽しめるように工夫すること。

付録10

現に触れられるよう配慮したりし，表現する過程を大切にして自己表現を楽しめるように工夫すること。

第3章　教育課程に係る教育時間の終了後等に行う教育活動などの留意事項

1　地域の実態や保護者の要請により，教育課程に係る教育時間の終了後等に希望する者を対象に行う教育活動については，幼児の心身の負担に配慮するものとする。また，次の点にも留意するものとする。
　(1)　教育課程に基づく活動を考慮し，幼児期にふさわしい無理のないものとなるようにすること。その際，教育課程に基づく活動を担当する教師と緊密な連携を図るようにすること。
　(2)　家庭や地域での幼児の生活も考慮し，教育課程に係る教育時間の終了後等に行う教育活動の計画を作成するようにすること。その際，地域の人々と連携するなど，地域の様々な資源を活用しつつ，多様な体験ができるようにすること。
　(3)　家庭との緊密な連携を図るようにすること。その際，情報交換の機会を設けたりするなど，保護者が，幼稚園と共に幼児を育てるという意識が高まるようにすること。
　(4)　地域の実態や保護者の事情とともに幼児の生活のリズムを踏まえつつ，例えば実施日数や時間などについて，弾力的な運用に配慮すること。
　(5)　適切な責任体制と指導体制を整備した上で行うようにすること。
2　幼稚園の運営に当たっては，子育ての支援のために保護者や地域の人々に機能や施設を開放して，園内体制の整備や関係機関との連携及び協力に配慮しつつ，幼児期の教育に関する相談に応じたり，情報を提供したり，幼児と保護者との登園を受け入れたり，保護者同士の交流の機会を提供したりするなど，幼稚園と家庭が一体となって幼児と関わる取組を進め，地域における幼児期の教育のセンターとしての役割を果たすよう努めるものとする。その際，心理や保健の専門家，地域の子育て経験者等と連携・協働しながら取り組むよう配慮するものとする。

学習指導要領等の改善に係る検討に必要な専門的作業等協力者（五十音順）

（職名は平成29年6月現在）

今村　行道	神奈川県横浜市教育委員会南部学校教育事務所主任指導主事
牛越　雅紀	長野県教育委員会中信教育事務所主任指導主事
小島　綾野	音楽ライター
後藤　俊哉	神奈川県横浜市立さわの里小学校長
後藤　丹	上越教育大学教授
志民　一成	静岡大学教授
新山王　政和	愛知教育大学教授
髙倉　弘光	筑波大学附属小学校教諭
西沢　久実	兵庫県神戸市立神戸祇園小学校主幹教諭
原　クミ	福岡県教育センター主任指導主事
藤井　浩基	島根大学教授
宮﨑　新悟	富山県黒部市立たかせ小学校長
山内　雅子	上野学園大学特任教授
山下　薫子	東京芸術大学教授
山田　健一	北海道札幌市立資生館小学校教頭
吉川　武彦	福島県飯館村立飯樋小学校長
	（兼務　草野小学校長、白石小学校長、草野幼稚園長、飯樋幼稚園長）

なお，文部科学省においては，次の者が本書の編集に当たった。

合田　哲雄	初等中等教育局教育課程課長
平野　誠	大臣官房教育改革調整官
小林　努	初等中等教育局教育課程課課長補佐
津田　正之	初等中等教育局教育課程課教科調査官

小学校学習指導要領(平成29年告示)解説
音楽編

MEXT 1-1708

| 平成30年2月28日 | 初版発行 |

| 著作権所有 | 文部科学省 |

| 発　行　者 | 東京都文京区本駒込5−16−7
株式会社東洋館出版社
代表者　錦織圭之介 |

| 印　刷　者 | 東京都北区栄町1−1
奥村印刷株式会社 |

| 発　行　所 | 東京都文京区本駒込5−16−7
株式会社東洋館出版社
電　話　　03−3823−9206 |

定価： 本体131円＋税